JN051872

バンドスコア5.5⇒6.5⇒7.5へとスコアUP！

# IELTS ライティング 徹底攻略

植田一三【編著】
アスパイア学長

小谷延良＋上田敏子【著】
横浜市立大学講師　アスパイア副学長

語研

# プロローグ

グローバル化が加速する一方で，大学内での実用英語教育は思うようには進んでいませんが，その代わり，交換留学による実用英語力 UP の傾向がどんどん高まっています。事実，ここ数年の IELTS 受験者の増大は，そういった背景と同時に，大学入試でも，一橋大学の 7 点で英語試験免除のように，IELTS のスコアを重視する大学が増えてきたことが要因となっています。さらに，コロナウイルスの影響によって，オンラインを通して学位が取得可能な Online and distance courses を提供する大学も増加し，これによって，自宅に居ながらにして世界の一流大学の授業を受けることが可能になり，昔と比べてもいわゆる「留学」が身近な選択肢になったことも，IELTS 需要増加の一因となっています。

かくして，近年，注目を浴びている **IELTS**（**International English Language Testing System**）は，1989 年に日本に本格的に導入が始まってから，30 年以上が経ちましたが，現在では，世界 140 か国以上の 1 万を超える高等教育機関において入学条件の英語力を測るテストとして採用されています。受験者も年々増加傾向にあり，世界における受験者総数は 2009 年の約 140 万人から 2019 年には 350 万人を突破しました。同様に日本においても 2009 年の約 8,000 人から 2019 年には約 **50,000 人**に達し，加速的増加の一歩をたどっています。

しかしながら，「受信型」の英語教育中心で育った多くの日本人受験者には IELTS はハードルの高い試験です。中でもライティングとスピーキングは独学によるスコア UP が極めて難しく，発信力 UP に多くの受験者が苦しんでいます。特にライティングに至っては，**IELTS 特有の厳格な採点基準**がスコアアップの大きな壁となって英語学習者の前に立ちはだかっています。

こういった状況を打破するために，受験者の弱点や試験問題の徹底分析に基づいて，より効果的にスコア UP をするための「**IELTS ライティング問題対策の決定版**」を制作しました。本書は，過去 20 年間に渡る IELTS 指導と公式問題を含む試験問題分析と，IELTS 受験者の受験体験 1,000 回以上の試験データ分析に基づいて作られており，スコア UP のテクニックはもちろん，留学後に必要なアカデミックスキル，様々な分野の教養，ライティングに必要な要素をすべて網羅した最強の IELTS ライティング対策本であると言っても過言ではありません。

そして，この史上最強たる所以と言える本書の「5 大特長」は次のとおりです。

## 本書の５大特長

1. **出題トピックの背景知識とキーアイデア力を効率よく UP**！
   ▸スコア UP のために，必須トピックのアイデアと背景知識を完全網羅
2. **テーマ別語彙＋必須フレーズを加速的にマスター**！
   ▸スコア UP に直結する分野別語彙を厳選し，運用語彙を効率的に習得
3. **パラフレーズをはじめとしたアカデミック・ライティングのスキル習得を実現**！
   ▸スコア UP のために，問題演習を通して，言い換えのスキルを最速で UP
4. **速攻で効果を発揮するテクニックを伝授**！
   ▸即座にスコア UP につながるライティング問題攻略法を完全公開
5. **文法・語法のルールを快速でマスター**！
   ▸スコア UP に不可欠な IELTS 重要文法・語法のスコア UP 項目 30 を厳選

英語を始めて 55 年，本格的に朝から晩まで英語の道を追求してから 43 年，私のスクールであるアクエアリーズ（現・アスパイア）をオープンしてから 39 年，自己の留学対策勉強を含めて TOEFL，IELTS，GRE，GMAT などの留学対策やエッセイ対策指導を始めて 30 年以上の歳月が流れました。その間，スタンフォード大学院，ジョンホプキンス大学院，プリンストン大学院，コロンビア大学院などをはじめとする米国のトップスクールに奨学金 3,000 万円（3 名），1,000 万円（3 名），300 万円（10 名以上）を得て入学した受講者をはじめとし，ハーバード大学，ケンブリッジ大学，UCLA，UC バークレイ，ロンドン大学，バーミンガム大学などをはじめとする英米のトップスクール合格者を 500 名以上育成してきました。これら長年の経験や実践で得たスキルやノウハウを，本書を通して共有することで，皆さんのライティング力の向上＋目標スコア達成，そして留学実現に貢献できればこれ以上の喜びはありません。

最後に，本書の制作に 6 年以上の歳月をかけ，全身全霊で取り組んできた「Mr. IELTS」こと**小谷延良**氏（序章および第 1 章から第 5 章担当。5 か国で 70 回以上受験しライティングは 2 回に 1 回 8.0 取得），「英語教育界のワンダーウーマン」ことアスパイア副学長の**上田敏子**氏（編集・企画・校正 & 第 6 章担当），英文校閲担当のレスター大学の Glover Sally 氏，ベル・ケンブリッジの Ken Bateup 氏，IELTS 講師の Shayna Magnuson 氏，および（株）語研編集部の島袋一郎氏には心より感謝の意を表したいと思います。それでは皆さんの志望校入学と新たな可能性開花を祈って

***Let's enjoy the process !***（陽は必ず昇る）

植田一三（Ichay Ueda）

# 目 次

---

【装丁】**山田英春**

【問題文イラスト】**奥田幸子**（Sachi-Studio）［231 ページの問題文］

＊本書の英語表記はイギリス英語で書かれています。
＊本書の情報は 2024 年 4 月末時点のものです。

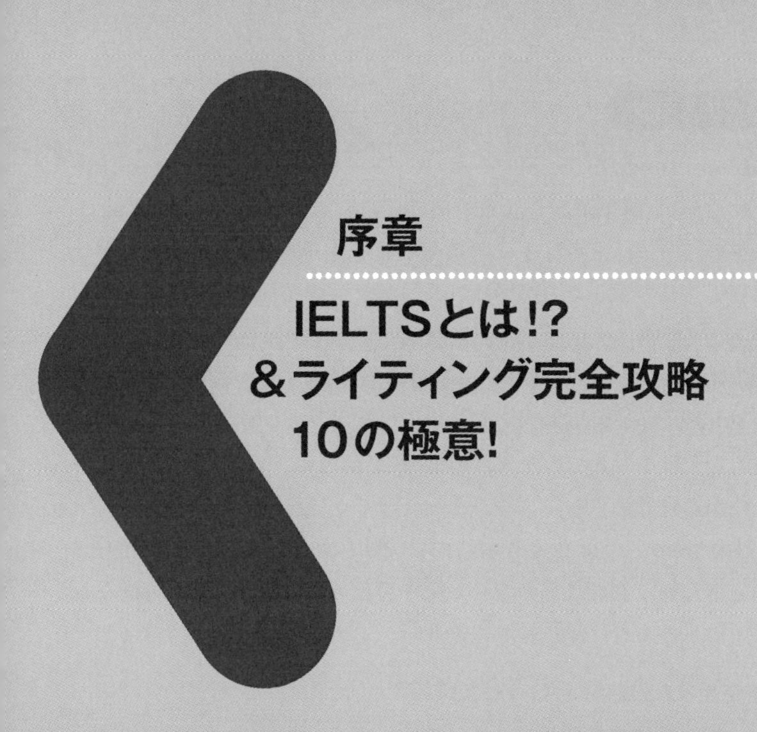

# 序章

# IELTSとは!?<br>＆ライティング完全攻略<br>10の極意!

# 序章

## IELTS とは !?

まずは IELTS の概要と，必要な知識，そして最新の傾向を踏まえた基本情報を見ていきましょう。

### 1. テストの種類をチェック

**IELTS** は **Academic module**（アカデミックモジュール）と **General module**（ジェネラルモジュール）の 2 種類があります。前者は主に大学（院）をはじめとする高等教育機関入学のために，後者は主に就職やビジネス，移住を希望する人がビザ申請をする際に利用されます。この 2 つはリスニングとスピーキングは同じ問題と形式で，リーディングとライティングは出題形式と難易度が異なります。

また，一般的な IELTS の他に，英国ビザ申請用の **IELTS for UKVI** と **IELTS Life Skills**（共に British council でのみ実施）という 2 つのタイプがあります。特にイギリスの大学（院）入学を考えている人は**通常の IELTS か，IELTS for UKVI でなければいけないか**の確認を事前にしっかりと行ってください。

これに加え，1 技能受験が 2024 年より本格的に開始されました。これは IELTS One Skill Retake と呼ばれ，目標に届かなかった 1 **技能のみの受け直しが可能なシステム**です。ただし以下の 4 点に注意してください。

---

❶ コンピュータ受験のみの適用（ペーパーは不可）
❷ 初回に受験した同一の団体で受けること
❸ 初回の受験日より 60 日以内に受け直すこと
❹ 出願先が 1 技能受験によるスコア提出を認めているか

---

この Retake の実施や受験料の詳細は各団体のホームページをご確認ください。

### 2. テスト形式とセンター：運営団体とセンターをチェック

日本では，**IDP Education**（オーストラリア）と **British Council**（イギリス）の 2 つの機関によって運営されています。形式は，**コンピュータ IELTS**（Computer-delivered IELTS）と**ペーパー IELTS**（Paper-based IELTS）の 2 種類があり，どちらで受験しても同じです。以下が 2024 年 4 月末時点でのテストセンターと実施状況です。

▶ **IDP Education（オーストラリア）運営**

| テストセンター | ペーパー | コンピュータ |
|---|---|---|
| ジェイサフ（JSAF） | ○ | ○ |
| IDP 公式テストセンター | ○ | ○ |

▶ **British Council（イギリス）運営**

| テストセンター | ペーパー | コンピュータ |
|---|---|---|
| 英語検定協会（英検） | ○ | ○ |
| ブリティッシュ・カウンシル | × | ○ |
| UK PLUS | ○ | ○ |

**＊次の 2 点もおさえておきましょう。**

① 結果は通常ペーパーが 13 日後，コンピュータは 3 ～ 5 日後に通知されます。

② 採点結果に納得がいかない場合は再採点（Remark）の申請が可能です（有料）。ただし，スコアに訂正があれば再採点の申請費は返金されます。

## 3. ペーパーとコンピュータベース試験の違い：特徴をチェック

これは私の受験経験上の感想を含めた大まかな違いです。スピーキングは両方とも対面で同じですが，残りの 3 セクションは次のような特徴があります。

| | |
|---|---|
| **ライティング** | ブラインドタッチに慣れていれば圧倒的にコンピュータベースが有利で，**コピーアンドペースト**や**切り取り**が可能。また**自動文字カウント機能**や**タイマー**もついている。 |
| **リーディング** | パソコン上で英文を読むことに慣れているか否かが分かれどころで，日本人にはペーパーの方がとっつきやすい印象。コンピュータベースでは**画面上で英文にハイライト**することは可能。 |
| **リスニング** | コンピュータベースが有利。ヘッドホンで聴くため集中できる。ただし全パート終了後の**確認，転記時間が 2 分しかない**ため（ペーパーは 10 分）解答スピードが要求される。 |

各セクションの開始時間や順番は，テスト形式やテストセンター，実施日程などにより異なることがあります。詳細は，各センターのホームページや申し込み後の受験票でご確認ください。

## 4. ライティングセクションの概要とポイントをチェック

Task 1 と Task 2，2 種類のエッセイを 60 分以内に書き上げます。以下が主な特徴です（Academic module）。

| | Task 1* | Task 2 |
|---|---|---|
| タスク | グラフやフローチャート，地図などの変化や特徴を分析し描写する。 | 特定のテーマについて，自身の意見を中心として論理的なエッセイを書く。 |
| 字数指定 | 150 語以上 | 250 語以上 |

* General module の場合，Task 1 ではレターライティングが出題されます。

**【ここに注意】⚠**

➤ Task 2 の配点が大きいため，Task 2 に力を入れがちですが，**Task 1 をないがしろにしてはいけません**。受験，指導経験上 **Task 1 の精度が低いと，6.5 以上を取ることは難しくなります**。目安として Task 1：Task 2 = 1：3 の分量をこなしてください。よって，バランスよく対策するように心がけましょう！

## 5. スコアリングと理想のスコアメイクをチェック

目標スコア（overall）を達成するには，4 つの各セクションでどの程度点数を取ればよいかを事前に把握しておくことが大切です。特にライティングはスコアが最も出にくいので，他のセクションでカバーすることが重要になってきます。まずは全体のスコア算出方法を知っておきましょう。

**【Overall のスコアリング】**

| リスニング | リーディング | ライティング | スピーキング | Overall |
|---|---|---|---|---|
| 6.0 | 7.0 | 6.0 | 6.5 | **6.5** |

この場合は 4 つの合計を 4 で割るので，25.5 ÷ 4 = 6.375 となります。この場合は切り上げるので，6.5 が最終のスコアです。最終的なスコアは小数点以下により，算出方法は次のように決まっています。

・0.25 未満の場合 → 0.0 に繰り下げ　・0.25 以上の場合 → 0.5 に繰り上げ
・0.75 未満の場合 → 0.5 に繰り下げ　・0.75 以上の場合 → 1.0 に繰り上げ

では次に，目標スコア（overall）別の理想的かつ現実的なスコアを見ていきましょう。

【全セクションのスコアメイク】

| Listening | Reading | Speaking | Writing | Overall | 合計スコアレンジ |
|---|---|---|---|---|---|
| 5.5 | 5.5 | 5.0 | **5.0** | **5.5** | **21~22.5** |
| 6.0 | 6.0 | 5.5 | **5.5** | **6.0** | **23~24.5** |
| 6.5 | 6.5 | 6.0 | **6.0** | **6.5** | **25~26.5** |
| 7.0 | 7.0 | 6.5 | **6.5** | **7.0** | **27~28.5** |
| 7.5-8.0 | 7.5-8.0 | 7.0-7.5 | **6.5-7.0** | **7.5** | **29~30.5** |

この表からわかるように，ライティングのスコアはなかなか出にくいため，目標を達成するには，リスニングとリーディングである程度安定したスコアを取ることが重要な鍵と言えます。

**ここがポイント！**

受験回数や間隔についてですが，**目標スコアを取れる力がついたらある程度連続して受けること**をお勧めします。つまり，毎月1回ずつよりも，毎週，または1週間に2～3回といった形です。指導経験上，こちらの方が感覚を維持できるためスコアが出やすい傾向にあります。ただし，力不足にもかかわらず，**まぐれを期待して受け続けることは絶対NG**なので避けてください。

## 6. 評価基準とスコアリングをチェック

上記のTask 1とTask 2は，一部評価基準が異なります。詳細は**band descriptors（public version）**という一覧で一般にも公開されており，インターネットでダウンロード可能です。これは試験官が採点の際に使用するものと大きな違いはありません。詳細は各章で解説しますが，ここでは4つの評価基準と，**特に重要な項目**を抜粋して見ていきましょう。（*が付いている重要語は各章で詳しく取り上げます。）

<table>
<tr><th>Task achievement（TA）<br>（タスクの達成度：Task 1）</th><th>Task response（TR）<br>（タスクへの応答：Task 2）</th></tr>
<tr><td>1. 数表記や計算，分析は正確か<br>2. 目立つ特徴を具体的に書けているか<br>3. 必要に応じて比較ができているか<br>4. 概要（overview）＊が書かれているか<br>☞これがない，あるいは不十分だとスコアは 5.0 以下になります。</td><td>1. スタンスが明確になっているか<br>2. 主張がテーマに沿っているか<br>3. 関連した例を挙げながら，具体的に話を展開できているか<br>☞説得力を高めるには，例を掘り下げて書くことが重要です。</td></tr>
<tr><th colspan="2">Coherence and cohesion（CC）<br>（文章の一貫性とつながり：Task 1, Task 2 共通）</th></tr>
<tr><td colspan="2">1. 論理的かつわかりやすく話を展開できているか<br>2. 文章や段落同士のつながりや展開がスムーズか<br>3. 指示代名詞や，副詞や接続詞などの接続語（Cohesive devices）＊の運用が適切か<br>4. パラグラフの構成は適切か，情報にまとまりがあるか<br>☞他の英語資格試験の形でなく，IELTS で好ましいとされる形式に従って書くことがスコア達成への最適なアプローチです。</td></tr>
<tr><th colspan="2">Lexical resource（LR）<br>（語彙：Task 1, Task 2 共通）</th></tr>
<tr><td colspan="2">1. 書き言葉と話し言葉の違いを理解して運用できているか<br>2. 特定のテーマや問題タイプに関連した分野別語彙が使えているか<br>3. 語と語の自然な結びつき，相性（collocation）＊を理解し運用できているか<br>4. パラフレーズ（paraphrasing）が効果的にされているか<br>☞これを適切かつ効果的にできるか否かでスコアが 1.0 変わるほど重要な IELTS 必須のアカデミックスキルです。</td></tr>
<tr><th colspan="2">Grammatical range and accuracy（GR）<br>（文法の運用幅と正確性：Task 1, Task 2 共通）</th></tr>
<tr><td colspan="2">1. 単文＊と複文＊を織り交ぜて書けているか<br>2. パンクチュエーション（punctuation）が正確に使えているか<br>3. さまざまな文法事項や構文を，幅広く正確に運用できているか<br>☞特に受動態，分詞構文，関係代名詞，無生物主語構文，の 4 つの効果的な運用がスコア UP につながります。</td></tr>
</table>

＊ 単文とは SV. のように節が 1 つの文，複文とは，SV because S'V'. のように接続詞を用いて節が 2 つで構成されている文のこと。

各基準の配点は，25%ずつで，0～9.0のスコアで**1.0刻み**で評価が行われます。

以上がIELTSに関する基本的情報です。大まかな内容はつかんでいただけましたか？　それでは次に，スコアUPの鍵を握る10の極意について見ていきましょう。

## ライティング完全攻略10の極意！

### 【基本編】

#### 極意① ➤ パラフレーズスキルをマスターする！

エッセイライティングではさまざまなアカデミックスキルが必要ですが，中でも特に重要なスキルが**パラフレーズ**です。これは同じ表現の繰り返しを避けるために，コンテクストに応じて**別の形や語句で言い換えるスキル**のことです。このスキル習得をなくしてIELTSのライティング攻略は不可能です。本書では「**理論の理解**」＋「**レベル別問題演習**」の２段階アプローチで徹底的にこの力を養います。

#### 極意② ➤ 頻出分野とトピックを絞り対策をする！

出題頻度が高い問題に的を絞ることが最も効率的学習方法です。Cambridge出版の公式問題集に掲載されているライティングの問題は，出題頻度順ではないため，マイナーなトピックも見られます。よって，ひたすら公式問題集を中心にこなすのは賢明ではありません。**分野を絞り込んだ対策**が最短最速のスコア達成のアプローチであり，本書ではそれらを中心にトレーニング＋演習を行います。

#### 極意③ ➤ 背景知識と自分の意見を持つ！

極意②とも関連しますが，特にTask 2において重要なポイントです。まずは出題頻度が高いさまざまな社会問題や出来事に対し，**関心と問題意識を持つこと**が大切です。つまり，教養を身につけたら，**自分自身はどう思うのか，賛成か反対なのか**，そしてその**理由と根拠は何か**，といったように普段から深く考える習慣をつけ，そして**自分自身の言葉で表現すること**を心がけましょう。

#### 極意④ ➤ 自信のある10個のエッセイを持つこと！

やってはいけないライティング学習方法として，「**ひたすら多くの新しい問題を**

**こなすこと**」が挙げられます。重要なことは，類似したトピックが出題されたら，完成させたエッセイに近いクオリティで仕上げることです。このことから，添削を受けたら，次々に新しいエッセイを書くのではなく，リライトして下さい。そして，まずは自信を持って**高い精度で書くことができるエッセイを 10 本持つこと**が最優先です。それができれば，15 問，20 問と少しずつストックを増やしていくようにしてください。特に Task 2 は類似問題が出ることがあるので，より重要性が高いと言えます。

### 極意⑤ ➤ 運用語彙力をアップさせること！

「運用語彙」とは意味を理解できるだけでなく，正しく実際に使うことができる語彙のことを指します。ここで重要なポイントは，エッセイライティングで必要な「**アカデミックボキャブラリー**」と「**分野別語彙**」の運用力を高めることです。これらを正確に効果的に運用する力をアップさせることで，ハイスコアをゲットすることが可能になります。

では続けて**【応用編】**にまいりましょう。

## 【応用編】

### 極意⑥ ➤ IELTS ライティングの厳しさを知る！

例えば，英検 1 級に合格できた，TOEFL iBT® のライティングで高得点（30 点中 27 以上）が取れた，だからその勢いで IELTS もハイスコア，というわけにはいきません。つまり，他の資格試験の要素をそのまま当てはめるのは危険なため，**IELTS の形式に特化した対策が必要です**。大卒以上で一定の教養があるネイティブでも，特に対策をせず受けると，スコアが低い傾向にあります。知り合いのイギリス人（大卒）も初受験で，スピーキングは 9.0（満点）でしたが，ライティングは 7.0 でしたし，私自身も今ではある程度安定して 8.0 以上を取ることができますが，8 年前の帰国時はその力はありませんでした。当時はすぐに英検 1 級に合格し，TOEFL iBT® のライティングでも 28 点取れ，意気揚々と IELTS を受験したらライティングは 7.0，その後もう一度チャレンジしたら 6.5 に下がってしまいました。これを機に一念発起し，大学院卒業後にもかかわらず，IELTS の再学習が始まりました。特にライティングスコア改善＋研究のために IELTS の専門校にも通い，教材や添削等も含めて 60 万円ほど使い，ライティングの極意を身につけました。これらの例から言えることは，英語がある程度得意な人でも**自己流でやってしまうと事故る**，そして，**IELTS ライティングの特徴をつかむことがすべて**，ということが言えます。次の表は公式に毎年出されている国籍別のスコアデータです（アカデミックモジュール）。

| 国籍 | Reading | Listening | Writing | Speaking | Overall |
|---|---|---|---|---|---|
| ドイツ | 7.7 | 7.9 | **6.3** | 7.4 | **7.4** |
| ギリシャ | 7.3 | 7.5 | **6.1** | 6.8 | **7.0** |
| フランス | 7.1 | 7.0 | **5.9** | 6.6 | **6.7** |
| インド | 5.9 | 6.5 | **5.8** | 6.0 | **6.1** |
| ベトナム | 6.3 | 6.2 | **5.7** | 5.7 | **6.1** |
| 韓国 | 6.3 | 3.3 | **5.6** | 5.8 | **6.0** |
| 中国＊ | 6.2 | 5.9 | **5.5** | 5.4 | **5.8** |
| 日本 | 6.1 | 5.9 | **5.5** | 5.5 | **5.8** |

*Test taker performance 2019* より一部抜粋　＊中国は本土のデータ。香港，台湾は除く

どの国もライティングの低さは顕著で，ここに表記がない国でも同じ傾向が見られます。ヨーロッパ圏の人はスピーキングではハイスコアですが，ライティングでは他国と比較しても大差が見られません。また，あくまで目安ですが，英検1級平均合格点ぐらいで受験すると，ライティングは6.5～7.0，またTOEFL iBT® で28～30点でも，7.0～8.0が相場です。少し面食らったかもしれませんが，本書では，研究・受験・学習の3大要素に基づくスコアUPを**最短最速で実現させるためのすべてのエッセンスが入っている**ので心配ご無用です。IELTS特有の特徴と形式をしっかりと理解し，一緒に目標スコア達成を目指しましょう！

## 極意⑦ ➤ タイムマネジメントが鍵を握る！

まず本書が推奨するTask 1とTask 2の時間配分は次のとおりです。

**➤ Task 1：22－24分以内　Task 2：36－38分以内**

えっ，20分，40分の配分じゃないの？と思われた方がいるかもしれません。確かに公式問題集にはYou should spend about 20 [40] minutes on this task. と書かれていますが，これはあくまで目安です。指導と受験経験から言って，この配分で書ききろうとすると，特にTask 1が粗くなりがちです。グラフ問題が出た場合，焦って計算ミスや表記ミスをすると，Task achievementだけでなく，すべての項目に影響します。したがって，本書では次のような時間配分とアプローチで取り組まれることを推奨します。

| | ① プランニング | ② ライティング | ③見直し |
|---|---|---|---|
| Task 1 | 2～3分 | 17～18分 | 2～3分 |
| Task 2 | 3～4分 | 30～32分 | 3～4分 |

まず①に関して，いきなり書き始めるのは非常にハイリスクです。よって Task 1 ではエッセイに含めるべき情報の精査，Task 2 では自身のスタンスとそれに関連したアイデアをある程度決めてから書き始めてください。次に②については，可能であればパラグラフを書き終わるごとに，**Task 1 では計算ミスや表記ミスがないか，Task 2 は主題から逸れていないか**，をそれぞれ簡単に確認する方がよいでしょう。最後に③ですが，深刻なミス以外の**大幅な書き直しは避け**，時制のずれや 3 単元の s が抜けていないかなどのケアレスミスのチェック程度にしてください。

## 極意⑧ ➤ Task 1 から書き始めよ！

「Task 1，Task 2 のどちらから書き始める方がいいですか？」とよく質問をいただきます。私はいつも **Task 1 から始めてください**，と伝えています。理由は「**ウェイトが高い Task 2 に集中するため**」です。Task 2 から始めると，配点が高いことから，気合が入りすぎるあまり，つい文章が長くなりがちです。その結果，無駄が増え，加えて Task 1 がおろそかになり，焦って計算ミスも起こりやすくなります。ただし，Task 1 から始める際に重要なポイントがあります。それは，**Task 2 に取り掛かるまでに問題は見ない**ことです。つまり，先に問題を見てしまうとあれこれ考えて注意が散漫し，Task 1 に集中できなくなり，必然的にミスが増えてしまうからです。よって，この点に注意し，Task 1 から書き始める対策を進めてみてください。

## 極意⑨ ➤ 少なからず書き過ぎずに徹する！

多く書けばスコアが上がるというわけではありません。高得点をゲットする目安としては，**Task 1 は 170 〜 190 語，Task 2 は 270 〜 300 語を目安**に書くのが理想です。そもそも満点（9.0）を目指すわけではないですし，字数が増えると，冗長になったり，ケアレスミスが起こりやすくなるからです。また，変に凝った文法や語彙を使ったり，書きすぎてエラーリスクを背負うより，ミスを最小限に減らし，時間内に達意の英文を仕上げることが重要です。また，コンピュータ受験の場合，時間に余裕ができたとしても**分量を増やすのではなく**，**ケアレスミスや無駄がないかをチェック**してください。ですので，この長さに収まるように，普段から構成と分量を心がけてトレーニングに励んでください。

## 極意⑩ ➤ ペーパーとコンピュータ受験の違いをおさえよ！

各テスト形式についての特徴を把握しておくことも，攻略の鍵を握ります。

## ペーパー（Paper-based）

**・本番と同じ用紙で練習すること！**

どの程度（何行目あたりまで）書けば何ワードかを見極めておいてください。特に語数が指定語数に達するか心配な方は，開始と同時に練習で確認した行の**2行下に印を付けます**。こうすることで，字の大きさや改行による細かなずれを防ぎ，過不足なく書くことが可能です。サンプルは，google 検索エンジンで，ielts writing answer sheet new とタイプすればダウンロード可能です。あるいは，こちらのサイトからダウンロードができます。

Academic Writing - task 1 | Take IELTS (britishcouncil.org)

**・消しゴムの使用は最小限に！**

日本では消しゴムで訂正する習慣がついていますが，欧米では特にテストでは二重線で訂正することが一般的です。毎回消していると，時間のロスにつながりかねないので，極力使わずに書く練習をしてください。また，矢印を用いて次のように書いても構いません。あくまで採点官が読んで理解できるかが重要です。

例）Trains are the ~~more~~ most common mode ^of public transport ^in Australia.

また，**読みやさ**も非常に重要で，採点欄に **illegible**（判読不可）という項目があります。つまり乱雑に書くと，理解を妨げてしまうので，減点対象になります。よって，普段から**誰が読んでもわかるアルファベット，単語を書くこと**を意識してください。ちなみに，テストセンターが英検での受験であれば鉛筆を10本程度持って行かれることをお勧めします。JSAF で受験の場合は鉛筆（ロケット鉛筆）が配布されます。

## コンピュータ（Computer-delivered）

**①ブラインドタッチを極めよ！**

ブラインドタッチの**精度と速さがスコアを大きく左右**します。苦手な人は少し訓練するだけで5分前後の時間の余裕はできるようになります。

**②スペルチェック機能をオフにして練習すること！**

スペル機能チェックをオンにするとスペルミスに印が付きますが，当然本番ではその機能がありません。ですので，普段のトレーニングでは書き終わってからオンにするようにしてください。こうすることで正確なスペリング力が身につきます。

**③コピーアンドペーストとカットを最大限に活用せよ！**

これはコンピュータ試験の最大のメリットで，文の順序を入れ替えたり，パラグラフをまたいでの移動，そして大幅な削除（カット）も手軽にすることができます。また，タイマーもついていることから，タイムマネジメントのしやすさも大きな利点と言えます。

指導経験からの話ですが，ペーパー受験で苦戦していた生徒さんが，コンピュータ受験に変えたとたんに，0.5-1.0 スコアがアップしたという事例がここ 1 年半ほどで何件もありました。もちろん慣れるための訓練は必要ですが，パソコンで英文を読み慣れており（リーディング），受験地へのアクセスがよければコンピュータでの受験をお勧めします。ちなみに，以下のサイトでコンピュータ試験のシミュレーションが可能ですので，受験前にトライして肩慣らしをしておきましょう。

▶ **IDP Education**

https://www.idpielts.me/computer-delivered-practice-test/

▶ **British Council**

https://takeielts.britishcouncil.org/take-ielts/prepare/free-ielts-practice-tests

google 検索で，computer ielts idp simulation のようにタイプすると，見つけやすくなるので調べてみてください。

以上で 10 の極意と基本情報についての解説はすべて終了です。ライティングの概要と本質についてご理解いただけましたか？

最後に知っておいていただきたいことがあります。それは，「**目標スコアを達成後は，さらに気合を入れて英語学習に取り組む**」ということです。規定のスコアを満たしたとしても，それはあくまで大学が学生を多く取り込むために設定した指標にすぎません。特にライティングは，指定のスコアで留学してもガタガタで suffer しますので，本当に意味のある留学生活を送りたい人は要求されているスコア＋0.5 ～ 1.0 を目指す勢いで精進してください。特にトップスクールに行くと，overall 8.0 はざらなのでそういった学生に負けない力をつけて留学を謳歌していただければ幸いです。

ではここからが本番です。準備はいいですか？　道のりは少し長いですが，焦らず一歩ずつ着実にマスターし，目標達成に向けて一緒に頑張っていきましょう :)

# 第1章

# IELTSエッセイ全スコアUPに共通する最重要「3つの鉄則」を完全マスター!

# 第1章

# IELTSエッセイ全スコアUPに共通する最重要「3つの鉄則」を完全マスター！

ライティングでハイスコアをゲットするためには，**IELTS特有のアカデミック・ライティングのルールに従うこと**が重要です。これらはIELTSに限らず留学後のエッセイライティングでも共通する項目です。まずはこの基礎となる3つのキーワードを確認しておきましょう。

3つの鉄則

**1. Formal（フォーマル）**
**2. Objective（客観的）**
**3. Specific（具体的）**

まず**1.** の**Formal**はライティング特有の「**固い文体と語彙を用いて書くこと**」を指します。つまり友人や家族との日常会話で使うくだけた表現ではなく，書き言葉を使うことが重要です。また，文章も**節主体でなく名詞（句）中心で書く**ことでフォーマル度も高くなり，かつ**Concise**（**簡潔で無駄がない**）な文章になります。加えて，形式もアカデミックな構成，いわゆるパラグラフ・ライティングのルールに従い書きます。

次に**2.** の**Objective**ですが，アカデミック・ライティングではSubjective（主観的）な要素を入れてはいけません。例えば「私の経験では～」「～は素晴らしい」など個人の体験や評価を述べることは原則不可です。ただしTask 2では一部可能ですので，これは後ほど詳しく解説していきます。

**3.** の**Specific**に関しては「**具体例を入れ，具体的な表現を使う**」というマインドを持ってください。より詳細な例を書くことが6.0以上を確実にゲットする方法です。語彙についても日常会話向きの意味が広く曖昧な語（General words: 例 get, good）の使用は避け，意味が明確な語を使うようにしてください。

ここからは具体的にこの3項目を中心にIELTSのライティングに焦点を当てながら，**スコアUPに不可欠な10のアカデミック・ライティングのルール**を見ていきます。それではまいりましょう！

## 鉄則 1. Formal（フォーマル）

### ルール1 — 短縮形で書かない！

IELTSをはじめとした（セミ）アカデミック・ライティングでは，**短縮形**（**contraction**）は使いません。次のように短縮形を使わずに書いてください。



× It's easy to buy goods on the internet today.
○ **It is easy** to buy goods on the internet today.

### ルール 2 — And, But, So は文頭で使わない！

この3語を**文頭で使うことは不可**です。新聞，ニュース，またインフォーマルなエッセイでは文頭で使われることもありますが，IELTSをはじめとするフォーマルなエッセイでは使用禁止です。

よって，文頭で使う場合は次の副詞(句)を用いて書くようにしましょう。

- but ⇒ **however / yet / nevertheless / on the other hand**
- and ⇒ **in addition / additionally / moreover / furthermore**
- so ⇒ **therefore / as a result / for this [these] reason(s) / consequently**

また，これと関連して，soを文中で使うことも控えてください。

［△］The consumption of the world's natural resources is rapidly increasing around the world, **so** urgent action must be taken to improve this situation.

（世界の天然資源の消費は世界中で急速に増加している**ので**，この状況を改善するために早急な措置が取られなければいけない）

このsoの用法も少しカジュアルなので，一度文を区切り，ThereforeやFor this reason等に変えて，～ around the world. **Therefore [For this reason]**, urgent action .... のようにします。また，最初のS Vが比較的短ければ（10～15語程度），文を切らずにand thereforeを使い，**S V, and therefore, S' V'**.，あるいはセミコロンを用いてS V**; therefore**, S' V'.のように書くようにしてください。

## ルール 3 — フォーマルな単語を使う！

これはエッセイにふさわしい「**書き言葉を使うこと**」を指します。言語には一般的に「文体/フォーマル度」という概念があり，英語では **register**（= **the degree of formality**）や **style** と呼ばれます。これはいわゆる表現がどの程度カジュアルか，固いか，ということを意味します。例えば，日本語でも「めっちゃ楽しい旅行」はカジュアルですが，「**非常に充実した**旅行」とすると固い響きになりますね。同様に，日常会話で moreover, therefore, enable などの論文で使われるような語を使うと不自然で浮いてしまいます。つまり，それぞれの単語が書き言葉，話し言葉なのかを理解して使い分ける力が重要です。では，エッセイライティングで必要なフォーマル度の基本的な概念を表した以下の表をご覧ください。

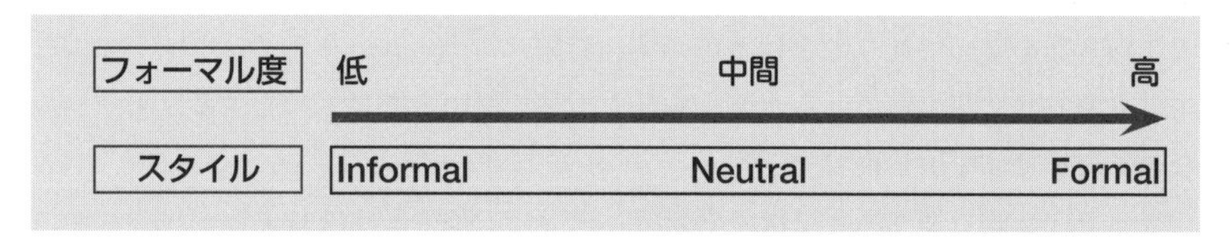


フォーマル度は矢印の右に行けば行くほど高くなり，文体も固くなります。ではこの3つのスタイルを左から順に一つずつ見ていきましょう。

### ▶ Informal（話し言葉）

colloquial とも呼ばれ，友人や家族との日常会話で使う「くだけた語彙」と考えてください。例えば amazing, nice, too much や，find out などの **phrasal verbs**（**句動詞**）が含まれます。

### ▶ Neutral（中間語）

書き言葉，話し言葉の両方で使われる語彙を指します。例えば，improve, many, knowledge, experience, also, instead of など，分野を問わず幅広く運用が可能です。

### ▶ Formal（書き言葉）

論文やフォーマルな討論などの堅い文章に使われるような **Academic vocabulary**（**アカデミック語彙**）がその代表例です。また，上記の Neutral と Formal の中間に位置する **Semi-formal**（準フォーマル）という分類もありますが，すべての単語の明確な線引きが難しいため，本書ではこの Formal の部類に含めています。

この他にも，Formal よりさらに固い詩や文学作品で使われる Literary（文学的）という項目もありますが，これは使う機会はないと思ってください。このことから **Neutral と Formal の語を用いて文章を書く**ようにしてください。以下に誤って使いがちな語を挙げておきますので，インフォーマルな語は代替語に置き換えて書くことを心がけましょう。



| ×（不可） | 代替語 | ×（不可） | 代替語 |
|---|---|---|---|
| kids | **(young) children** | a lot of / lots of | **many / numerous** |
| really / pretty | **particularly / fairly / highly** | of course | **indeed / it is true that** |
| make better | **improve / upgrade / enhance** | actually | **in fact / in reality** |
| make worse | **worsen / exacerbate / aggravate** | totally | **completely / entirely** |
| besides | **moreover / additionally** | a little bit | **slightly / somewhat** |
| everybody | **every individual [person]** | maybe | **perhaps / probably** |
| more and more | **a (n) increasing [growing] number [amount] of ~** | too much | **excessive(ly) / extreme(ly)** |
| and so on / etc | **A, B and C, to name a few / A, B and C.** | too | **as well / also** |

この他にも次の語はインフォーマルなので，使わないように注意しましょう。

➤ pros and cons / all things considered / it goes without saying that / all in all

## ルール4 — 句動詞を使わない！

「**句動詞**」とは《**動詞＋前置詞 or 副詞**》で構成される**熟語動詞**（**phrasal verb**）で，アカデミック・ライティングでは使用してはいけません。keep on（～を続ける）や go down（減少する）などがその一例で，これらはそれぞれ keep on は continue に，go down は decrease や decline に変えます。以下に代表的な例を挙げておきますので，適語を選んで書くようにしましょう。

| ×（不可） | 代替語 | ×（不可） | 代替語 |
|---|---|---|---|
| think about | **consider / regard** | give up | **abandon / renounce** |
| get over | **overcome / recover** | put up with | **endure / tolerate / bear** |
| work out | **solve / tackle / address** | get rid of | **eliminate / remove / eradicate** |
| find out | **discover / detect / locate** | go up | **increase / rise / grow** |
| set up | **initiate / launch / found** | go down | **decrease / decline / drop** |
| look into | **investigate / inspect** | make out | **comprehend / recognise** |

ただし一部例外として，**academic phrasal verbs**（**アカデミック句動詞**）と呼ばれる句動詞があります。これはライティングでも使用可能で，lead to や focus on などが代表例です。以下によく用いる表現をいくつか挙げておきますので，活用していきましょう。

| | | | |
|---|---|---|---|
| **abide by** | ～を順守する | **depend on** | ～に依存する |
| **add to** | ～を増大させる | **engage in** | ～に従事する |
| **allow for** | ～を考慮する | **fall into** | ～の状態になる |
| **cancel out** | ～を相殺する | **originate in** | ～に起源がある |
| *be* **derived from** | ～に由来する | **point out** | ～を指摘する |
| *be* **divided into** | ～に分かれる | **reflect on** | ～をよく考える |
| **capitalise on** | ～を利用する | **result [stem] from** | ～が原因である |
| **compensate for** | ～を補う，償う | **result in** | 結果～となる |
| **conform to** | ～に従う | **specialise in** | ～を専門とする |
| **consist of** | ～から成る | **participate in** | ～に参加する |

### ルール5 — できるだけ not を使わない！

これは特に形容詞や動詞を使う際に必要なテクニックで，《not ＋形容詞［動詞］》で書くよりも，《**否定の接頭辞＋形容詞［動詞］**》で表す方がフォーマル度がアップします。例えば，not healthy よりも **unhealthy**，not possible よりも **impossible** といった形です。以下の例で詳細を確認しておきましょう。

第1章

［△］I **do not agree** with the statement.
→［○］I **disagree** with the statement.

［△］The data was **not relevant** to the topic.
→［○］The data was **irrelevant** to the topic.

このように単語により否定の接頭辞が異なります。以下によく使う否定を表す接頭辞を持つ語の一例を紹介しておきますので身につけておきましょう。

| un- | | in / im | |
|---|---|---|---|
| unclear | unlikely | invalid | impolite |
| unreliable | unstable | ineffective | impractical |
| unavailable | unpredictable | inactive | inappropriate |
| il- | | ir- | |
| illegal | illiterate | irrational | irresponsible |
| illegible | illogical | irrelevant | irregular |
| dis-（形容詞） | | mis-（動詞） | |
| dissatisfied | dissimilar | misuse | misunderstand |
| disproportionate | disrespectful | mislead | mistreat |
| dis-（名詞） | | dis-（動詞） | |
| disorder | disagreement | disagree | disapprove |
| disregard | disadvantage | disobey | dismiss |

では続けて**鉄則 2. objective（客観的）**にまいりましょう。

## 鉄則 2. Objective（客観的）

**Objective**（**客観的**）とは，エッセイ中に感情的な表現を入れることなく，書くための重要な項目です。では3つのルールついて見ていきましょう。

### ルール 6 — Impersonal な表現を使う！

objective な重要な要素のひとつとして「**impersonal**（**非個人的**）**に書くこと**」が挙げられます。これは**人称代名詞**（**I, we, you など**）**を使わずにエッセイを書く**という意味です。まずはこの3語については次のように理解しておいてください。

| | 種類 | Task 1 | Task 2 | 注意事項 |
|---|---|---|---|---|
| ① | I, my, me | × | △ | Task 2 のみで使用可能。 |
| ② | we, our, us | △ | △ | 使用可能だが使わない方がよい。 |
| ③ | you, your | × | × | 話し言葉なので使用不可。 |

まず①は，エッセイで自己のスタンスを「**イントロダクションで書く場合**」と，「**コンクリュージョンで再主張**（**restatement**）**する場合**」以外は不要で，**ボディパラグラフでは I や my を使う必要はありません**。Task 2 では次の表現を覚えておけば十分です。

➤ **I believe / In my opinion / I mostly agree / I would argue** など

時々 From my point of view ／ It is my belief that ／ I am of the opinion that のような表現を使う方がいますが，ここではバラエティをつける必要はありません。

次に②の we / us / our に関しては，許容範囲ですが，6.5 以上を目指すのであれば使わない方がよいでしょう。実際のところいろいろな試験官と話す中で，we の使用については少し意見が分かれます。目につかなければよい，自然に使えていれば構わない，という人もいます。ただし概ね一致する意見としては，**ハイスコアのエッセイ**（**目安として 7.0 以上**）**は we, us, our が使われていない傾向が強い**，という点です。さらには，留学後の**エッセイライティングでもこの 3 語を使うことは非常に少ない**ので，留学前から使わずに書く習慣をつけておくことが大切です。

ではこの3語を使わずに書く方法を見ていきましょう。

### Task 1（グラフや図中の数値や特徴を描写する場合）

［△］ ~~**We can clearly see**~~ that the sales amount significantly increased in the 1990s.

→ ［○］ **It is clear** that the sales amount significantly increased in the 1990s.



［△］ ~~**We can see**~~ significant growth in the number of foreign tourists visiting Europe.

→ ［○］ Significant growth **can be seen** in the number of foreign tourists visiting Europe.

### Task 2

主に次の5つのアプローチで we / us / our の使用を回避することができます。文脈に応じてこの方法を使い分けます。例文で確認しておきましょう。

**① we を individuals や every individual**（各個人，一人ひとり）**に変える。**

例）**Individuals** [~~We~~] need to take action to reduce plastic waste.

**② us を the planet**（地球），**the world**（世界），**community**（地域），**society (as a whole)**（社会）**に変える。**

**例1**）Pollution is one of the most serious environmental problems facing **the planet [world]** [~~us~~] today.

**例2**）Museums are important to [~~us~~] **society as a whole**.

**③ our を people's**（人々の）**や individual's**（個々の），**public**（市民の）**に変える。**

**例1**）Sport can improve the quality of **people's** [~~our~~] lives.

**例2**）Maintaining health is an **individual's** [~~our~~] responsibility.

**例3**）Recent extreme weather has increased **public** [~~our~~] concern over global warming.

**④ 主語を government and businesses**（政府と企業）**のように特定の機関に変える。**

例）**Both governments and businesses** must take urgent action to protect the environment.

この他にも the world, wealthy countries, world leaders, politicians などコンテクストに合わせて特定の名詞を主語にすることも可能です。

**⑤「受動態」を使って書く。~ by us のように動作主は不要。**

**例 1）** **Action must be taken** [~~We must take action~~] to protect the environment.

**例 2）** **This problem can be solved** [~~We can solve this problem~~] through international cooperation.

最後に補足ですが，例えば，「**（我々）人間**」と書く場合，特に動植物やロボットなどと対比する際は **humans** を使います。また，「**（我々）日本人は**」と言いたい場合も，**Japanese people** のように明確に書くようにしましょう。

## ルール 7 — Emotive / Judgemental な語彙を使わない！

アカデミック・ライティングでは「**感情を表す表現**」（**emotive language**）の使用は禁止です。ではいくつか不適切な例を挙げてみます。太字の語彙に注目してください。

① The discovery of DNA in the 20th century was a **fantastic** scientific development.
② Einstein is **definitely** the most prominent figure in the history of science.

下線部はそれぞれ，①は「素晴らしい」，②は「間違いなく」，という意味で**主観的な感情や価値判断**が含まれているのがわかりましたか？　これらは不適切なので，次のように変えれば客観的な表現に変わります。

① fantastic → **major / large / significant**
② definitely を **one of the most prominent figures** に変える，あるいは definitely を arguably（おそらく～）に変え，**arguably the most prominent figure** にする

ちなみに，厳密には **I believe や I disagree なども主観的なのでアカデミックエッセイでは使用不可ですが，Task 2 では可能**です。では最後に，特に Task 2 で使いがちな emotive / judgemental な語をまとめましたので，使わないように注意しましょう。

| 形容詞 | 副詞 |
|---|---|
| happy / sad / interesting / fantastic / excellent / wonderful / shocking / unbelievable / brilliant / terrible | really / definitely / absolutely / very / credibly / fortunately luckily / surprisingly |



## ルール 8 — hedging を使い，語気を和らげ断定表現を避ける！

突然ですが，問題です。次の２文はアカデミックライティングでは不適切な英文です。どの部分を改善するべきか考えてください（文法，語法のミスはありません）。

① Working abroad is a valuable experience.

② Japanese people are punctual and hard-working.

わかりましたか？　答えは２文とも「**断定的な響きがある**」という点です。つまり①は「海外での就労は**間違いなく**有益な経験である」，②は「**すべての日本人は**時間厳守で勤勉である」という響きがあります。IELTS を含むアカデミックライティングでは，このような「**断定的な表現**」（**categorical statement**）は，事実や確固とした証拠やデータがない限り使いません。つまり「概ね当てはまるが，そうでないこともある」という場合は**語気緩和が必要**です。よって，この２文は次のように変えると自然な文になります。

① Working abroad **can** be a valuable experience. ➤ 助動詞 can を使用
（海外での就労は貴重な経験に**なりうる**）

② Japanese people are **generally** punctual and hard-working.
➤ 副詞 generally を追加
（一般的に，日本人は時間厳守かつ勤勉である）

このように断定表現を避け，語気緩和を行うことを **hedging** と言います。ここでは以下の６つの hedging テクニックを紹介していきます。上記①の助動詞や，②の副詞を含め，次のような語を用いて語気緩和を行います。まず一覧をご覧ください。

| | 用法 | 使用する主な表現 |
|---|---|---|
| 1 | 助動詞 | can / may / might / could |
| 2 | 動詞 | appear / seem / tend to / suggest / help / *be* believed to / have the potential to / *be* estimated to / *be* considered |
| 3 | 形容詞 | many / most / potential / likely / possible / unlikely / primary / leading / some / a number of / approximate |
| 4 | 副詞 | perhaps / likely / arguably / apparently / in part / sometimes / usually / generally / largely /slightly / relatively / on average |
| 5 | There is + 名詞 | There is some chance that / There is a tendency for ~ to *do* / There is a (strong) possibility / There is a high likelihood that |
| 6 | It で始まる定型表現 | It seems [appears] that / It is often pointed out that / It is sometimes argued that / It is generally believed that |
| 7 | その他 | one of the 最上級 + 複数名詞 / It is 形容詞 (for ...) to *do* |

ではこれらを用いていくつか例文で確認しておきましょう。

(1)

[△] Agricultural expansion is the cause of deforestation.

[○] Agricultural expansion is the **primary** cause of deforestation.

(農地拡大が，森林破壊の主な原因である) ➤ 形容詞を用いた 3 の用法

(2)

[△] Hosting an international sporting event causes more harm than good.

[○] **It is often pointed out that** hosting an international sporting event causes more harm than good.

(国際的なスポーツイベントを開催することは，利益よりも多くの損害をもたらす，**とよく指摘される**) ➤ It で始まる定型表現を用いた 6 の用法

(3)

[△] Food packaging contains harmful chemicals.

[○] **Some** food packaging contains **potentially** harmful chemicals.

(食品包装**の中には**，有害になる**可能性のある**化学薬品を含んでいるものもある)
➤ 形容詞の some と副詞の potentially による組み合わせ

hedging の基本的な使い方と，その役割はおわかりいただけましたか？ 評価基準表にも **over-generalise**，つまり「過度に一般化する」「全てに当てはまるよう

に書く」ことは好ましくない，とあることからも，hedgingの役割は非常に重要です。ただし，hedgingの**使いすぎは不自然に響きます**。特に上記7のIt is 形容詞 to *do* を乱用する人が時々いるので注意してください。このことから，機械的にhedgingを使うのではなく，書く内容が変わることのない，または証明されている**fact なのか**，あるいは主観的な考えや推測などの**opinion なのか**，を慎重に考え，**どの程度の語気緩和が必要か**を考えて運用するようにしてください。

以上でObjective（客観的）に関するレクチャーは終了です。次は最後の項目3. **Specific**（**具体的**）についてです。あと少しです。少しブレイクして気合を入れなおしてまいりましょう！

## 鉄則 3. Specific（具体的）

読み手や聞き手を納得させるためには，何事も**具体的に表現すること**が大切です。本題に入る前に，まずは英語と日本語の言語上の大きな違いを知っておく必要があります。それは，日本語は「**文脈依存度が高く，行間を読む言語**」ということです。つまり「**状況から判断して言わなくてもわかるだろう，わかってくれるよね，雰囲気でわかってね**」という発想ですが，英語は「**文脈依存度が低い言語**」なので**はっきりと具体的に表現して伝えなければいけません**。この具体的にとは，語彙，表現方法，内容であったりとさまざまです。ここではライティングに必要な具体的に表現するためのテクニックをマスターしていきましょう。

### ルール 9 — 意味が具体的なワードを使う！

専門用語を除き，語彙は主に**general word** と **specific word** に分類されます。前者は意味が広く，文脈によって意味が変わる「**一般語彙**」のことを指します。例えば get, make, good などインフォーマルな会話向きの語で，先ほど **Formality（フォーマル度）**の項目で触れた informal に分類されます。一方 **specific word** はより具体的な意味を持つ単語を指します。例えば「～を作る」という場合，**make** はどのように作るかが曖昧な意味が広い general word ですが，**create** は「これまでにない新しい物，状況を作る」，**generate** は「利益やお金，エネルギーを生み出す」，**produce** は「製品，農作物，作品などを作り出す」，**manufacture** は「大量に機械で生産する」などは意味が明確な specific word で，ライティングではこちらを用いなければいけません。

理由は非常にシンプルで，スピーキングと異なりその場で**相手に質問できないから**です。つまり会話では，その都度説明を求めることができますが，当然ライティングではそれができません。したがって，エッセイでは読み手が一度読んで理解，納得できる明確な語彙を使う必要があるということです。以下に使う機会が多い General word と，Specific word の対象表を紹介しておきますので，文脈に応じた Specific word を使い書くことを心がけましょう。

## General word / Specific word 一覧

注意：* が付いている語は使用可だが，specific word を使う方がよい。



| General word | Specific word |
|---|---|
| **do** | perform / hold / conduct / commit / practise / implement |
| **make** | create / produce / generate / build / construct / establish / invent |
| **get** | gain / acquire / obtain / collect / receive / earn / purchase |
| **give** | provide / offer / distribute / feed / support / supply / allocate |
| **check** | examine / investigate / inspect / inquire / study / explore |
| **keep** | maintain / retain / preserve / conserve / sustain / store |
| **think*** | believe / consider / reflect / assume / regard / envisage |
| **use*** | consume / spend / employ / utilise / exploit / apply / exhaust |
| **find*** | discover / identify / locate / detect / unearth / search |
| **change*** | alter / modify / transform / adjust /amend / replace / shift |
| **good** | positive / appropriate / suitable / valuable / effective / meaningful / beneficial / efficient / productive / precise / rewarding |
| **well*** | appropriately / properly / efficiently / skilfully / resourcefully |
| **bad** | negative / inappropriate / unsuitable / harmful / adverse / useless / pointless / inefficient / detrimental |
| **big** | large / significant / substantial / tremendous / massive / extensive / vast / spacious / cumbersome / heavy / overwhelming |
| **way*** | method / approach / strategy / procedure / practice / technique |
| **people*** | students / participants / residents / tourists / consumers など |
| **thing / stuff** | issue / matter / element / factor / aspect / decision / choice など |

・people は文脈に合わせて具体的な名詞を選んでください。
・thing も文脈に応じて適切な語彙を選択してください。

## ルール 10 ― 対象を絞り具体例を用いて説明する！

次の英文の下線部①，②は改善が必要な個所です。その理由と，どのように改善すればいいか考えてください。

> Students should take advantage of internship opportunities while at university because this experience allows* them to learn ① various skills, which will likely be helpful ② in the future.
>
> * **allow *A* to *do*:** A が do するのを可能にする

わかりましたか？　まず，理由は「**抽象的**」だということです。つまり，①は **various skills がどんなスキルか不明瞭**，②は **in the future が，いつのことか（卒業後，子供ができたら，退職後など）が曖昧**です。よって，①と②は次のように具体的な表現に変えると伝わる英語になります。

> Students should take advantage of internship opportunities while at university because this experience allows them to learn ① **various practical skills such as teamwork and public speaking**, which will likely be helpful ② **after they have joined the workforce.**

①は such as を用いて，teamwork と public speaking という具体例を挙げており，②も「**社会に出たら**」のように in the future がより明確に表現されていますね。このように常に「specific に表現する」というマインドを持って英語を発信することが重要です。ここではこの specific 発信する具体的な３つのストラテジーを紹介していきます。

### ストラテジー 1 ― such as / including などを使い名詞を列挙する

これが最もシンプルで，*A* **such as** *B* **and** *C*.（B や C といった A）のように書きます。上記の practical skills **such as teamwork and public speaking** のような形で，**テーマ別の関連語彙**を２つか３つ列挙してください。例を見てみましょう。

・Research shows that health problems **such as obesity and diabetes** are becoming increasingly serious among young people.
（研究によれば，**肥満や糖尿病といった**健康上の問題が若者の間でますます深刻になっている，とのことである）
➤ obesity and diabetes のように分野別語彙を入れることで，具体性が UP していますね。



ただし，認知度の低い専門用語や，略語，または日本人しか知らないような語彙は使用を控えてください（使う場合は説明が必要）。加えて，vegetables such as onions and carrots のような平易な語彙は列挙してもスコア UP にはつながらないので知っておいてください。スコア UP につながるテーマ別語彙は，5 章の Task 2 の必須語彙で紹介しています。

### ストラテジー 2 — especially / particularly / related to / associated with を使う

抽象的な内容を述べてから，対象を絞り込み具体的に書く方法です。

① House prices have been rising in Australia, **particularly** in Sydney and Melbourne.
（オーストラリアの住宅価格は，特にシドニーとメルボルンで上昇し続けている）
➤ particularly を加えることで，オーストラリアのどこか対象を絞りこんでいます。

② A growing number of companies are recruiting workers with practical experience and skills **associated with** marketing and management.
（ますます多くの企業が実務経験と，販促，運営に関連した技術を持ち合わせた従業員を採用している）
➤ associated with（～に関連した）を使い，スキルを明確に表しています。

### ストラテジー 3 — 後置修飾で情報を加える

これは名詞に前置詞句，形容詞，関係代名詞などの句を付け足す方法です。特に **what, where, when, why, how の 5W1H** の観点から考え情報を加えるとより明確にアイデアが出やすくなります。まずは簡単な例から見ていきましょう。

[△] Studying abroad allows students to meet new people.
➤ どんな新しい人たちかがあいまい。

→［○］Studying abroad allows students to meet new people **from a diverse range of backgrounds.**

➤「多様な背景を持った」という前置詞句を加えることで具体的になりましたね。

もう一つ確認しておきましょう。

［△］Children tend to easily break school rules.

➤ どんな子供かがあいまい。

→［○］Children **lacking proper parental discipline** tend to easily break school rules.

➤ children に後置修飾（赤字部分）することで，「しっかりとした親のしつけがされていない子供」のようにどんな（what）が明確になり具体性がアップしましたね。

以上で **10 のアカデミック・ライティングのルール**についてのレクチャーは終了です。お疲れさまでした。見慣れない用語や，表現が多かったかもしれませんが，少しずつマスターし，エッセイライティングの質を向上させましょう！

# IELTS必須！
# IELTSスコア7.0突破のための文法・語法ルール30を完全マスター！

# 第2章
# IELTS必須！ スコア7.0突破のための 文法・語法ルール30を完全マスター！

ライティングの評価基準において，**文法と語法の割合は合計50%を占める**ため非常に重要です。しかしながら，知識はあってもいざ書いてみると気づかないうちにミスを犯しているケースがよくあります。ここでは，IELTSでよく見られるミスや重要な項目を「**文法編15**」「**語法編15**」の２つに大きく分けて厳選しました。効果的な活用方法としては，

**① 一読する → ② エッセイを書く → ③ 再読してセルフチェック**

という流れです。何度も繰り返すことで自動的に正確に運用できるようになります。まずは「**文法編**」からです。それでは早速まいりましょう！

## これだけは絶対守ろう！ 最重要「文法」トップ15

### 第1位 — For exampleの後ろにSVを従えているかを確認せよ！

for example [instance] は副詞扱いのため，文頭で使う場合“**For example, SV.**”の構造が原則です。よって次のような名詞を列挙した英文は誤りです。

［×］When choosing an employer, there are several factors to consider. **For example**, salary, benefits and job responsibilities.

➢名詞の列挙は不可。

この場合は，次のように挿入的に使うか **such as** を使います。

→［○］When choosing an employer, there are several factors to consider, **such as [for example,]** salary, benefits and job responsibilities.

（就職先を選ぶ際は，給与，福利厚生，職務内容といった考慮すべき項目がいくつかある）

挿入で使う場合は，“**~, for example, —** ”のように**前後にカンマを入れる**のを忘れないでください。そして文頭でfor exampleを使う場合は，次の例のように**SVを従えているか**を毎回確認してください。

→［○］Academic skills are essential to succeed at university. **For example**, research skills are necessary when gathering relevant data and judging the reliability of information.

（大学で上手くやっていくためには，アカデミックスキルが不可欠である。**例えば**，関連するデータを収集したり情報の信頼性を判断する際に，リサーチスキルが必要になる）



## 第2位 — However と Therefore は副詞！ 接続詞としては使用不可!!

この2語は**接続副詞**と呼ばれ，前に紹介した for example と同じ副詞です。よって接続詞としての使用は不可です。まず however を用いた次の英文は誤りです。

［×］Robots bring numerous benefits, **however,** it can cause trouble.

（ロボットは数多くの恩恵をもたらすが，問題を引き起こすこともある）

➤ **このように SV はつなげないため，以下の3つの方法で改善が必要です。**

①→［○］Robots bring numerous benefits, **but** [**(and) yet**], it can cause trouble.

②→［○］Robots bring numerous benefits. **However,** it can cause trouble.

③→［○］Robots bring numerous benefits; **however,** it can cause trouble.

①は but か (and) yet に変える，②は文を一度区切り文頭で However を使う，そして③のようにセミコロンを使う用法（p. 83参照）です。

同じく **therefore も副詞なので**，次のように SV 同士をつなぐことはできません。

［×］Robots are increasingly being used in a wide range of industries, **therefore**, the need for human labour will be drastically reduced.

（ロボットは幅広い業界で利用が増えている。**したがって**，人的労働力の必要性は大幅に減ることになる）

代替表現としては，“**, and therefore**”にするか，一度文を切ってから，文頭で **Therefore** や **For this [these] reason(s)** を使うとよいでしょう。

## 👑第3位 — 可算名詞と名詞の使い分けに注意！

ほとんどの名詞は可算名詞と不可算名詞の用法があり，英英辞典では可算名詞は C（**Countable noun**），不可算名詞は U（**Uncountable noun**）と表記されています。例えばworkは「仕事，作業」の意味では U ですが，C では「芸術作品」，contentは「内容，コンテンツ」の意味では U，「目次，中に入っている物質」の意味では C です。また，中には不可算名詞用法しかない語彙もあり，garbage（ゴミ），software（ソフトウェア）などはその代表例です。以下にIELTSで運用する機会が多く，ミスを犯しやすい不可算名詞を集めました。一部例外はありますが（例：information, aid）これらの語はa / anが付いたり，複数形になりません。これらの語を使う際は特に注意して運用しましょう！

| カテゴリー | 不可算名詞一覧 |
|---|---|
| 最重要 | data / evidence / research / news / information / advice / support / homework / traffic / damage / health / garbage / staff |
| 必須 | knowledge / leisure / travel / training / entertainment / advertising / pressure / equipment / transport(ation) / accommodation |
| ワンランクUP | feedback / progress / access / appearance / wisdom / satisfaction / employment / architecture / scenery |

ちなみに，**可算名詞と不可算名詞の見分け方の主な基準は「触れられるか」と「絵に描けるか」の2つ**です。いくつか抜粋するとenergy, support, peace, furnitureは触れることや，絵にかくこともできませんね。いやfurnitureはそうでないだろう？と思われるかもしれませんが，**それは椅子や机など個別の種類を指す場合**であってfurniture自体を描くことはできません。このような観点から考えることで覚えやすさもグーンとアップしますので参考になさってください。

## 👑第4位 — such asやlikeを使う時は，名詞が一致するか確認せよ!!

この2語は具体例を挙げる際に便利な表現ですが，用法に注意が必要です。次の英文はsuch asの使い方が誤りなので，改善方法を考えてみてください。

［×］Governments should spend more money on **such as** healthcare and education.

わかりましたか？《*A* such as [like] *B*》とする場合，**A は B を包括する語**でなければいけません。言い換えると，**B は A の一例**でなければいけません。例えば，play team sports **such as [like]** football and basketball であれば football や basketball は team sports の一例であり，かつ team sports はこの 2 語を包括する語ですね。

しかしながら，この文では such as 以下の health と education を包括する名詞がないため，それを次のように包括語を補えば正確な文に変わります。

▼第2章

→［○］Governments should spend more money on **public services** such as healthcare and education.

➤ health と education を包括する public services（公共のサービス）を入れることで *A* such as *B* が成り立ちますね。

（政府は，医療や教育といった公共サービスにより資金を使うべきである）

## 第 5 位 ―「手段」を表す by を使う場合は細心の注意を払え！

「～によって」は，英語では文脈によって，by，through，with，due to と多く，by は「手段」，through は「～することによって［経て］」，with は「～を用いて」，due to は「～のせいで」の意味となります。

### 1. by ＋「無冠詞の名詞」

これは熟語的に使われ，by bus や by phone，by land（陸路で），by vote（投票で），by rote（暗記で），by instinct（本能で）などの定型表現が一般的です。

### 2. by doing のように後ろに動名詞を従える

［×］Children can learn logical thinking by maths. ➤ 名詞は不可

→［○］Children can learn logical thinking by **studying** maths. ➤ 動名詞で書く

（子供は，数学を学ぶことによって論理的思考を身につけることができる）

よってこれらの用法以外で**手段**を表す際は by ではなく，**through**（**～を通じて，～の助けを借りて**）を用いられることが多くなります。

・Crime can be reduced **through** education.

（犯罪は教育によって緩和される）

また，「～の力を借りて」といったように，特定の手段，方法，人の力などを強調したい場合は，**via**（**～を用いて，介して**）を用います。

> ・Business meetings should take place **via** video conferencing.
> （仕事の会議はビデオ会議で行われるべきである）

## 第6位 ― 定冠詞の有無に注意せよ！

何の根拠もなくなんとなく名詞にtheを付ける人が多くいますが，ネイティブにとっては**名詞を特定するための重要な目印**であり，日本人が考えるより大きな役割を持っています。例外が多いのですべてカバーできませんが，原則として**theを付ける場合は「前に登場した名詞」「1つしか存在しない名詞」「読み手も理解している名詞」**です。ここではこれ以外の原則theが必要なIELTSで重要な名詞一覧を紹介します。何度も見返して運用力を高めていきましょう。

### 定冠詞theが必要な名詞一覧

| 分類 | 語彙 |
| --- | --- |
| 宇宙 | the universe / the Sun / the Earth / the Solar System * |
| 環境 | the environment / the sky / the weather / the ocean / the equator / the atmosphere / the sea / the food chain / the natural world |
| 特定の集団（形容詞にtheを付ける） | the rich / the elderly / the famous / the unemployed/ the educated（教養人）/ the socially disadvantaged（社会的弱者）/ the underprivileged（恵まれない人々） |
| 年代，期間，時代 | the 21st century / in the 1990s / at the beginning [end] of ~ / the Stone Age / in the modern world / in the digital [information] age |
| 特定の（歴史上の）出来事 | the Olympics [= the Olympic Games] the Industrial Revolution / the Second World War ** |
| 特定の区分，層 | the age group（年齢層）/ the low-income bracket（所得階層）/ the ~ industry [sector] / the working population（労働人口） |
| 特定の国名 | the UK / the US(A) / the Philippines / the Netherlands |
| 臓器，器官 | the brain / the heart / the nervous system（神経系） |
| その他 | the same / the internet / the case / the truth / the fact / the rest |
| 対の要素を表す物 | the past ⇔ the present ⇔ the future the North Pole（北極点）⇔ the South Pole（南極点） |

＊これ以外の惑星は無冠詞で表す。(例：Mars「火星」／Jupiter「木星」)
＊＊は World War II も可。

## 第7位 — 何についての Firstly, Secondly かを明確にせよ！

これは理由や具体例を述べる際に，何に関しての First(ly) や Second(ly) なのかが書かれていないミスを指します。その例をご覧いただきましょう。

［△］I believe that students should focus on studying philosophy. **Firstly**, they can learn practical skills, such as reasoning and problem-solving.

➤ 何が Firstly か不明。

つまり Firstly 以下が何の一つ目のなのか（理由，何かの側面，メリットなど）が不明瞭なので，以下のようにカテゴリーを明確にすれば文が改善されます。

→［○］I believe that students should focus on studying philosophy **for several reasons**. **Firstly**, they can learn practical skills, such as reasoning and problem-solving.

➤ for several reasons を付けると，Firstly が一つ目の理由，ということが明確化。
（いくつかの理由で，学生は哲学を学ぶことに焦点を置くべきだと強く思います。一つ目は，論証力と問題解決能力といった実践的なスキルを身につけることができるからです）

特にパラグラフの最初で Firstly, のように始めがちな方は，The first **reason [advantage / point]** is .... のように項目を明確にして書く習慣をつけましょう。

## 👑第8位 — governmentにはすべてtheが付くとは限らない！

Task 2では「政府が〜すべきである」のように書くことがよくありますが，次のように**機械的にgovernmentにtheを付けるのは避けてください**。"the government"とできるのは，中央政府を指す場合，**どこの国の政府か，地域の自治体かが文脈上明白な場合**です。それ以外の場合は次のようにどこの政府かを明確にして書きます。

→ ［○］The Japanese [UK] Government should make recycling a legal requirement.
→ ［○］In Japan [the UK], the government should make recycling a legal requirement.
（日本［イギリス］政府はリサイクルを法令にするべきである）

よって，一般論で「政府は」と書く場合は，次のように複数形で表してください。

→ ［○］Governments should make recycling a legal requirement.

## 👑第9位 — Tautology（類語反復）に要注意！

突然ですが問題です。次の英語はどこに誤りがあるか考えてください。少しチャレンジングですがトライしてみましょう！

(1) The company has invested in new technological innovations for years.
(2) The number of the world's population has more than doubled over the last 50 years.

答えは（1）は**newが不要**，（2）は**The number ofが不要**，となります。まず（1）はinnovationという単語にnewの意味が含まれているためnewが重複しています。同じく（2）population = the number of peopleであり，**population自体にnumberが含まれている**ため不要です。このようなよく似た意味の語を繰り返してしまうことを**tautology（類語反復）**や**redundancy（冗長）**と言います。日本語でも「もう一度繰り返す」は「繰り返す」という語に「もう一度」の意味が含まれているため冗長ですね。以下にtautologyの代表的なミスを挙げておきますので，確認しておきましょう。

［×］today's modern → ［○］modern
［×］current trend → ［○］trend
［×］completely destroy → ［○］destroy
［×］foreign import → ［○］import
［×］discover a new cure → ［○］discover a cure
［×］different kinds of → ［○］different / a variety of
［×］The reason is because ~ → ［○］The reason is that ~
［×］In my opinion, I believe ~ → ［○］In my opinion, ~



## 第10位 ― 厳選スペリングミスをチェック！

正しいスペリングは語彙の評価基準で非常に重要です。以下に特に重要な項目を厳選しました。しっかりと確認してミスを最小限に減らしましょう。

| 項目 | 例・解説 |
|---|---|
| 動詞と名詞で紛らわしい語 | 動 maintain → 名 maintenance<br>動 pronounce → 名 pronunciation |
| 複合語で間違えやすい語 | × ~~work force~~ ○ workforce ／ × ~~birth place~~ ○ birthplace<br>× ~~work place~~ ○ workplace ／ × ~~life style~~ ○ lifestyle |
| 単／複で混同しがちな語 | 単 hypothesis 複 hypotheses ／ 単 crisis 複 crises<br>単 phenomenon 複 phenomena ／ 単 syllabus 複 syllabi<br>単 curriculum 複 curricula ／ 単 criterion 複 criteria |
| 混同しやすい語 | ・every day 毎日 everyday 毎日の ・human 人間の humans 人間<br>・damage 被害，損害 damages 賠償金<br>・sometimes 時々 some time / sometime そのうち<br>・content コンテンツ contents 目次，中に入っているもの<br>・dependent 依存している dependant（子供の）被扶養者 |
| その他（テスト前に必ずチェック！） | accommodation / absent / accelerate / acquire / rhythm / acquaintance / commitment / discipline / environment / government / particularly / psychology / parallel / species / occurred / address / entrepreneur / questionnaire / conscious |

コンピュータで練習される場合は，**スペルチェック機能を必ずオフ**にしてください。また，表記はイギリス英語，アメリカ英語のどちらを用いても構いませんが，混在しないように統一して書くように心がけてください（p. 55参照）。

## 👑第 11 位 — the と its の違いに注意！

この２語は誤って使うと読み手を混乱させてしまいます。**《the ＋名詞》**は**前述の語**を，一方**《its ＋名詞》**は**「前述の語が持っている」**という**所有を表す代名詞**です。次の例で確認しておきましょう。

・Kyoto is famous for **its** [× the] rich history.
（京都は豊かな歴史で有名である）
➤ **「Kyoto が持っている豊かな歴史」という意味なので所有の its。**

・I visited a lot of tourist attractions when I went to London last year. For me, the best one was the British Museum, but **the site** was packed with tourists.
（昨年ロンドンに行ったとき，多くの観光地を訪れた。一番よかったのは大英博物館だが，観光客で溢れかえっていた）
➤ **the site は the British Museum を指します。its site だと意味が不明です。**

では最後に２つの要素が入った英文をご覧いただき，さらに理解を深めましょう。

・I enjoyed an incredible firework display in Sydney ten years ago. **The show** was truly amazing and I can still remember **its** vivid spectacle.
（10 年前，シドニーで感動的な花火を楽しんだ。そのショーは本当に最高で，今でもそのまばゆい光景を覚えている）　＊ vivid spectacle「まばゆい光景」
➤ **The show は前述の “firework display” を，そして its は「その（= それが持っていた）光景」を指します。**

## 第12位 — despite, in spite of, due to, because of は全て前置詞扱い！ 名詞を従えているかを確認せよ！

これらの4語は at, of, about などの前置詞と同じ役割を果たすので，後ろに名詞を従えるため次のようにSVを取ることはできません。

［×］**Despite road networks have been improved**, traffic congestion in the city centre is still a problem during the peak hours.

➤ このように《Despite SV,》は不可。

（道路網が改善されたにもかかわらず，ピーク時における交通渋滞は依然として問題となっている）

これには2つの改善方法があり，次の例文のように1つ目は**Despite を接続詞 Although や Even though に**，2つ目は**Despite 以下を名詞に変える**形です。

→［○］**Although road networks have been improved,** ~

➤《Although ＋ SV ,》とする

→［○］**Despite the improvement in road networks,** ~

➤《Despite ＋名詞句 ,》とする

同じように due to や because of も前置詞扱いのため，SV を取ることができません。使う際は**名詞を従えているか**を確認して運用するようにしましょう。

## 第13位 — 日本語に引きずられて過去形を使ってしまうミスに注意！

「…は～した」と表現する際に，日本語につられてすべて過去形で書いてしまうミスが目立ちます。「**過去に起こってそれが今も継続している**」場合は**現在完了形**で書く必要があります。次の例で確認しておきましょう。

［×］Remote learning became popular in recent years.

（遠隔学習は，ここ数年で普及した）

［×］Social networking changed the way people communicate.

（ソーシャルネットワーキングは，コミュニケーション方法を変えた）

過去形を使うと，昔はそうだったが今はそうでない，のように**過去に焦点が当たります**。これらは今も状態が継続しているので，次のように書きます。

→［○］Remote learning **has become** popular in recent years.

➤ 遠隔学習はここ数年で広まり，今も普及している。

→［○］Social networking **has changed** the way people communicate.

➤ ソーシャルネットワーキングによってコミュニケーション方法が変わり，今もその状態が続いている。

このことから，伝えたい事実が「**今も継続しているのか**」という点を考慮して時制を選ぶように心がけましょう。

## 第14位 — 動作をする主体が明確か毎回確認せよ！

英語では「**誰が行為を行うのか**」という主体を常に意識し，明確にしなければいけません。例えば次のような英文は改善が必要です。

［△］I believe it is important to teach children good behaviour.

これだと「適切なふるまいを子供に教えるのは誰か」が不明瞭です。よって伝えたい内容によって，次のように主体をはっきりさせることが必要です。

→［○］I believe it is important **for parents [schools]** to teach children good behaviour.

ですので，文脈から明らかな場合を除き，**動作主が明確か**という点に注意が必要です。

ちなみに，中学で学習する《It is ... for ~ to *do*》の形ですが，for ~ を「〜にとって」と覚えていると運用できません。これはあくまで「**〜が *do* することは…だ**」のように〜は「**動作主**」として覚えておきましょう。

IELTS では次のような語がよく動作主として使われるので，要チェックです。

**governments** / **businesses**（企業：複数形で使う）/ **community**（地域社会）/ **individuals**（個人）/ **charitable [voluntary] organisations**（慈善団体）/ **developing [developed] countries**（発展途上［先進］国）/ **schools** / **parents**

## 👑第15位 — Wordiness（冗長さ）がないように注意せよ！

Wordinessとは「**無駄が多いこと**」の意味で，不要な語を多用してしまうことを言い，Verbiageとも呼ばれます。まずは改善が必要な次の英文をご覧ください。

［△］ **There are many people who** claim that technology brings enormous benefits to the public.

（テクノロジーは人々に大きな利益をもたらす，と主張する**人たちが多くいる**）

この文は文法，語法ともに正しい文です。しかし，アカデミック・ライティングでは**concise**（無駄がない = brief and easy to understand）に書くのが原則なので，この文章は**There areの箇所が不要**です。これは日本語につられて訳してしまいがちですが，There are自体は何の意味もなさず，無駄なので次のように書き換えが必要です。

→［○］ **Many people** claim that technology brings huge benefits to the public.

この文はわずか3語の削減ですが，当然長い文章になればなるほど，conciseな英文が好まれます。この他にもよく見られるwordyな表現を挙げておきますので，○で示した表現に変えて書くようにしましょう。

［△］ I am of the opinion that → ［○］ **In my opinion,**

［△］ Despite [In spite of] the fact that ~,

→ ［○］ **Although SV**，または**Despite ＋名詞句**

［△］ As a matter of fact, → ［○］ **In fact,**

［△］ Due to the fact that ~ → ［○］ **Because SV**，または**Due to ＋名詞句**

以上で重要文法項目15のレクチャーは終了です。お疲れさまでした。では続けて語法編です。ここでは語彙の運用力をグーンとアップさせるレクチャーを行っていきます。少しブレイクして引き続き頑張っていきましょう！

## これだけは絶対守ろう！　最重要「語法」トップ15

### 第1位 — first, at first, first of all の使い分けを理解して運用せよ！

この3語は意味が似ていますが，次のようにニュアンスや用法が異なります。

**▶ first / firstly（第一に）**

特定の**項目を列挙する際に**用いる。つまり **Firstly,** ～. や The **first** advantage is のように出てくると，読み手に second や next などの語を予期させ，複数の続く項目があることを暗示する働きがある。ライティングでは，first よりもよりフォーマルな firstly が好まれる（副詞で用いる場合）。

**▶ at first（最初は）**

first と異なり「**最初のうちは**」という意味で，これ以降に**変化を予期させる**。例えば「最初は上手くいっていたが，途中から問題が明るみになり…」といったニュアンス。よって，first のように具体例を順番に列挙する場合には使わない。

**▶ first of all（まず何よりもはじめに）**

「最初」を強調した語。スピーチやレクチャーの導入でよく使われるが，**カジュアルなためライティングでは使用不可**。加えて，類語の in the first place や to begin with もインフォーマルなためライティングでは使わない。

### 第2位 — lead to 動詞 , contribute to 動詞は不可！

lead to（結果～になる）と contribute to（～の一因となる）を使う際，**to 以下には動詞ではなく，名詞が来ます**。次のように原型動詞を置くことはできません。

［×］Stress can **lead to** increase the risk of heart attacks.

このように動詞は不可なので，次のように名詞に変える必要があります。

→［○］Stress can **lead to** **an increased risk** of heart attacks.
（ストレスは，心臓発作リスク上昇につながる可能性がある）

また，次のように動名詞でも可能ですが，名詞の方が圧倒的に多いので，名詞で書く方がよいでしょう。

［△］The measure can **contribute to** **protecting the environment**.

→ ［○］The measure can **contribute to** environmental protection.
（その施策は環境保全の一助となる可能性がある）

## 第3位 — especially は文頭で使わない！

「特に～」と言いたい場合に Especially, SV. のように**文頭に置いて文修飾をすることはできません**。これらは意味が**広い包括的な語の中から特定の語を強調して特に**，という場合に使われます。次の例のような形が一般的です。

・I love outdoor sports, **especially [particularly]** football and cycling.
➤ outdoor sports の中から football と cycling を強調。

・Financial support should be given to students, **especially [particularly] those** from disadvantaged backgrounds.
（経済支援は，学生，特に経済的に困窮した背景を持つ学生になされるべきである）
➤ まず students と述べ，どのような学生か絞り込んでいますね。この those は students と重複を避けるための代名詞でこの形でよく使われます。

よって，文頭で「特に」としたい場合は，**in particular** を使います。

・Online shopping is now widely used by people of all ages. **In particular** ［× ~~**Especially**~~］, young people are the most frequent user of this service.

## 第4位 — important ⇒ significant への安易な言い換えに注意！

important を別の語で言い換えようとして，significant に置き換える人がよくいますが，これは多くの場合不可です。significant は large and important enough という，**large の意味合いが強い語**で，次のような形でよく用いられます。

・a **significant** reduction [contribution / impact]（大きな減少［貢献／影響］）

よって，単語レベルで，important 言い換えるのではなく，**全体の意味を汲んで「重要」を意味する表現を使う**必要があります。以下に important に関連した言い換えで使える表現を挙げておきますので，文脈に合わせて適語を選ぶようにしましょう。

- **prioritise** *A* **over** *B*（BよりもAを重視する）
- **the top priority should be ~.**（最優先事項は～であるべきである）
- **the primary focus should be（on）~**（～が最も重要視されるべきである）
- **more emphasis should be (placed) on ~**（～はもっと重視されるべきである）
- **particular attention should be paid to ~**（～に特に目が向けられるべきである）

## 第5位 — influenceとaffectの使い分けをマスターせよ！

この2語は非常に似ていますが，以下のような違いがあります。

### ▶ influence（間接的に影響を与える）

視覚的にわかりにくい変化や**思考や行動への心理的影響**を指し，「人生への影響」「周囲からの影響」「遺伝的影響」「政治的影響」などが代表例。動詞と名詞の用法があるが，名詞の使用頻度が高く，次のように形容詞を付けることが多い。

- Films and TV games containing violence have a **negative influence** on children.
（暴力を含む映画やテレビゲームは，子供に悪影響を与える）

### ▶ affect（直接的に影響を与える）

「被害」のニュアンスがあり，マイナスの意味で使われる。「災害による影響」や「健康への被害」など**結果が目に見えてわかる場合に用いられる**。ただし，「間接的影響（= influence)」を表すこともある。

- The flood seriously **affected** the area.
（洪水はその地域に深刻な影響を与えた）
➤ 被害状況が目に見えてわかるのでinfluenceでなくaffectが適切。
- Work environments can **affect** mental health.
（職場環境は，精神衛生に悪影響を与えることがある）
➤ influenceにすると，ニュートラルな響きで何かしら影響があるという含み。

ちなみに，affectとよく似たeffectは名詞用法が一般的で，「結果」を強調した語です。主に**have an effect on**（**～に影響を与える**）の形で使うので，混同に注意してください。

## 第6位 ― will＝「だろう」ではなく，「だ」のマインドに変えよ！

will＝「～だろう」と覚えている人が大半ですが，ほとんどの場合**willは**「**～だ**」の使い方が一般的です。例えば，次の英文をご覧ください。

［△］Having a university degree **will** lead to better employment prospects.



この文は「大学の学位があれば，**間違いなく**よりよい仕事の可能性につながる」という**断定的な響き**があります。つまりwillは「～することになる」という**確定的未来**を表す語なので，Task 2で意見を述べる際は多くの場合**語気緩和が必要**です。そのためには，willではなくmay, might, can, couldなどの**可能性を表す助動詞を使う**か，potentiallyやlikelyなどの**副詞と組み合わせて**使います。

→［○］Having a university degree **may** [**will potentially**] lead to better employment prospects.
（大学の学位があれば，よりよい仕事の可能性につながりうる）

ただし，事実や確証があって予測されていること（例：世界の人口が増加する，地球温暖化が深刻になる），またはTask 1のグラフ問題で予測値などの統計データがある場合や，「～と予測される」（＝*be* projected to），マップ問題で「～されることになっている」という用法で次のように使うことが可能です。

→［○］The population of the city **will** reach approximately 3.5 million in 2050.
（その都市の人口は，2050年に約350万に達する〔と予測されている〕）

まとめると，Task 1でグラフの予測値やマップでの将来的な計画が示されている場合は使用可能。そして，Task 2では述べる内容が事実や，確定的なことならwillを使い，そうでない場合は語気緩和が必要，と覚えてください。よって，willを使う場合は述べる内容をしっかりと吟味するようにしましょう。

## 第7位 ―「最近」を表す語の使い分けを理解して運用せよ！

「最近」や「今日」を表す語の使い分けは非常に重要です。ここでは各語のニュアンスとフォーマル度をマスターしておきましょう。

| | 使い分け，ニュアンス |
|---|---|
| today | 「昨今では」という意味。現在形，現在完了形，過去形で使用可能。他の語と異なり，today's children のように所有の用法がある。さらにフォーマルにする場合は，in modern times や in the modern world を使う。 |
| nowadays | 「昔と違って今は」という過去と現在の対比を強調する語。nowadays は社会的な現象を表すときに使い，類語の these days は個人的な出来事にも使われる。少しカジュアルなのであまり使わないほうがよい。 |
| recently | 現在完了形か過去形で用い，強調する場合は most recently のように most を付ける。また，in recent years とするとさらに固くなる。 |
| lately | recently の話し言葉で，現在［過去］完了形で使われる。カジュアルなためライティングでは使わない。 |
| currently | 現在進行形，現在形で使用（現在形は be 動詞のみ)。「まさに今その状態が進行中」という現在を強調した語。 |
| now | 現在形，現在進行形と使う。「まさに今（= at the moment)」と「今現在（= at present）の両方の用法がある。 |

ここでの注意点は，**文頭でこれらの語を極力使わないこと**です。例えば，Now, ~. や Today, ~. のようにするとカジュアルに響きます。つまり，Today, young people spend ~. とするよりも，Young people **today** spend ~. のように動詞の前に置くのが一般的です。加えて，Recently [In recent years / Nowadays], ~. のように文を始める人がいますが，多くの受験者が機械的に使いがちで単調です。よって，文頭での使用は避けて書くようにしましょう。

## 第8位 ―「～を知る」の使い分けをマスターせよ！

まず注意点として，know は「～を知る」という意味ではなく，「～を知っている，～に関する知識がある」いう状態を表す動詞です。よって，「～を知る」という動作を伝える場合は，別の表現を使わなければいけません。以下によく使うフレーズを挙げておきますので，文脈により使い分けて書くようにしましょう。

・**learn about ~**（～の知識や認識を深める）

➤ learn about different cultures（異文化について知る）

・**acquire knowledge of ~**（～の知識を得る，身につける）

➤ acquire knowledge of research methods（リサーチ方法について知る）

・**develop [gain] an understanding of ~**（～に対する理解を深める）

➤ develop an understanding of global issues（世界の問題に対して理解を深める）

・**become aware of ~**（～を知る，気づくようになる）

➤ become aware of the impact of global warming（地球温暖化の影響に気づく）

・**become familiar with ~**（～に詳しくなる）

➤ become familiar with online learning（オンライン学習に詳しくなる）



## 第9位 — rateとratioの使い方に注意！

この2語はTask 1で，語法のミスが目立ちます。用法と意味を確認しておきましょう。

### ▶ rate（率）

percentageやproportionは100％を基準とした「割合」を指しますが，rateは特定の語と一緒に使われ，**100％以外の割合で表されることがあります**。例えば，日本の**出生率**（**fertility rate**）は1.26です（2022年）。この他にも以下のような形でよく使われます。

・exchange **rate**（為替レート）／crime **rate**（犯罪率）／literacy **rate**（識字率）

### ▶ ratio（比率）

percentageやproportionの言い換えで使う人が時々いますが，Task 1で使うことはまずないので避けてください。ratioは「比率」という意味で次のように使われます。

・The male to female **ratio** of the company is 3:2.
（その会社の男性と女性の割合は 3 対 2 である）

・The faculty to student **ratio** of the department is 10:1.
（その学科の教員と学生の割合は 10 対 1 である）

よって，rate は設問文にあれば使って構いませんが，percentage, proportion, figure, share の 4 語をメインで使い，原則**言い換えで使用しない**，と覚えておきましょう。

## 第 10 位 — art, arts, the arts の違いを理解して運用せよ！

この 3 語は IELTS 必須です。以下の違いを理解して運用するようにしましょう。

### ▶ art（概念としての芸術，科目としての美術，芸術）

包括的に「芸術」を意味する。芸術科目，美術という意味でも使われる。

・**contemporary art**（現代美術）／ **study art and music**（美術と音楽を学ぶ）

### ▶ arts（人文科目：サイエンス系以外の科目）

history, philosophy, language, art, literature が主な科目で，Task 2 では「**サイエンス系の科目とどちらを重視して学ぶべきか**？」といった形でよく問われます。**humanities** と同じ意味ですが，使い分けは曖昧で「人文学科」という意味では大学により名称が異なります。また，アメリカでは **liberal arts**（リベラルアーツ）が幅広く使われます。これは上記の arts に social sciences（社会科学：politics, law, international relations など）の科目を加えた「教養科目」を意味する語です。

### ▶ the arts（さまざまな芸術形態，芸術活動）

**fine art(s)** とも呼ばれ，**観賞を目的とした芸術形態**を指し，**fund the arts**（芸術への支援を行う）や **arts funding**（芸術への経済支援）の形で決まり文句としてエッセイでよく使います。非常に細かく分類されますが，主に次の区分と代表的な例は覚えておきましょう。

- **literature**（**文芸**：文字化された芸術形態）
  - ➤ poetry（詩），novel（小説），creative writing（文芸創作），drama（劇）
- **the performing arts**（**舞台芸術**：聴衆の前で，演者が生で表現する芸術形態）
  - ➤ theatre（演劇），dance（ダンス），music（音楽），puppetry（あやつり人形芝居）
- **the visual arts**（**視覚芸術**：観賞物を創作する形態）
  - ➤ painting（彩色画），sculpture（彫刻），photography（写真），film(making)（映画）



## 第11位 — reduce と occur の使い方に注意せよ！

この2語は用法を誤解して使いがちです。まず **reduce** は「**他動詞**」（～を減少させる）用法が一般的です。次の例文をご覧ください。

［×］Energy consumption is expected to **reduce** next year. ➤ 自動詞用法は不可
→［○］Businesses should **reduce** energy consumption. ➤ 他動詞用法（目的語が必要）

続けて **occur** については，次のように受け身で使ってしまうミスがよく見られます。

［×］The September 11th attacks **were occurred** in 2001. ➤ 受け身は不可
→［○］The September 11th attacks **occurred** in 2001. ➤ 自動詞で使う

この他にも **increase や decrease も受け身で使う人がいますが，能動態が一般的**です。よって，**reduce** は「**他動詞**」，**occur** は「**自動詞**」で，「**受け身で使わない**」という2点を覚えておきましょう。

## 👑第12位 — male と female は原則形容詞！

この２語は次のように「男性の」「女性の」という**形容詞の用法が一般的**です。

例）**male** students（男子学生）／ **female** workers（女性従業員）

よって，man ⇒ male，woman ⇒ female への安易な言い換えは要注意です。「男性」「女性」と名詞で表現する場合は，man と woman を使います。

→［○］More **women**［× ~~females~~］are pursuing a career today in contrast with the past.
（昔に比べると，今日では，キャリアを求める女性が増えた）

ただし，male と female が名詞で使われる場合もあり，これもおさえておきましょう。特に専門的な以下の３つのケースがその例です。

**① 動物の雄・雌と表す場合**

例）**Males** attract **females** by making a sound.（雄は音を立てて雌を引き付ける）

**② 統計上の男女（フォーマルな用法。一般的には man と woman を使う）**

例）the average life expectancy of **females**（女性の平均寿命）

**③ 生物学上，男女の区別を明確にする場合**

例）the genetic difference between **males** and **females**（男女の遺伝上の違い）

## 👑第13位 — a number of ＝「多くの」ではないので注意！

a number of ＝「多くの」のような訳語を当てているテキストがありますが，これは誤りです。a number of は some のフォーマル語です。具体的には several ほど数は明確ではないが，「**一定数の，いくつかの**」という意味なので，many との言い換えはできません。「多くの」としたい場合は，large や significant を付けて表現します。以下の例で違いを確認しておきましょう。

・**a number of** students : 何名かの学生（≒ some, several）
・**a large [significant] number** of students : 多くの学生（≒ many）

## 第14位 — コロケーションを意識して語彙習得を心がけよ！

**コロケーション**（**collocation**）とは「**語と語の自然な組み合わせ，相性**」のことを指し，語彙学習において非常に重要です。例えば，日本語で「引く」と「引っ張る」はほとんど同じ意味ですが，「風邪を引く」は言えても，「風邪を引っ張る」は誤った日本語です。これは単純に「風邪」と「引く」の相性がよく，「風邪」と「引っ張る」の相性は悪いからです。英語でも同じように，例えば「意見を述べる」は say an opinion ではなく **give [express] an opinion** と表現します。よって，語彙学習をする際は単語単体で覚えるのではなく，**どのような語とよく結びつくか**，という collocation を常に意識することが大切です。加えて，「誤りではないが**使用頻度が低い組み合わせ**」も避けるべきです。例えば「～に深く関係している」は，*be* deeply linked with [related to] ~ よりも *be* **closely** linked with [related to] ~ が自然なので後者で覚えるべきです。以下が IELTS で使う機会が多く，かつミスの多いコロケーションです。確認しておきましょう。

| 訳語 | × | ○ |
|---|---|---|
| 健康を保つ | keep *one's* health | maintain *one's* health |
| 問題を解決する | improve a problem | solve [address] a problem |
| 関係を築く | make a relationship | build a relationship |
| 自然と触れ合う | contact [touch] nature | commune [connect] with nature |
| 子供を育てる | grow children | raise children |
| ～に影響を与える | give an effect on ~ | have an effect on ~ |
| ～に害を与える | give damage to ~ | cause damage to ~ |
| ～の知識を得る | get knowledge of | acquire [gain] knowledge of |
| ～する可能性が高い | *be* highly expected to | *be* highly likely |

ちなみに Collocation 学習には次の２つが役立つので活用してください。

・***Online OXFORD Collocation Dictionary of English***

　➤ Oxford 大学出版の辞書です。オンラインで無料で利用可能です。

・***Academic Collocation List - PTE Academic***

　➤ イギリスの出版社 Pearson（ピアソン）が提供しているリストです。アカデミックな状況で必要な語彙が網羅されています。無料で PDF がダウンロード可能です。

## 👑第15位 — 勘違い「和製英語」に要注意！

ここではIELTSで使う機会が多く，誤解して使いがちな和製英語4語をピックアップします。ニュアンスの違いを理解して運用するようにしましょう。

### ▶～にチャレンジする：[×] challenge

challengeは動詞で使うと「〔**人が**〕～〔**意見・考え方など**〕**に異議を唱える**」という意味（to question and refuse）になり，challenge the decision [the evidence]（その決定［証拠］**に異議を唱える**）のように使われます。よって「新しいことに挑戦する」としたい場合は，決まり文句として **take on [tackle] new challenges** を使いましょう。

### ▶～をマスターする：[△] master

英語のmasterは「**達人レベルに達する**」という意味で，master Englishとすると大げさです。よって「一定の水準まで身につける」とする場合は **learn** が最も一般的で，ライティングでは少しフォーマルな **acquire** が好まれます。

- **learn [acquire] a foreign language [job skills]**（外国語［職業スキル］を身につける）

### ▶「メリットとデメリット」：[△] merits and demerits

この2語は非常に使用頻度が低く，一般的ではありません。まず **merit** は名詞では，イギリスやオーストラリアなどの学校の成績における「**優**」の意味で使われます（アメリカではVery good）。動詞だと **merit** further investigation（さらに調査するのが**妥当である**）のように「**～するのは当然だ，～に値する**」の形が一般的です。一方 **demerit** は，単語自体の使用頻度が非常に低いので，重要性は高くないと言えます。よって，「**メリット**」「**デメリット**」の意味では次の表現を使うようにしましょう。

- **advantages and disadvantages ／ benefits and drawbacks ／ positives and negatives ／ positive and negative aspects**

### ▶「リストラ」：[△] restructuring

restructuringは「再編，再構築」という意味で，体制やシステムの変更が主であり，通常人員削減は含みません。「リストラ，人員削減」とする場合は次の語を用います。

· **redundancy**（リストラ，解雇：*be* made redundant とすると「解雇される」となる）
➤ make mass **redundancies**（大量リストラを行う）

· **downsize**（～を縮小する：人員整理と事業規模の縮小を含む）
➤ **downsize** workforce（人員を削減する）
➤ due to factory closures and **downsizing**（工場閉鎖と事業縮小が原因で）



## ◆その他（番外編）― スペルは統一するべし！

イギリス英語，アメリカ英語，のどちらを使用しても構いませんが（例：transport / transportation），**スペルは一方で統一して書く**ようにしてください。特に使う機会が多く，使い分けが重要な特徴と代表例を以下に挙げておきます。いずれかに決めて対策を行いましょう。

| 違い | イギリス英語 | アメリカ英語 |
|---|---|---|
| **our と or** | behaviour / neighbour / endeavour | behavior / neighbor / endeavor |
| **re と er** | theatre / centre / metre | theater / center / meter |
| **ce と se** | 動practise（名practice）/ licence / offence | 動名practice / license / offense |
| **ae と e** | aesthetic / archaeology | esthetic / archeology |
| **ll と l** | enrol / skilful / travelled / cancelled | enroll / skillful/ traveled / canceled |
| **se と ze** | emphasise / analyse / organisation | emphasize / analyze / organization |
| **文末の s** | forwards / towards / onwards | forward / toward / onward |
| **過去分詞** | learnt / burnt / dreamt | learned / burned / dreamed |
| **その他** | programme / ageing / speciality / enquire / sceptical / judgement | program / aging / specialty / inquire / skeptical / judgment |

以上で「**重要文法＋語彙**」のレクチャーは終了です。お疲れさまでした。完璧に内容を吸収し，自然に運用できるまで少し時間がかかるかもしれませんが，何度も反復して確認し正確な文法と語彙力を高めていきましょう！

# IELTSライティング<br>ハイスコアゲットのための<br>重要5大テクニックを<br>完全マスター!

# 第3章

## IELTSライティング ハイスコアゲットのための 重要5大テクニックを完全マスター！

（Cohesion / Paraphrasing / Head noun / Referencing / 引き締め構文テクニック）

ここではさらにワンランク上のステージに到達し，6.0 以上を確実にゲットするための**5大テクニックとキーワード**を紹介していきます。それがこちらです。

**5大テクニックとキーワード**

**1. Signposting（サインポスティング，標識化）**
➤ 接続語を使い，文やパラグラフの関係性を明確にすること

**2. Paraphrase（パラフレーズ，言い換え）**
➤ 異なる表現や文構造を使い，文体を変化させること

**3. Referencing（指示対象）**
➤ 特定の語や内容を指し示すこと

**4. Grammatical range（文法の幅広さ）**
➤ 幅広い文法項目を運用すること

**5. Punctuation（パンクチュエーション）**
➤ カンマ，セミコロン，コロンなどを効果的に使うこと

聞きなれない表現が多いと思いますが，この5大テクニック・キーワードをマスターすればみなさんのライティングの精度が何倍にもアップし，生まれ変わります。また，留学後のアカデミック・ライティングでも求められる基礎知識です。

詳しいレクチャーに入る前に，前提としておさえておくべき点があります。この5つの中で特に重要な項目は1～3で，その理由は，ずばり「**cohesion の改善がスコアアップの鍵を握っているから**」です。評価項目4基準のうちのひとつに **Coherence and cohesion**（**一貫性と結束性**）という項目がありました。少しおさらいをしておくと **coherence** とは logical and clear，つまり「**論理性があり，わかりやすいか**」，一方 **cohesion** は「**前後の文やパラグラフのつながりが明確で話の展開がスムーズか**」という意味でした。まずはこの「cohesion とは何か」「なぜ重要か」という観点と，そして **1 の Signposting**（**サインポスティング，標識化**）と連動させてレクチャーと問題演習を行っていきます。それでは気合を入れてまいりましょう！

## 1. Signposting（サインポスティング）をマスター！

**signpost** とは「**文やパラグラフの関係性をわかりやすく伝えるための標識**」を意味し，signpost を運用することを **signposting** と言います。この signposting は前のページで触れた cohesion と密接に関係しています。では実際に問題を解きながら見ていきましょう。次の英文は文のつながり（cohesion）が悪い英文です。その理由と改善方法を考えてみてください。

［×］I particularly like cycling. It helps me stay fit. I can feel relaxed. Swimming is another sport I'm into these days.

この文は，**意味上のつながり**，**関係性がわかりにくい**ことが一番の問題点です。また，1 文がそれぞれ，4 語，5 語，4 語，8 語と，ぶつ切れでリズムが悪いため，読んでいて詰まります。これらを踏まえて cohesion を改善すると次のように変わります。

→［○］I particularly like cycling **because** it helps me stay fit **and** feel relaxed. **Also**, swimming is another sport I'm into these days.

（特にサイクリングが好きで，それは健康を保てるし，リラックスできるからです。また，水泳は最近はまっているもうひとつの運動です）

このように **because** を入れることで，it helps me stay fit 以下が**理由を表し**，そして **and** でつなぐことで，サイクリングをすることのメリットが 2 つあることが明確になりましたね。さらには，**Also** を入れることで，この後に何かが追加されることがわかりやすくなりました。このように **signpost** を使うことで「今からこのことを述べますよ」と読み手に次の展開を伝えることができます。つまり上記の英文では，読者は because を見た時点で「あ，**この後に理由が書かれているんだな**」と予期させることができます。つまり signpost を効果的に運用し適切に使いこなすことで，

① **途切れ途切れの文が改善する**。

② **文やパラグラフ同士の流れ（transition）がスムーズになる**。

という効果があり，最終的に読み手に優しい文章を作ることができます。つまり，文同士やパラグラフ同士が，例えば，対比なのか，追加なのか，逆説なのか，を明確にするために**適切な signpost を使うこと**が重要だということです。以下に代表的な

signpostを挙げておきますので，伝えたい内容に合わせて適切な語を選んで書きましょう。

| 役割 | Signpost |
| --- | --- |
| 例示 | for example [instance] / to illustrate / as an illustration / namely |
| 概論 | generally / in general / on the whole / as a rule / for the most part |
| 条件 | provided / providing / as long as / on the condition that |
| 詳細・言い換え | in particular / specifically / to be more precise / in other words |
| 追加・除外 | additionally / furthermore / moreover /except / apart from |
| 逆説・譲歩 | however / nevertheless / although / despite / even though |
| 順序 | to begin with / initially / subsequently / finally / lastly |
| 転換 | in terms of / regarding / concerning / considering / in view of |
| 比較・対象 | by contrast / whereas / similarly / likewise / unlike / conversely |
| 結果・理由 | as a result (of) / consequently / therefore / thereby / thus |
| 結論 | in conclusion / in summary |

では最後に英文を書く上で，1文当たりの適切な長さについて見ていきます。明確な規定はありませんが，目安として次のようなマインドを持っておけばよいでしょう。

**① 7語以下の文は避ける**

➤ 例）［△］I mostly agree with this opinion.

**② 10語未満の文の連続は避ける**

➤ 接続詞や関係代名詞などでつなぐことができないかを考える

**③ 1文あたり15～30語を目安にする。**

➤ 20～25語が最も読みやすいと言われている

**④ 35語を超えると2文に分ける方がよい**

➤ あまりに長いと読み手に負担がかかります

以上でsignpostingについてのレクチャーは終了です。お疲れさまでした。次はIELTS攻略の大きなカギを握る**paraphrase**（パラフレーズ）に移ります。この調子でどんどんまいりましょう！

## 2. Paraphrase（パラフレーズ）をマスター！

語彙のバラエティと cohesion をさらに向上させるテクニックである**パラフレーズ（paraphrase）**について学習していきます。paraphrase とは直訳すると「**言い換え（る）**」という意味ですが，ロングマン英英辞典では次のように書かれています。

| to express in a shorter, clearer, or different way what someone has said or written（言葉や文章を，より端的に，明確に，あるいは異なった形で表現すること） |
|---|

特に **shorter, clearer or different way** がポイントで，単に類語による言い換えだけでなく，さまざまな方法を用いて表現することが paraphrase の本質ということです。ではまずパラフレーズをする理由について確認しておきましょう。一番の理由は「**同じ単語や表現の繰り返し（repetition）を避けること**」です。これは英語と日本語の言語上の違いが大きく関係しています。まず前提条件として知っておくべき点は，「**英語は日本語よりも繰り返しを嫌う言語である**」ということです。スピーチやライティングでも意図的に繰り返すこともありますが，あまり一般的ではありません。ではパラフレーズの例を具体的に表した以下の，A と B の会話のやり取りを，下線部の変化に注目してお読みください。

A: The restaurant was **truly amazing**, wasn't it?

B: Yeah, it was **absolutely fantastic**, including food, price and atmosphere.

A が言った **truly amazing** という語を，B は **absolutely fantastic** に言い換えていますね。これは無意識に行っており，ごく自然なやり取りです。このことから repetition が多いと日本人以上にネイティブスピーカーはその個所が目についてしまいます。よって，単に表現にバラエティをつけるためだけではなく，こういった言語的な特徴からも言い換えが重要になってきます。

そしてもうひとつの理由として，**plagiarism**（剽窃（ひょうせつ）：他者の論文やデータを許可なく自分が書いたものとして扱うこと）という概念があります。実際のアカデミック・ライティングではさまざまな文献から引用してエッセイを仕上げますが，この際に一語一句そのまま引用するのではなく，**パラフレーズして引用するのがルールです。**

よって，ここで言い換える力が必要とされるということです。ちなみに，意図せずともパラフレーズせずにそのまま書いてしまうと，plagiarism とみなされ，懲戒の対象となります。よってこのようなルールの観点からもパラフレーズが大きな意味を持ちます。ちなみに，IELTS では**与えられた設問文を丸写しすると，その個所は字数に含まれない**ので注意が必要です。こういった点から，「**IELTS 学習を通じて必要な英語力とスキル，知識を身につけてから留学してね**」といった IELTS の意図とメッセージを垣間見ることもできます。

ではここから本格的に詳細について学習していきます。まず初めに問題にチャレンジしていただきましょう。

**Q 次の英文で，パラフレーズが必要な個所はどこか考えてください。**

I believe there are some clear advantages to living in rural areas. The first advantage is its healthy living environment. Unlike megacities, the air in the countryside is clean and fresh because of less harmful emissions from traffic and industry. Another advantage would be greater public safety. Country towns or villages usually have lower crime rates than densely populated cities, which ensures a peaceful environment for residents.

□ **megacity**（巨大都市）　□ **densely populated**（人口過密の）

わかりましたか？　それはわずか 70 語程度の文章の中に **advantage という単語が 3 回も非常に近い距離で使われていること**です。このように同じ単語を何度も繰り返し使うと cohesion が悪くなるだけでなく，読み手に語彙力の低さも印象付けてしまうことになります。上記の英文は，次のように変えると repetition が減り改善されます。

I believe there are some clear **advantages** to living in rural areas. The first **benefit** is its healthy living environment. Unlike megacities, the air in the countryside is clean and fresh because of less harmful emissions from traffic and industry. Another **positive aspect** would be greater public safety. Country towns or villages usually have lower crime rates than densely populated cities, which ensures a peaceful environment for residents.

この例のように類語を活用することで，繰り返しが減ります。ここからは，このような類語の置き換えから，cohesion をさらに向上させる 4 つのパラフレーズテクニックを学んでいきます。それでは早速まいりましょう！



## 4 つの Paraphrase テクニックを習得せよ！

パラフレーズの方法は，大きく分けて以下の 4 つに分類することができます。

1. 類語による置き換え
2. 定義化
3. 品詞の変化
4. 文構造の変化

これらの方法は単体で使うこともありますが，通常は**複数を組み合わせて**行います。ではそれぞれの方法を詳しく見ていきましょう。

### 1. 類語による置き換え

文脈に応じて適当な類義語に置き換える方法のことで，英語では **substitution**（**置き換え**）と言います。次の例をご覧ください。

(1)「有益な情報」**useful** information → **valuable** information
(2)「質を高める」**improve** the quality → **enhance** the quality
(3)「過去 20 年間で」**in** the **last twenty years** → **over** the **past two decades**

一見単純そうに見えますが，**コンテクストに応じて適切な類語を選択する高度な英語力**が必要です。慣れないうちは，**Thesaurus**（**類語辞典**）などでまず類語を探すことから始めてください。ただし，そのまま機械的に置き換え作業を行うのではなく，その都度候補となる単語の定義や用法を**英英辞典で**調べるようにしましょう。英和辞典で訳語を調べるだけでは語感がずれるため英語音痴になります。時間はかかりますが，こうすることで自然な語感を身につけることができます。

ただし，次のような語は言い換えることができませんので注意が必要です。

・water, library, internet, panda 等は言い換え不可，あるいは無理に言い換えると理解できないような語。特に名詞が圧倒的に多い。
・Japan, Picasso, French, the Pacific Ocean, Neptune などの固有名詞。

慣れないうちはすぐに類語が出てこない場合もあります。この類語を考えることに時間を取り過ぎると大幅な時間のロスにつながるので **10 ～ 15 秒ほど考えても思い浮かばない場合は無理にパラフレーズせずに**，どんどん書き進めていってください。また，見直した時に同じ表現が **2 文連続で使われている場合**は，**類語での言い換えができないか**，または**代名詞に置き換えができないか**を考えるようにすればよいでしょう。

## 2. 定義化

これは 1 の「類語による置き換え」に似ていますが，単語を入れ替えるのではなく，**単語の定義を用いてパラフレーズを行う**方法です。次の英文をご覧ください。

(1) The job requires considerable **expertise**.
(その職業は，かなりの専門知識が必要だ)
→ The job requires considerable **special knowledge and skills**.

(2) It is important to give an **objective** opinion.
(客観的に意見を述べることは重要だ)
→ It is important to give an opinion **based on facts**.

(1) は expertise という名詞の定義，そして (2) は objective という形容詞を定義化していますね。類義語が思いつかない場合はこの方法を試してみてください。

## 3. 品詞の変化

これは**品詞**（**Part of speech**）を変えることによりパラフレーズする方法です。次の（1）と（2）の品詞の変化に着目してください。

(1)「テクノロジーの進歩」**technological** progress → progress of **technology**
(2)「同程度重要である」*be* **equally important** → *be* of **equal importance**

（1）は technological が technology に（形容詞から名詞へ），（2）は equally が equal（副詞から形容詞），important が importance（形容詞から名詞）に変わっていますね。これらが品詞の変化によるパラフレーズです。

ちなみに，アカデミック・ライティングをはじめとするフォーマルなライティングでは（2）の言い換え例のように**名詞句で表現する**方が好まれ，この用法を**名詞化**（**nominalisation**）と言います。例えば，次の a と b の文をご覧ください。

a. It appears to take long time **to analyse the data systematically**.

b. **The systematic analysis of the data** appears to take long time.
（体系的なデータ分析は時間がかかりそうだ）

a の下線部は to analyse のように不定詞が使われていますが，b は analysis のように analyse の名詞で書かれていますね。こうすることでフォーマル感が増すと同時に，スリムな英文を書くこともできます。この「名詞化」については 5 の Grammatical range の項目で詳しく紹介しているのでそちらをご覧ください。

## 4. 文型の変化

これは 4 つの中で最も変化が大きい方法で，1 文単位から，複数の文を変化させる場合もあります。例えば，節（Clause）⇒句（Phrase）に，または能動態⇒受動態（逆も可）のように態（voice）の変化が代表的です。次の例文でその変化をご覧ください。

(1) a. Students can be successful in their careers **if they have exceptional technical knowledge.**

（突出した専門知識があれば，学生はキャリアで成功する可能性がある）

⇒b. **Having exceptional technical knowledge** can help students succeed in their careers.

(2) a. **Recent studies show that** gaming can be harmful to health.

（研究によると，ゲームは健康に悪影響を及ぼす可能性があるそうだ）

⇒b. **According to recent studies**, gaming can be harmful to health.

すべての変化にお気づきいただけましたか？　(1) は a の if 節を用いた文体を b のように名詞句を主語にした，いわゆる「**無生物主語構文**」に変わっていますね。次に (2) ですが b のように According to という前置詞句を用いて主語を変化させた形です。ちなみに，アカデミックなコンテクストでは**動作主は重要でなく，動作（何が行われたか，起こったか）の方が重要なため，受動態が好まれます**。特にサイエンス系のアーティクルではこの傾向が強く見られます。また，もとの文の意味を一切損ねることなく **100% 忠実にパラフレーズすることはほぼ不可能なので，目安として 80%** を目指してください。さらに，文意が変わらない範囲であれば，**必要に応じて補足的に表現を付け足しても構いません**。

以上でパラフレーズのレクチャーは終了です。基本となる 4 のテクニックについて理解できましたか？　これらはスコア UP だけでなく，留学後のパフォーマンス向上にも必須の項目ですので少しずつマスターしていきましょう！

このパラフレーズ力を高めるトレーニングは後半で徹底的に行いますので，そちらの問題にも取り組んでいただけると言い換え力がグーンと UP します。

## 3. Referencing（指示対象）をマスター！

ここでは cohesion の精度を何倍にも高める **referencing** について学習していきます。まず reference とは言語学では「**指示対象**」という意味で，前述，あるいは後述の語を指す「**指示代名詞（it, that, this, him, they などや，《the ＋名詞》）**」の機能を **referencing** と言います。まずは簡単な例で確認しておきましょう。

(1) I have **a sister**, and **she** works as a nurse.

(2) I stayed at **the Hilton** last night, and **it** was amazing.

まず（1）の she は a sister のことを，（2）の it は the Hilton のことを指していますね。これが referencing の機能です。これはスムーズな文章の流れができるだけでなく，繰り返しを避けることもできていますね。ではもう少し長い文で見ていきましょう。次は日本語に合うように [ ] に適切な指示代名詞を入れてください。

（2 語以上入る可能性もあります）

(3) I studied in Canada for two years in my 20s, and [　　　] changed my life.

まず it は可能です。it は上記のように前述の名詞を指すのが一般的ですが，内容を指す用法もあります。ただし，it は前に複数の候補がある場合，どれを指すかがあいまいな場合があります。このため，指示対象を明確にするためは **the experience** とするのがベストです。このように**前の内容を要約したカテゴリーを表す名詞を付ける**ことで，「2 年間カナダに留学した**経験**」ということがより明確になります。従って，（1）～（3）の例文からわかることは，referencing の機能により，

①「**同じ語の繰り返し（repetition）が減り**」，
②「**文の流れ（transition）がスムーズになり，結束性（cohesion）が強くなる**」

ということです。特に前者の repetition に関しては先に述べたように英語は同じ語の繰り返しを嫌うので，**代名詞の正確な運用**がスコアアップに欠かせません。ここからはこの referencing をスムーズに行う**代名詞**の役割について見ていきましょう。

## 代名詞を完全マスター！

日本人英語学習者の多くは代名詞を軽視しがちですが，代名詞はネイティブスピーカーにとってはスムーズに文章を読み進めるうえで極めて重要です。よくあるミスとして，**it や《the ＋名詞》が何を指すかが不明**，あるいは**探しても書かれていない**ことが挙げられ，これは読み手に取って大きなストレスになります。ここではそういったミスをなくし，cohesion を改善していきます。まずは基本的な代名詞の使い分けを確認しておきましょう。

| 単数 | 複数 | 役割 |
|---|---|---|
| **it** | **they**<br>**them** | 前に出てきた**名詞**を指し，通常同じセンテンス内か，直前の文の語を指す。ただし候補がいくつかあり，紛らわしい場合は《**the** ＋名詞》で表すこともある（例：the **event**，the **animal** など） |
| **this** | **these** | 直前に出てきた**内容を指す**のが一般的だが，特定の単語を指すこともある。単語を指す場合は This [These] idea(s) のようにカテゴリーを表す名詞を従えることが多い。また，後述する名詞を指すこともある（that / those にはない用法）。 |
| **that** | **those** | 前述の単語や，内容を指すが，this [these] よりも**遠い距離にある**ものを指すことができ，包括範囲が広い。ただし this [these] と同様，That [Those] idea(s) のように特定の名詞を従えることが一般的。 |

ではここからは代名詞を中心として referencing を向上させるために不可欠な 4 つの項目と表現を紹介していきます。

## 1. 繰り返しを避ける the former（前者）と the latter（後者）

前述の対となる名詞を指す場合に使われます。繰り返しを回避することができる便利な表現で，人以外に物事にもよく使われます。次の例文をご覧ください。

There are two business plans at the moment: improving existing services or creating new ones. I believe ○[**the latter**] ×[~~creating new ones~~] is more likely to be successful.

（現在 2 つのビジネスプランがある。今あるサービスを改善するか，新しいものを作るかである。私は，後者が上手くいく可能性が高いと強く思う）

ここでは2つのビジネスプランが提示されていますが，もう一度 creating new ones を使うとくどくなります。そこで例のように **the latter**「後者」とすることで，前に出てきた creating new ones を指すことができ，cohesion が改善されます。

## 2. 繰り返しを避ける that と those

この用法は，すでに述べられた名詞の重複を避けるために次のように使います。

(1) The population of Japan is larger than **that** of the UK.

(日本の人口はイギリスよりも多い)

➤ この that は population の重複を避ける役割があります。

(2) Research shows that physically active children have a reduced chance of developing heart disease and stroke compared with **those** who spend most of their time at home.

(研究によると，運動に積極的な子供は，自宅で大半の時間を過ごす子供に比べ，心臓病や発作を発症する確率が低いそうだ)

➤ compared with children とすると，前の children と重複するので those を使います。

▼第3章

## 3. 同じ種類の物を指す such

《**such ＋名詞**》は前述の名詞そのものを指すのではなく，「**同種のもの，人たち**」を指します。例えば those [these] students とすれば前に出てきた「その学生たち」となりますが，**such** students とすれば「前に出てきた学生も含めた**そのようなたぐいの学生たち**」となります。具体的に次の例で確認しておきましょう。

Great entrepreneurs like Henry Ford and Steve Jobs made a significant contribution to society by developing new inventions and innovations. **Such historical figures** can serve positive role models for many young people, especially those who want to work for the common good.

＊ **entrepreneur**「起業家」，**work for the common good**「公益のために尽くす」

(ヘンリーフォードやスティーブジョブズといった偉大な起業家は，新しい発明や斬新な発想を生み出すことで大きく社会に貢献した。**そのような歴史上の人物**は，多くの若者，特に公益のために尽くしたいと思っている人のロールモデルになりうる)

ここでの **such** historical figures は「2人をはじめとする歴史上の偉人たち」という意味です。仮に **these** historical figures とすれば，Henry Ford と Steve Jobs の2人を指すことになります。

## 4.「対となる物」を指す counterpart

この語は代名詞ではなく名詞ですが，重複を避けるために有効です。**前述の語と対になっている**場合，**またはそれに相当するもの**を表す際に使います。次の例文をご覧ください。

> (1) Some people say that older workers are as productive as their younger **counterparts**.
> （年配の労働者は若い労働者と同じくらいの生産性があると言う人もいる）

これは older workers と younger workers の対比ですが，younger workers とすると，workers が重複してしまいます。そこで，下線部のように counterparts とすることで同じ語の繰り返しを避けることができます。もう一例見ておきましょう。

> (2) The quality of education in Finland is higher than that in its international **counterparts**.
> （フィンランドの教育の質は，他国よりも高い）

ここではフィンランドと世界の国々と比較しており，それが international counterparts に当たります。counterpart を使わずに書くと，~ than that in **other countries**. となります。

counterpart は特に，次の語の対比でよく使われるので覚えておきましょう。

> male ⇔ female（男女）／ domestic ⇔ foreign [international]（国内と国外，外国）／ younger ⇔ older（若年層と高齢層）／ rural ⇔ urban（田舎と都市部）

以上で指示代名詞に関するレクチャーは終了です。これらを常に意識することで，今までなんとなく使っていた代名詞の役割が明確になります。少しずつ cohesion の改善に取り組んでいきましょう！

では次に先ほど紹介したthis experienceといった《**代名詞＋カテゴリーを表す名詞**（head noun）》の使い方について見ていきます。続けてまいりましょう！

## Head nounを完全マスター

67ページの（3）でも少し触れましたが，**head noun**とは「**定冠詞や代名詞に付ける名詞**」のことを指し，**summarising noun**とも呼ばれcohesion改善の重要な鍵を握ります。これをマスターすれば文章に自然な流れができ，結束性を高めることができます。まずは以下の例文をご覧ください。

> ［○］It's exciting **to study with students from diverse backgrounds**, and I think **this experience** increased my understanding of different cultures.
> （多様なバックグラウンドを持った学生たちと学ぶことは刺激的で，この経験によって異文化への理解が深まったと思う）

このthis experienceは「多様なバックグラウンドを持った学生たちと学ぶこと」を指します。ここでのhead nounは**experience**で，このように**前述の内容を要約した名詞を付けること**がポイントです。こうすることで，読み手はthisが何を指すのか考える必要がなくなり，かつ前文とのつながりもはっきりします。ではこれをもとに少し長めの文で別の例を確認しておきましょう。

> It is true that international tourism has become one of the world's largest industries in the 21st century. However, **this** has created a number of problems related to the environment and culture.
> （21世紀，国際観光が世界で非常に大規模な産業になったことは確かである。しかしながら，これは環境や文化に関連したいくつかの問題を生み出した）

この場合はThisの前の文が少し長くなっているため，This自体が何を指すのかが少し曖昧です。こういった時にこそ前文を要約したhead nounの出番です。この場合のThisは前述の「**国際観光が21世紀に入って世界最大の産業のひとつになったこと**」を指します。これは「産業の発展」ということでポジティブな内容であることからThis **development**やThis **expansion**，あるいはシンプルにThis **change**のように書くことができます。

head nounの意味と，cohesionを改善する機能はご理解いただけましたか？

このhead nounを上手く使うためのトレーニングもこの章の後半で行っていきます。以下に使う頻度の高いhead nounの一覧を示しておきます。これを活用しThis / It / These / Thoseなどの指示代名詞で終わらせるのではなく，できる限り前出の内容を明確に要約した名詞を選んで書くことを心がけましょう。

### Head noun 一覧

| 1. 状況・状態 | 2. 手段，方法 |
|---|---|
| situation / environment / phenomenon / structure / circumstance / system / pattern / relationship / difference | approach / method / process / technique / strategy / solution / option / choice / policy / treatment / practice / platform |
| **3. 変化** | **4. 能力・知識・情報** |
| change / shift / movement / tendency / trend / development / expansion / increase / growth / decline / transition | skill / ability / talent / knowledge / expertise / understanding / story / information / source / guidance |
| **5 意見・感情・思考** | **6. 基準・分類・単位** |
| idea / belief / opinion / plan / goal / attitude / principle / concept / objective / demand / tradition / custom / culture | level / standard / quality / category / grade / range / stage / step / programme / example / figure / amount / type / form |
| **7. ポジティブ** | **8. ネガティブ** |
| effort / achievement / success / support / advantage / improvement / opportunity / discovery / contribution / commitment | problem / challenge / difficulty / obstacle / misunderstanding / downside / barrier / disadvantage / burden / conflict |
| **9 . ニュートラル** | **10. 行為・行動** |
| event / experience / feature / factor / element / point / aspect / issue / topic / fact /area / field / respect / rule | activity / action / responsibility / engagement / request / investment / attempt / role / punishment / measure |
| **11. 団体・建物・場所** | **12. 物質・物体・生物** |
| group / association / institution / building / facility / destination / site / community | object / item / product / device / tool / substance / species / creature / resource |

選択のポイントは，**前述の内容を要約した語またはカテゴリーを表す語，つまり前の内容を引っ張る名詞を選ぶこと**です。加えて，このhead nounはrepetition（繰り返し）を避ける役割も果たします。次の文をご覧ください。

［△］University of Oxford is the oldest **university** in the UK.

ここはuniversityが2度も使われています。このような場合，次のようにリライトします。

→［○］University of Oxford is the oldest **higher education institution** in the UK.

higher education institution（高等教育機関）のようにuniversityのカテゴリーである**institution**を使い繰り返しを避けることができていますね。では次にcohesionをさらにワンランクUPさせるテクニックを紹介します。7.0突破を目指す方は是非この方法をマスターしてください。次の英文を下線部に着目してお読みください。

▼第3章

The world's population is predicted to reach around 9.7 billion in 2050, an increase of about 3.5 billion over a fifty-year period. **This significant growth** can pose serious challenges to many parts of the world.

（世界の人口は2050年に97億人に達すると予測されており，これは過去50年間で35億人の増加である。**この大幅な上昇は**世界のあらゆる地域に問題を引き起こす可能性がある）

下線部は《指示代名詞 + head noun》のセットに**significantという**形容詞が付いていますね。毎回付くとは限りませんが，**形容詞と名詞で要約して引っ張る**少しハイレベルなスキルです。このように前に**形容詞を加えることで**さらに質の高いcohesionが形成されます。では最後に「まとめ」+「おまけ」としてcohesionの流れが洗練されている文をご覧いただきましょう。下線部に注目してその自然な流れを感じてください。

More than half of the world's population live in cities today, and ① **this number** is growing at an ever-increasing rate since records began. ② **This rapid influx of* people into urban areas** creates ③ **numerous** possibilities but also ④ **many** challenges.

* **influx of ~**「～の殺到」

（世界の半数を超える人口が都市に住んでおり，①**この数は**統計開始から加速的に増加している。②**この都市部への急激な人口流入は**，③ **あらゆる**チャンスをもたらすと同時に，④**多くの**問題も生み出すことになる）

これは8.0突破レベルの高いスキルですが，自然な流れは感じていただけましたか？　まず①はthisだけでなく，this numberとすることで，前述の**more than half of the world's population**を指すことが明確になっています。②はハイレベルですが，rapid influx into urban areasは前述の内容を上手く凝縮してThisに追加しています。また，最後に③と④は繰り返しを避けるために類語が使われていますね。このように常にcohesionを意識することで英文の流れが大幅に向上します。私自身，5年前7.5でずっと止まっていたとき，はじめてライティングで8.0を取れたときはこのhead nounを意識して運用できるようになったからです。また，これまで多くの生徒さんも6.5⇒7.0へステップアップできるようになったのは，head nounの改善が大きな理由のひとつです。少し難易度は高めですが，何度もこの項目を見返してcohesionのきれいな英文を仕上げていきましょう！

## 4. Grammatical range and accuracy ―― 引き締め構文テクニックを完全マスター！

評価基準のひとつとして **Grammatical range and accuracy**（文法の運用幅と正確性）という項目があります。これは文構造にバラエティがあり，それらの運用が正確か，という意味です。まず **accuracy**（**正確性**）に関しては単に文法の使い方が正しいというだけでなく，**前後の文脈や全体の構成にフィットしているか**，という意味合いもあります。一方 **range**（**運用幅**）に関しては，評価基準表の文法項目に **Use a wide range of structures**（**幅広い文構造を用いる**）と書かれています。しかしながら，どのような文法項目を運用すればスコア UP につながるか詳細な記載はありません。ここでは，私の研究とさまざまな試験官と協議を重ねる中で厳選した，ハイスコアのエッセイに共通する文法項目を抜粋し，それを取り上げていきます。その項目がこちらの 3 点です。



**① 無生物主語中心で書く**
**② 分詞構文を駆使する**
**③ 関係代名詞の非制限用法を使う**

これらは高校で学習する文法なので，目にした人も多いと思いますし，基本事項は理解されていると思います。ただ，いざ運用するとなるとかなり高いスキルが要求されます。もちろんすべて使う必要はありませんし，これらが使えていても別の基本的な部分（スペルミス，時制，パンクチュエーション等）が抜けているとスコアは下がってしまいます。しかしながら，今みなさんが書かれているエッセイにこれらの要素を少し加えることで，さらに精度の高いエッセイを完成させることができます。ちなみにこれらの 3 項目に関して，うろ覚えの方は文法書でもう一度基本事項を確認しておいてくださいね。それでは，①の無生物主語から一緒に見ていきましょう！

## ① 無生物主語構文をマスターせよ！

高校では機械的に無生物主語に書き換える練習をしますが，無生物主語構文を使う理由やその効果についての説明はほとんどされません。ここではそれらの基本概念の解説から始めていきます。まずは無生物主語を使う効果は次の２つです。

**1. フォーマルになる**

➤ 名詞主体の構文にすることで，ライティングに適した固い文体になります。

**2. 文章が引き締まる**

➤ 字数が減り，だらだらとした会話調の長い文章がスリム化されます。

では次に，英語と日本語における根本的な**言語学上の違い**から無生物主語の機能について考えていきます。以下の日本語をどう英語に訳すか考えてみてください。

**「その鉄道事故（the railway accident）が原因で，大幅な遅延が起こった」**

主に次の２つの訳が考えられます。

ア．Due to the railway accident, significant delays occurred.
イ．The railway accident caused significant delays.

どちらも文法的には正しい文ですが，アは日本語的発想，イは英語的発想による訳文です。ではその違いを詳しく見ていきましょう。まずイは，次のように説明することができます。

| **The railway accident** | **caused** | **significant delays.** |
|---|---|---|
| 動作主（S） | 動作（V） | 結果（O） |

日本語ではアの英文のように「～が原因で…になった」といった「**副詞的**」に表現するのが一般的ですが，英語ではイの構造のように，**動作主（その事故）➤動作（引き起こす）➤結果（渋滞）**の順番に**名詞主体**の SVO(C) の形で表現するのが自然です。このように無生物主語構文を使い，節を**名詞化**（**nominalisation**）することで文体が固くなります。加えて，アの文は８語ですが，イは６語とよりスリムになっているのもおわかりいただけると思います。

以下に２つ無生物主語により文章を引き締めた例を挙げておきますので，日英の言語的発想の違いを理解し，運用力を高めていきましょう！

(1)「テクノロジーの発達により，生活水準が向上した」

> [△] Due to technological advancements, the living standards have improved. (9 語)
>
> ➤ 前置詞句 due to のせいで文が間延びしている。due to は Due to ～, のように文頭で使うよりも，SV due to ～. とする方が流れがスムーズになります。
>
> → [○] **Technological advancements** have improved the living standards. (7 語)
>
> ➤ 無生物主語にすることで，SVO の引き締まった英文に変化。

(2)「リサーチプロジェクトに積極的に参加すれば，学生はアカデミックスキルを向上させることができるだろう」

> [△] If students actively participate in research projects, they will likely be able to improve their academic skills. (17 語)
>
> ➤ 節が 2 つあるため英文が間延びし，かつ話し言葉調になっている。
>
> → [○] **Active participation in research projects** will likely enable students to improve their academic skills. (14 語)
>
> ➤ If 節をなくし，主語を名詞化することで SVO のきれいな英文に変化。

以上で無生物主語構文のレクチャーは終了です。運用の仕方とその効果はおわかりいただけましたか？　では最後に以下に無生物主語とよく一緒に使われる動詞を紹介しておきますので，効果的に活用していきましょう！

| 分類 | 主な動詞 |
|---|---|
| 可能にする形 | allow [enable] *A* to *do* / make it possible [impossible] (for *A*) to *do* |
| 役立つ形 | help *A* (to) *do* / assist *A* in doing / contribute to 名詞 |
| 促進系 | encourage [prompt / inspire / urge / spur / cause / force] *A* to *do* |
| 妨害，防止系 | prevent [hinder / hamper / deter / preclude] *A* from doing |
| 容易・難化 | make it easy [difficult] (for *A*) to *do* |
| その他 | stimulate / facilitate / further / bring / lead to / result in |

## ② 分詞構文をマスターせよ！

**分詞構文**はフォーマルで格調高い英文を書く上で必要不可欠です。分詞構文を使うことで「**英語の文体がフォーマルになる**」「**文章がスリムになる**」「**文章に弾みが出る**」という効果があります。ここではスコアUPにつながる分詞構文を抜粋して取り上げていきます。ただし，初級レベルの内容は省略していますので，基本的な内容は事前に文法書で確認しておいてくださいね。まずは基礎編からです。

### 基礎編

① **Used** properly, tablet devices can be an effective tool for improving education.
（適切に使用されれば，タブレット機器は教育改善に有効なツールになりうる）

② **Threatened** with extinction, the black rhino is listed as a critically endangered species.
（絶滅の危険性があることから，クロサイは絶滅危惧種に登録されている）

この2文は**副詞節の主語が省略**されています。①は条件（～すれば），②は理由（～なので），のようにそれぞれ意味が異なります。接続詞を用いて書くと，①は **If** tablet devices are used properly, they can ~.，②は **As** the black rhino is threatened with extinction, it is ~ となります。また，Used と Threatened の前には本来 Being が付きますが，一般的に省略されます。では別のパターンもいくつか見ておきましょう。

③ **Knowing** how to handle the situation, the government will take immediate action.
（その状況への対処法を知っているので，政府は早急に対策を講じることになる）

④ Global warming is arguably the greatest environmental challenge facing the planet today, **causing** enormous damage to the entire ecosystem.
（地球温暖化は，おそらく我々が直面している大きな環境問題のひとつで，全生態系に甚大な被害を及ぼしている）

この2文も接続詞が省略され，かつ**副詞節と主節の主語が共通しているため**省略されていますね。④に関しては本来は **and** this causes [has caused] ~. となりますが，and を省略した形で使われています。ただし，次の2点には注意が必要です。

・ **否定形にする場合は Not [Never] knowing ~, SV. のように分詞の前に付けます。**
・ **次の文のように主語が副詞節と主節で異なる場合，主語省略はできません。**

［×］Analysing the data in more detail, new evidence was found.

⇒ これだとデータを分析するのが new evidence になってしまうので，このような英文は成立しません。副詞節と主節の「主語が一致している」ことが条件です。

それではさらにワンランク UP するための**標準 — 応用編**にまいりましょう！

## 標準 — 応用編

### 接続詞を用いた省略，挿入（once, when, before, after, if, など）

⑤ Education reforms, **if implemented**, will most likely improve the national curriculum.

（教育改革が実施されれば，国のカリキュラムが改善される可能性が非常に高い）

➤ if they are implemented のようにあった they are が省略された形です。挿入的に書くことでライティングに適した文体になります。

### SV, thereby [thus] doing: SV，その結果 do することになる

2 語ともによく似た意味ですが，**thereby** は「その結果 = as a result」，**thus** は「こうすることで，したがって」という意味で，後者の方が因果関係は弱くなります。また，この 2 語は《SV, and **thereby** [**thus**] S'V'.》の形で書き換えが可能です。

⑥ Lighter and smaller vehicles usually burn less fuel, **thus producing** less $CO_2$ emissions.

（軽量の小型車は燃料消費が少ない。したがって，二酸化炭素の排出も少ない）

➤ 書き換えると，~ less fuel, and thus produces .... となります。

⑦ Rich countries should invest more in renewable energy and sustainable infrastructure, **thereby reducing** the effect of climate change.

（富裕国は再生エネルギーや持続可能なインフラに投資をすべきであり，それが結果的に気候変動の影響を緩和することにつながる）

➤ 書き換えると，~ infrastructure, and thereby reduces ... となります。

この他にも文の精度をさらにアップさせる「**付帯状況の with**」もあります。こ

れは4章のTask 1の「文法スコアUPテクニック② 4つのメソッドをマスター！」で詳しく紹介していますので，そちらをご参照ください。

以上で分詞構文に関するレクチャーは終了です。特にifやsince，またandなどばかり使ってしまい，接続詞が多くなりがちな方は，この分詞構文を取り入れ，格調高いエッセイ作成を目指しましょう。

## ③ 関係代名詞3つの用法をマスターせよ！

ここではみなさんの英文のクオリティを一気にUPさせる3つの関係代名詞の用法を紹介していきます。上級者向けなので，基本的な解説は省略しますが，7.0以上を目指す方や，さらに精度の高い英文を書きたい方は是非取り入れてみてください。では各項目を例文と一緒に確認していきましょう。

### ①「前置詞＋ 関係代名詞」（例：for which / due to which）

この組み合わせにすることで，よりライティング向きの固い文体に変わります。

(1) More efforts must be made to solve environmental problems **for which** humans are largely responsible.

（人間が大きな原因である環境問題解決のため，さらなる取り組みが行われなければいけない）

➤ これは～ environmental problems which humans are largely responsible for. でも可能ですが，for which とすることでフォーマル感が UP します。

(2) In London, the congestion charge applies between 7 a.m. and 10 p.m. on weekdays **during which** drivers pay a daily £15 fee.

（ロンドンでは，平日午前7時から午後10時まで運転手が一日15ポンドを払う渋滞税が課される）

➤「その時間帯は」という意味で，which は「congestion charge が適用される時間帯」を指します。ちなみに congestion charge とはロンドンで実施されている特定の混雑時に料金を払う制度で，渋滞緩和のひとつとして IELTS 必須ワードです。

また，時々この《**前置詞＋関係代名詞**》の日本語訳で困る方がいますが，**前置詞を隠して**通常の関係代名詞を訳す場合と同じ形で考えると理解しやすくなります。

## ② ～, 数を表す語（all / both / many / most / some / a few / either / none / a large number / the majority など）+ of which [whom]

**~, and ...**（そして…）と同じ意味ですが，これを使うとさらに精度がUPします。

(1) Italy has a huge number of places of historical interest, **many of which** are listed as UNESCO world heritage sites.

（イタリアには非常に多くの歴史名所があり，その多くはユネスコ世界遺産に登録されている）

➤ , and many of them に書き換え可能で，which は「歴史的名所」を指します。

(2) International students, **the majority of whom** are from Asia, are the major source of revenue for most universities in the UK.

（留学生の過半数はアジアから来ており，イギリスの大半の大学にとって主な収入源である）

➤ このように挿入されることもあります。

第3章

## ③ ～, the + 名詞 + of + which / whom（実際に使うのは which が多い）

これも上記②と同じで and を省略した関係代名詞の用法です。この「名詞」は result, value などの一般名詞から，動詞や形容詞が名詞化したもの（development, improvement, importance など）もよく来ます。

(1) Tourism is a major source of income and employment in many countries, **the decline of which** can have a significant impact on the economy as a whole.

（観光業は多くの国で収入と雇用の源であり，その衰退は経済全体に大きな影響を与えかねない）

➤ この which は前の tourism を指します。書き換えると ～ many countries, and its decline can have ～. となります。

(2) Many local councils in the UK run a range of parenting courses for parents of preschool and school-aged children, **the role and importance of which** are becoming increasingly recognised across the country.

（多くのイギリスの地方自治体は，就学前児童や学齢児童の親に対してさまざまな子育てコースを運営しており，その重要性と役割は国内でもますます認知度が高まっている）

➤ この which は parenting courses のことを指します。書き換えると ～ children, and its role and importance are becoming increasingly ～. となります。

以上でエッセイの質をグーンとUPさせる3大文法項目のレクチャーは終了です。特に③「関係代名詞3つの用法」を自然に運用できれば，上級者の仲間入りです。レベルは高めですが，少しずつ取り入れて，運用力を高めていきましょう。では最後に「パンクチュエーション」をチェックして締めくくりましょう。

## 5. Punctuation（パンクチュエーション）

カンマやピリオドなどのパンクチュエーションは，レベルの高いエッセイを仕上げるうえで非常に大きな役割を持っています。ここではライティングで重要，かつ曖昧に理解しがちな2つのパンクチュエーションの要素を紹介していきます。

### コロン “:”（colon）

**後続する内容を詳しく説明する際に用いられ，次の2つの用法があります。General to specific（抽象から具体例）の流れを示す道しるべ，**と考えてください。

**① 例を挙げる場合**

何かを列挙，いわゆる「リスト化」する場合に使います（such as や including に似た用法）。また，同格を導く用法もあります。

**② 詳細な情報を強調，引用，要約する場合**

抽象的な内容をコロン以下で明確にします。

(1) The world today is faced with a number of environmental problems: air pollution, deforestation and climate change.

（世界はさまざまな環境問題に直面している。例えば，大気汚染，森林伐採，気候変動などである）

➤ 具体例の列挙（①の用法で environmental problems の例を挙げています）

(2) Students taking this course undertake to: submit written work and a portfolio, contribute to tutorials and seminars, and work on a group project.

（このコースを履修している学生は，エッセイやポートフォリオの提出，チュートリアルやセミナーへの積極的な取り組み，そしてグループプロジェクトの参加をすることになる）

➤ 下線部が具体例の列挙（①の用法）で，(1) と異なり不定詞として動詞を並べた形。

(3) Writing essays is a difficult task: students first have to do extensive research on the theme they have chosen.

（エッセイライティングは大変な作業である。まず学生は選んだテーマについて広範なリサーチを行わなければいけない） ➤ difficult task の詳細が下線部で説明されている②の用法です。

(4) The solution is clear: the company should reduce the total workforce.

（解決策は明らかで，その企業は全体の人員削減をすべきである）
➤ 下線部は solution の具体的な説明（②の用法）

## セミコロン " ; " (semicolon)

**コンマとピリオドの中間の役割を果たし，主に次の 3 つの用法があります。**

**①（接続）副詞（therefore, otherwise, consequently など）を用いてつなぐ場合**

～ **; however, SV.** のように（接続）副詞と併用します。文のぶつ切れを解消してくれる便利な役割もあります。

**② 前後の文の意味上のつながりが明確な場合**

S V; S' V' のように書き，対比，原因，理由，逆説が主な用法です。特に Coordinating conjunctions（for, and, nor, but, or, yet, so）の代わりに使います。

**③「区分」を明確にする場合**

例を挙げる際に，コロンだと紛らわしい時に区切りを明確にする用法です。

(1) Worldwide, average life expectancy is increasing every year**; as a result**, potential pension costs have become a primary concern for many developed countries.

（世界では，毎年平均寿命が上がっており，その結果，将来的な年金費用が多くの先進国にとって一番の懸念になっている）
➤ ①の副詞を用いた用法。

(2) Some people prefer to play individual sports like swimming; others choose to take part in team sports such as football.

（水泳のような個人スポーツを好む人もいれば，サッカーのような集団スポーツに参加する人もいる）
➤ ②の対比の用法。ただし対比をさらに明確にする場合は，セミコロンの代わりに while や whereas を用いて書きます。

（1）～（2）に共通することは，**ピリオドで 2 文に分けることができる**，という点です。つまり（1）であれば，セミコロンを取って，~ every year. **As a result,** potential ~.，（2）も～ swimming. Others choose ～にすることができます。これがコロンとの構造上の大きな違いのひとつと言えます。では最後は③の用法です。

（3） People can improve their mental health and wellbeing by connecting with others in various ways: have lunch with colleagues; arrange a day out with friends; take part in a church or a club; and volunteer at a local school or community group.

（さまざまな方法で人と関わることで，精神衛生や健康を向上させることができる。例えば，同僚と昼食をとる，友人と出かける，教会や集いに参加する，または地元の学校やコミュニティー団体でボランティアをするなどです）

➤ これは先ほど紹介したコロン①の用法と，セミコロン③の混合です。2 行目の various ways: とすることで，例が続くことを予測させます。次に下線部で 4 つ健康の改善方法について書かれており，セミコロンが使われています。これをカンマだと例が多すぎて区切りがわかりにくくなるため，セミコロンが適しています。

以上で文法のスコアを最大限に UP させるレクチャーは終了です。すべて無理に使う必要はありませんが，少しずつ取り入れてエッセイの精度を高めていきましょう。

ここからはアカデミックスキル習得のための練習を行います。まずは IELTS 最重要スキルである「**パラフレーズ力**」をアップさせるトレーニングからまいりましょう！

## Paraphrase 徹底トレーニング

ここでは先ほど学習したパラフレーズをマスターするためのトレーニングを2段階に分けて行います。1段階は語彙レベルの「**類語置き換え**（**substitution**）」，2段階は「**類語置き換え＋品詞と文型の変化**」です。類語置き換えに関しては若干のニュアンスの違いはありますが，そのまま置き換えていただいて問題はありません。ただし見たことのない単語は英英辞典で定義を確認し，細かいニュアンスの違いを理解するようにしてください。見慣れない単語が登場するかもしれませんが，何回もこなすことで運用語彙を増やし，パラフレーズ力を高めていきましょう！

▼第3章

### ステップ1：類語置き換え（substitution）

日本語に合うように，下線部を適切な類語に置き換えてください。

**【例題】**

・よい経験：a **positive** experience
→ a **valuable** [**pleasant** / **rewarding**] experience

このように各問題につき，**2つ以上の候補**を提示できるように頑張ってください。

初級編（6.0 突破レベル） 問題

(1) 大量の水：a **large** amount of water
→ a（　　　　　　　　　　　）amount of water

(2) オンライン学習のメリット：the **advantages** of online learning
→ the（　　　　　　　　　　　）of online learning

(3) オンライン学習のデメリット：the **disadvantages** of online learning
→ the（　　　　　　　　　　　）of online learning

(4) テクノロジーの発展：technological **developments**
→ technological（　　　　　　　　　　　）

(5) 経済支援を行う：provide financial **support**
→ provide financial（　　　　　　　　　　　）

(6) ストレスを軽減する：**reduce** the stress

→ (　　　　　　　　　　　　　　) the stress

(7) 重要な役割を果たす：play an **important** role

→ play a(n) (　　　　　　　　　　　　　　) role

(8) 環境に被害を与える：**damage** the environment

→ (　　　　　　　　　　　　　　) the environment

## 解答例・解説

(1) a **significant [considerable / vast / massive]** amount of water

➤ さらに強調する場合は，an excessive amount of (過度な～)，反対に「少量の～」は a small amount of がよく使われます。

(2) the **benefits [positive aspects / plus points]** of online learning

➤「～のメリット」とする場合は，the benefits of ~ のように**すべて of** と結びつきます。ちなみに "merit" はほとんど使われないので，advantage を含めたこの 4 語を使ってください。

(3) the **negative aspects of [downsides of / negatives of / drawbacks to]** online learning

➤「～のデメリット」とする場合，drawback のみ the drawbacks **to** のように of だけでなく to と結びつくこともあります。残りの disadvantage, negative aspect, downside はすべて **of** と結びつきます。

(4) technological **advancements [advances / progress]**

➤ **progress は不可算名詞**のため，複数形にしないので要注意です。強調して「革新的な進歩」とする場合は technological **innovation [revolution]** とすることも可能です。

(5) provide financial **assistance [aid / help]**

➤ 関連表現で **government funding [subsidies]** (**政府支援金**) も覚えておきましょう。

(6) **relieve [ease / alleviate]** the stress

➤ stress は **mental pressure** や **mental strain** に言い換え可能です。また，問題の reduce も含めたこの 4 つの動詞は pain とも相性がいいので覚えておきましょう。

---

(7) play **a(n) essential** [**vital / key / indispensable / significant**] role in ~

➤ 類似表現として **assume ~ role**（~の役割を担う）もおさえておきましょう。

例）assume a key role（重要な役割を担う）

assume a leadership role（リーダー役を担う）

---

(8) **harm** [**affect / pollute / degrade**] the environment

➤ pollute は「~を汚す」，degrade は「~を悪化させる」という意味の非常に硬い語です。名詞の degradation は **environmental degradation**（**環境の悪化**）という意味で環境分野における重要表現です。



## 中級編（7.0 突破レベル） 問題

(9) 主な観光地：major tourist **sites**

→ major tourist（　　　　　　　　　　　　）

(10) 交通手段：a **type** of transport

→ a（　　　　　　　　　　　　）of transport

(11) 先進国：**developed** countries

→（　　　　　　　　　　　　）countries

(12) 多くの選択肢：**a large number of** possibilities

→（　　　　　　　　　　　　）possibilities

(13) 交通渋滞を減らす：reduce **the amount of traffic**

→ reduce（　　　　　　　　　　　　）

(14) 問題を解決に取り組む：**address** the problem

→（　　　　　　　　　　　　）the problem

(15) 都市部の人口：**people living in the city**

→ (　　　　　　　　　　　　　　　　)

(16) ～の重要性を理解する：**understand** the importance of ~

→ (　　　　　　　　　　　　　　　　) the importance of ~

## 解答例・解説

(9) major tourist **destinations [attractions / sites / spots]**

➤ major **sightseeing spots** とすることも可能です。この他にも関連表現として,「行楽地」を表す **holiday destinations** も一緒におさえておきましょう。

(10) a **mode [means / method / form]** of transport

➤ Task 1 の必須表現です。method のみ a transport method でも言い換え可能です。ちなみに transport はイギリス英語, transportation はアメリカ英語です。

(11) **advanced [industrialised]** countries

➤ 対義語の **developing [underdeveloped]** countries（後進国）も重要です。加えて類似表現の「富裕国」を表す wealthy [affluent] countries ⇔「貧困国」poor [impoverished] countries も一緒にチェックしておきましょう。

(12) **numerous [a huge number of / a broad range of / a wide variety of / a vast array of / a multitude of]** possibilities

➤ これらはすべて many の強意語で（セミ）フォーマルな語彙です。また，この「選択肢」と言いたい場合の possibility は **option** に言い換え可能です。

(13) reduce **traffic congestion [the volume of traffic]**

➤ よく似た意味の traffic jams は部分的，局所的な渋滞を指し（例：…通りは毎朝渋滞がひどい），traffic congestion は広義での渋滞（例：大都市では渋滞が深刻化している）を意味します。また，reduce 以外にも ease traffic congestion もよく使われます。

(14) **tackle [handle / cope with / deal with]** the problem

➤ handle と cope with は「上手く対処する（= successfully deal with）」, deal with は「とりあえず対処する」というニュアンスの違いがあります。関連表現の **reduce [alleviate] the problem**（問題を軽減する）も要チェックです。

(15) **urban residents / city dwellers**

➤ 関連表現として「田舎の住人」を意味する **rural residents [dwellers / inhabitants]** も一緒に覚えておきましょう。

(16) **recognise [learn (about) / grasp / realise / appreciate / become aware of]** the importance of

➤ 同じく importance とよく結びつく語として次のコロケーションは覚えおきましょう。

・**stress [emphasise]** the importance of ~（～の重要性を強調する）

・**underestimate** the importance of ~（～の重要性を軽く見る）

## 上級編（7.5 余裕突破レベル）問題

(17) 健康的な食事：**healthy** meals

→ (　　　　　　　　　　) meals

(18) さまざまな年齢層：different age **groups**

→ different age (　　　　　　　　　　)

(19) 状況を改善する：**improve** the situation

→ (　　　　　　　　　　) the situation

(20) 状況を悪化させる：**worsen** the situation

→ (　　　　　　　　　　) the situation

(21) 健康に悪影響を及ぼす：have **negative** effects on health

→ have (　　　　　　　　　　) effects on health

▼第3章

(22) 地球温暖化の衝撃を軽減する：**reduce** the impact of global warming
→ (　　　　　　　　　　　　　　) the impact of global warming

(23) コミュニケーションを重視する：**place emphasis on** communication
→ (　　　　　　　　　　　　　　) communication

(24) ウイルスの蔓延をくい止める：**stop** the spread of virus
→ (　　　　　　　　　　　　　　) the spread of virus

**解答例・解説**

(17) **nutritious [wholesome / balanced]** meals

➤ 形の似たnutritionalは「栄養に関する」という意味なので混同しないよう注意してください。また，diet（食事）を用いた**a balanced diet**（**バランスの取れた食事**）も健康の分野における重要表現です。

---

(18) different age **ranges [categories / brackets]**

➤ Task 1で必須の表現で，特定の年齢層を指す場合はthe 25-34 age groupのように使います（**必ずtheが必要！**）。この他にもrangeはprice **range**（価格帯），bracketはincome **bracket**（所得階層）もIELTS重要フレーズなので要チェックです。

---

(19) **enhance [rectify / remedy / correct]** the situation

➤ improveは「よくない状況を改善する」，enhanceは「さらに高める」，rectify，remedy，correctは「是正する」に近い意味のimproveの固い語です。

---

(20) **exacerbate [aggravate / compound]** the situation

➤ この3語はsituation以外にも，**exacerbate [aggravate / compound]** the problemのようにproblemとも相性がよいので一緒に覚えておきましょう。

---

(21) have **harmful [damaging / adverse / detrimental / deleterious]** effects on health

➤ 対義語のhave **positive [beneficial]** effects on ~（~によい影響を与える）も

セットで覚えておきましょう。

---

(22) **mitigate [lessen / alleviate / minimise / ease]** the impact of global warming

➤ mitigate（～を軽減する）は汎用性の高い語で，この impact 以外にも，**mitigate the risk [effect / situation]** などとも相性がよいのでおさえておきましょう。

---

(23) **attach importance to / focus primarily on / set a high priority on** communication

➤ 類似表現として **prioritise [favour]** *A* **over** *B*（B より A を重視する）も重要です。

---

(24) **halt [stem / curb / contain / arrest ]** the spread of virus

➤ **curb** は **curb** carbon emissions（二酸化炭素の排出を抑える）の用法は環境分野における必須表現です。contain は curb や control に近く，封じ込めて広がらないように抑制するイメージです。また，**arrest** はハイレベルな語ですが，**arrest** the decline of the species（その種の減少を抑える）のようにも使われます。

以上でステップ 1 の類語置き換えトレーニングは終了です。お疲れさまでした。後半の方はレベルが高くハードだったと思いますが，認識レベルでも重要な単語ばかりです。本番でも瞬時に運用できるように繰り返しチェックしてくださいね。では最後に，上記以外でよく運用するその他の言い換え一覧をチェックしておきましょう。

## 高頻度パラフレーズ集 20

| | | |
|---|---|---|
| 1 | 経済を再活性化させる | reinvigorate [rebuild / revitalise] the economy |
| 2 | 環境破壊につながる | lead to environmental degradation [destruction] |
| 3 | ～の原因を突き止める | identify [discover / locate / pinpoint] the cause of ~ |
| 4 | 異文化意識を高める | raise [heighten] cross-cultural awareness<br>promote cross-cultural understanding |
| 5 | 仕事の可能性を高める | improve [increase / boost / enhance] job prospects<br>boost [increase] employment |
| 6 | (囚人が) 社会復帰する | return [go back] to society<br>reintegrate [*be* rehabilitated] into society |
| 7 | 犯罪 | crime / criminal activity [offences] / illegal act |
| 8 | 投獄刑 | imprisonment / prison sentence / incarceration |
| 9 | 高齢者 | the elderly / elderly people / senior citizens |
| 10 | 道徳心 | morality / ethics / moral principles [values] |
| 11 | 農業技術 | farming methods [techniques / practices] |
| 12 | 政府予算 | government [public] spending [expenditure] |
| 13 | 宇宙探索 | space exploration [research / programme / expeditions] |
| 14 | 経済の下落 | an economic downturn [slump / depression] |
| 15 | 性格，特徴 | personality traits [qualities / attributes] |
| 16 | 水不足 | water shortages [scarcity] / a lack [an absence] of water |
| 17 | 労働力不足 | labour [staff] shortages / a lack of workforce /<br>understaffing / a dearth of workers |
| 18 | 競争心 | competitiveness / competitive spirit /<br>a sense of competition |
| 19 | 協調性 | cooperativeness / a sense of cooperation /<br>group-oriented behaviour |
| 20 | 世界中で | globally / around [across] the world [globe] |

次はさらにパラフレーズ力をUPするための**ステップ2**にまいります。少しブレイクして，ここまで学習した内容をフル活用できるよう張り切っていきましょう！

## ステップ２：センテンスレベルパラフレーズ

ステップ２は類語に置き換えだけでなく，**品詞や文構造や変形も加えたパラフレーズ**です。先に紹介した４つのパラフレーズテクニックを運用する練習です。また，ステップ１で登場した表現も登場しますので，もう一度見直してからトライしてくださいね。

**下線部をパラフレーズしてください。できれば２つ以上提示してください。**

**初級編（6.0 突破レベル）問題**

**【例題】**

Reducing the amount of CCTV in cities **may result in an increase in crime**.

（都市部における監視カメラの減少は，犯罪の増加につながる可能性がある）

→（**can potentially increase the incidence of crime**）

(1) Holding the Olympics will likely **stimulate the economy**.

→（　　　　　　　　　　　　　　　　　　　　　　　　　）

(2) Online banking is **becoming more and more popular** today.

→（　　　　　　　　　　　　　　　　　　　　　　　　　）

(3) Governments should **spend more money on** transport infrastructure.

→（　　　　　　　　　　　　　　　　　　　　　　　　　）

(4) In many countries, prison is thought to be the most effective **solution to crime**.

→（　　　　　　　　　　　　　　　　　　　　　　　　　）

(5) The graph shows **how much energy is produced** in four countries in the 1990s.

→（　　　　　　　　　　　　　　　　　　　　　　　　　）

(6) A UN-report for 2019 revealed that one million plants and animals are **in danger of dying out**.

→（　　　　　　　　　　　　　　　　　　　　　　　　　）

▼第３章

解答例・解説

(1)「**オリンピック開催は，経済の活性化につながる可能性がある**」

ア）boost the economy
イ）lead to economic growth [development]
ウ）spur economic activity

➤ 対義語で「経済発展を妨げる」を意味する“**impede [hinder] economic growth**”も一緒に覚えておきましょう。

---

(2)「**オンラインバンクは，今日ますます人気が高まりつつある**」

ア）becoming increasingly popular
イ）gaining in popularity
ウ）gaining widespread popularity

➤ まず more and more ~ は話し言葉なので，《**increasingly ＋形容詞**》（ますます～）に変えます。この他にも **become increasingly important [successful]** のセットでよく使われます。次にイとウは popular の名詞形 popularity を用いたフレーズで要チェックです。ちなみに，この場合の popular は「人気のある」よりも「世間に浸透して」という意味合いで理解するといいでしょう。

---

(3)「**政府は交通インフラにもっと投資するべきだ**」

ア）invest more in
イ）increase the budget for
ウ）increase the spending [expenditure] on
エ）allocate more funds [money] to

➤ まずアの invest にはお金のニュアンスが含まれているので money は不要です。イとウはそれぞれ budget **for**, spending **on** と前置詞が異なるので注意しましょう。また，エは **allocate** *A* **to** *B*（A を B に割り当てる）を用いた形で，これも非常によく使うので要チェックです。

(4)「**多くの国では，投獄刑が最も効果的な犯罪解決の方法だと思われている**」

ア）remedy for criminal activity
イ）strategy for [approach to] crime prevention
ウ）measure to solve crimes
エ）way to deter people from committing crimes

➤「**犯罪対策**」はさまざまなパラフレーズが可能です。まずアの solution to [for] → remedy for の言い換えは必須です。イの crime prevention は「犯罪防止」という決まり文句です。ウの measure は，measure for よりも，measure to *do* の不定詞の用法が圧倒的に多く使われます。エの deter は **deter *A* from *do*ing**（A が *do* するのを抑止する，思いとどまらせる）という意味の犯罪のテーマで重要な語です。



(5)「**そのグラフは，1990 年代に 4 か国で使用されたエネルギー量を表している**」

ア）the amount [quantity] of energy produced
イ）data on energy production
ウ）information on the output of energy

➤ この問題にあるように量を表す際の how much の言い換え，そして「エネルギー生産（量）」の表現は必須です。まず最も一般的な言い換えはアのように the amount [quantity] of ～を使う形です。イの **energy production** は決まり文句で，ウの output は「生産量」という意味で，エネルギーだけでなく農作物や製品にも使われます。

(6)「**2019 年の国連の報告で，100 万の動植物が絶滅の危機にあることがわかった**」

ア）facing extinction
イ）threatened with extinction
ウ）on the verge of extinction
エ）critically endangered

➤「絶滅」を表す extinction を用いた表現は環境のテーマで必須で，この他にも **become extinct**（**絶滅する**）も重要です。また問題にある plants and animals の言い換えとして，**flora and fauna**（**動植物**）もセットで覚えておきましょう。

## 中級編（7.0 突破レベル） 問題

初級編の類語の置き換えや品詞変化に加え，文の構造も変化させパラフレーズをしてみましょう。ここからのポイントは，「**言い換えてはいけない，あるいは言い換えられない語を見極めること**」です。キーワードをパラフレーズしてしまうと，意味がぼやけてしまうのでこの点には注意が必要です。

**【例題】**

The class average was raised because he got perfect score.

（彼が満点を取ったのでクラスの平均点が上がった）

→（**His perfect score brought the class average up.**）

(7) Different regions have different cultural values.

→（　　　　　　　　　　　　　　　　　　　　　　　　）

(8) Climate change is mainly caused by human activity.

→（　　　　　　　　　　　　　　　　　　　　　　　　）

(9) Robots and artificial intelligence are widely used in many industries today.

→（　　　　　　　　　　　　　　　　　　　　　　　　）

(10) The town has greatly changed in the last twenty years.

→（　　　　　　　　　　　　　　　　　　　　　　　　）

(11) Due to technological developments, it has become possible for many people to do online shopping anytime, anywhere.

→（　　　　　　　　　　　　　　　　　　　　　　　　）

(12) Science is the most important school subject for students.

→（　　　　　　　　　　　　　　　　　　　　　　　　）

解答例・解説

(7)「**文化的価値観は地域により異なる**」

ア) Cultural values differ [vary] from region to region.
イ) There are regional differences [variations] in cultural values.

➤ アの ~ differ [vary] from *A* to *A*.（~はAによってさまざまだ）は非常に幅広く使える表現です。このAの名詞は**無冠詞単数名詞**が使われ，例えばculture, state, country, schoolなどがよく使われます。イはThere is構文を用いた形で，regionが形容詞のregionalに変化しています。ちなみに，**cultural values**とは「文化的価値観，考え方」を意味し，valuesは「**価値**」ではなく「**思考，価値観**（= **belief**）」の意味なので，間違えないよう注意しましょう。



(8)「**気候変動は人的活動が主な原因である**」

ア) Human activity is the primary cause of climate change.
イ) Human activity is largely responsible for climate change.
ウ) Human activity has significantly contributed to climate change.

➤ 解答例はすべてhuman activityを主語にした形です。アはcauseを名詞として使った書き方です。イは*A* is responsible for *B*（Bの原因はAだ）の用法で，responsibleと相性のよいlargely（大部分は）を用いています。ウは*A* contribute to *B*（AはBの一因だ）にcontributeと相性のよいsignificantlyを使った形です。

(9)「**ロボットと人工知能は，今日多くの産業で幅広く使われている**」

ア) The use of robots and artificial intelligence has become common in a wide range of industries today.
イ) Robots and artificial intelligence have come into widespread use across a broad range of sectors over the last few years.
ウ) It is not uncommon for a large number of sectors to use robots and artificial intelligence today.

➤ 設問文にある「幅広く使われている」という表現の言い換えは必須です。まず最もメジャーな形はアのように The use of ~ has become common.（～の利用が一般的になった）を使うことです。次にイは少し難易度が高めですが，**come into widespread use**（普及する）という決まり文句を用いています。最後にウに関しても，同じように It is not uncommon for ~ to *do*（～が *do* するのが一般的である）の形を取っています。この他にも many はアでは a wide range of, イは a broad range of, ウは a large number of を用いて上手くパラフレーズされています。ちなみに，イの最後にある over the last few years は意味をくんで today を言い換えた形です。

(10)「**その街は，過去 20 年間で大きく変化を遂げた**」

ア）The town has seen [undergone] significant changes over the last twenty years.
イ）Dramatic development has taken place in the town over the past two decades.
ウ）The last twenty years have witnessed [seen] a considerable transformation in the town.

➤ 特に Task 1 のマップで用いる「～が起こった」を表す表現です。アは，主語は同じですが，問題文の has greatly changed ⇒ **seen [undergone] significant changes** となっており，「～を経験する」という意味の see と undergo を上手く使っています。イは take place（出来事が起こる）を用いた形，ウは「特定の期間」を主語にした用法で，動詞はアの see と同じ形でよく使われる witness を用いた形です。次に change もイの development，ウの transformation など文脈に応じて変えるようにしてください。また，20 年は twenty years ⇒ two decades となっており，10 年単位の期間は **decade** で置き換えができるのでこれもしっかりと運用できるようにしておきましょう。

(11)「**テクノロジーの発達により，多くの人がいつでもどこでもオンラインショッピングができるようになった**」

ア）Technological advancements have allowed [enabled] many people to shop online whenever and wherever is convenient.
イ）Technology has facilitated [improved] access to online shops regardless of time and location.
ウ）With improved access to online shops due to technological progress, consumers can purchase necessary items without considering the limitation of time and location.　　**＊ regardless of ~**「～に関係なく」

➤ アは「～のおかげで…ができるようになった」はこのように無生物主語を用いて《enable [allow] ＋名詞》to *do*》の形で表すことができます。また，先にも登場した，「テクノロジーの発展」はこれら以外にも development [progress] in technology に言い換えができるように準備しておきましょう。イは access to ~（～の利用しやすさ）を用いて相性のよい facilitate や improve を使った形です。ウはかなり文型が変わっており，主語を consumers に変えた形で少し情報を付け足してあります。ちなみに問題の anytime, anywhere はそれぞれ **whenever and wherever is convenient** = **regardless of time and location** = **without considering the limitation of time and location** に言い換えられており，これも汎用性の高いフレーズなので要チェックです。

---

(12)「**サイエンスは学生にとって最も重要な科目である**」

ア）Science should be prioritised over other school subjects.
イ）The top priority should be science education in school.
ウ）Teaching science should be of central importance in school curricula.

➤ アは **prioritise** *A* **over** *B*（BよりAを優先する）を用いた形，イは **top priority**（最優先事項）を用いた形で，science も文意をくんで science education in school に変わっています。ウは名詞の importance を用いた *be* **of central importance**（最も重要である）を使っています。また，curricula（カリキュラム：curriculum の複数形）を使い文意を汲んで補足されています。

この important の言い換えは，2章の最重要語法項目の4位で触れた内容と関連しています。

## 上級編（7.5 余裕突破レベル）問題

上級編は過去問を中心に作成した本番と同じ形式の問題にトライしていただきます。目安の制限時間は 1 問あたり，次のように取り組まれることをお勧めします。

➤ 目標スコア：5.0 - 6.0（3 分以内）／6.5-7.0（2 分 30 秒以内）／7.5 ~（2 分以内）

また，上級者の方は**2 パターンのパラフレーズ**ができるようトライしてみてください。

(13) Many people used to think of shopping as a routine domestic task, but it has since become a leisure activity.

→

(14) Advertisements that influence children to eat junk food should be banned because they have a negative influence on them.

→

(15) Huge sums of public money are spent on space exploration in some countries every year.

→

(16) Prisoners can become good citizens after their release from jail.

→

(17) In some developing countries, many children do not have access to education, and this makes it difficult to learn basic literacy and numeracy.

→

(18) Some people decide on a career path early in their lives and keep to it. This commitment, they argue, leads to a more satisfying working life than frequently changing jobs.

→

**解答例・解説**

**(13)「買い物はかつて単調な家事のひとつと多くの人が考えていたが，今では娯楽のひとつになった」**

ア）Although shopping was once considered to be a boring chore, it has become an enjoyable pastime for many people today.
イ）In the past, shopping was a mundane task for many people; however, it is regarded as a form of recreation today.

➤ まず shopping はキーワードなので言い換えてはいけません。また，時制に関しては**過去と現在の対比**なので，注意しながらパラフレーズしましょう。はじめに問題文の a routine domestic task（退屈な家事）はネガティブなニュアンスなのでこれを反映できる語の選択が重要です。アは a boring chore，イは a mundane task となっています。**chore** は「面倒なこと」，**mundane** は「つまらない」という意味の語です。次に「A を B と考える」という表現もよく使われます。設問文では think of *A* as *B*，アは consider，イは regard *A* as *B* がそれぞれ受け身で使われています。最後に「娯楽」という意味では設問文では a leisure activity，アは **an enjoyable pastime**，イは **a form of recreation** のように変わっています。

**(14)「子供にジャンクフードを食べるように影響を与える広告は，悪影響を与えるため禁止されるべきである」**

ア）The use of advertisements that influence children to eat junk food should be prohibited because of its potential harm.
イ）Considering the harmful influence, a ban should be imposed on advertising that tempts children to eat junk food.

➤ 非常に出題頻度が高い「広告による子供への影響」についてのテーマです。まずキーワードは advertisements なので，そのままにするかイのように advertising に変えるかのどちらかです。次に「禁止」に関しては，アのように prohibit を使うか，またはイのように **impose a ban (on ~)**「～を禁止する」を受け身にした形を使います。最後に「悪影響」は harm や harmful を用います。

(15)「**毎年いくつかの国で莫大な額の費用が宇宙探索に使われている**」

ア）An enormous amount of annual government spending goes to space research in several countries.
イ）Considerable public expenditure is allocated to space programmes in a number of nations every year.
ウ）A number of countries across the globe annually spend vast amounts of public money on exploring space.

➤「宇宙探索」に関する言い換えは重要です。まず「宇宙探索」はspace explorationが最も一般的ですが，アのspace research, イのspace programmes, ウのexploring spaceで言い換えが可能です。次に「莫大な額の費用」はhuge sums of public money ⇒ ア An enormous amount of annual government spending, イ Considerable public expenditure, ウ vast amounts of public moneyとなっています。また，「毎年 = every year」はアではannual（毎年の），ウはannually（毎年）のように，それぞれ言い換えられています。最後に態の変化も重要で，設問文とイは受動態で，アとウは能動態で書かれている点も要チェックです。

(16)「**囚人は出所後健全な市民になる可能性がある**」

ア）Released prisoners have the potential to become contributing members of society.
イ）Reformed prisoners are likely to become productive members of society after they leave incarceration to re-enter society.

➤ Task 2必須の犯罪に関するトピックです。アから見ていくと，released prisoners（出所した囚人），イはreformed prisoners（矯正を受けた囚人）のように意味を汲んで言い換えられています。2点目は問題文にあるgood citizensは曖昧なため，goodの意味を解釈して書く必要があります。出所後どのような「健全な市民」になるか，と考えた際の候補としてはアの**contributing members of society**（社会貢献できる人）やイの**productive members of society**（生産性のある人）が適当です。あるいは，**responsible, law-abiding citizens**（責任感のある法を順守する市民）のように書いてもよいでしょう。最後にイの incarceration（投獄）や re-enter society（社会に戻る），その他にも *be* **released from prison**（出所する）はスコア UP につながる分野別語彙です。

(17)「**発展途上国の多くの子供が教育を受ける機会がなく，これにより基本的な読み書きと計算能力の習得が困難な状況にある**」

ア）A large number of children in the developing world are suffering from a lack of educational opportunities, which hinders them from acquiring literacy and numeracy at an elementary level.
イ）Limited access to education in impoverished nations is a major barrier [hindrance] to children learning basic literacy and numeracy.
ウ）Affected by a dearth of opportunities to attain necessary education, many children in the developing world are unable to read, write or calculate properly.

➤ この問題は，全体の意味をくみながら，類語の置き換えと，文型の変化をさせるテクニックが必要です。まず「教育を受ける機会がない」はそれぞれ，アは suffer from a lack of educational opportunities，イは limited access to education，ウは a dearth of opportunities to attain necessary education となっています。次に basic literacy and numeracy は，アでは literacy and numeracy at an elementary level, ウは read, write or calculate properly のようにパラフレーズのテクニックで紹介した literacy と numeracy を**定義化**した形です。最後に make it difficult ですが，アは **hinder** *A* **from** *do***ing**（A が *do* するのを妨げる），イは **a major barrier [hinderance] to ~**「～の障壁」，そしてウは unable 一語で表しています。ちなみにウの Affected by ~「～に影響されて」は分詞構文を用いた形で，難易度は高めですがこちらもおさえておきましょう。

(18)「**人生の早い段階で自身の職業進路を選び，それを続ける人がいる。彼らいわく，この生き方は頻繁に職業を変えるよりも，より満足した仕事人生につながるとのことである**」

ア）Some maintain that people who decide what career they pursue early in their lives and stick to it can have a more fulfilling working life than those who change jobs repeatedly.

イ）Some assert that work satisfaction is higher when people choose a career path early and remain in the same profession for life, as opposed to changing jobs frequently.

ウ）Some believe that it is better to make an early career choice and remain in the same profession until retirement rather than frequently changing jobs, because this dedication will bring a sense of fulfilment in working life.

➤ これは毎年出題されている Task 2 の問題です。かなり難問で，2 文に分かれていることから，全体の意味をくみパラフレーズしなければいけません。また，特に career path や frequently changing jobs の言い換えは難易度が高いため，思いつかない場合は模範解答のようにそのまま使っても構いません。また，模範解答はすべて 1 文でまとめられており，共通点は設問文の they argue が，すべて文頭に来ている点です。これも含めた主な言い換えは次のフレーズです。

［設問文］：they argue

→ ア）Some maintain　イ）Some assert　ウ）Some believe

［設問文］：keep to it

→ ア）stick to it　イ），ウ）remain in the same profession

［設問文］：a more satisfying working life

→ ア）a more fulfilling working life

イ）work satisfaction is higher

ウ）bring a sense of fulfilment in working life

このように 2 文を 1 文に集約するパラフレーズも，留学後に必要なスキルです。しっかりと分析して身につけておきましょう。

以上でパラフレーズ力を最大限にアップさせるトレーニングはすべて終了です。お疲れさまでした。使えそうなフレーズはまとめておきましょう。この言い換え力は一朝一夕に身につくものではありませんが，ここで紹介した必須表現はすべてマスターするつもりで何度も見直し，少しずつ運用力を高めていきましょう！

次は head noun の実践問題です。少しブレイクして続けてまいりましょう。

## Head noun トレーニング

ここでは **cohesion** でハイスコアをゲットするための **head noun トレーニング**を行います。各英文の下線部が引かれた代名詞や thing(s) は何を指すかが曖昧になっているので，適切な head noun を考え付け加えて書いてください。ポイントは**前文の内容を要約した包括的な名詞，またはカテゴリーを表す名詞を考えること**でしたね。すぐに思い浮かばない場合は，先に紹介した **head noun の一覧**（→ p. 72）を参考になさってください。また，一気に問題を解くのではなく 2 ～ 4 問ずつこなし，答え合わせをしながら進めることをお勧めします。それではまいりましょう！

### 初級編（6.0 突破レベル） 問題

**【例題】**

・Time management is one of the most important **things** in business.［✕］
　➤ things →（**skills**）　＊明確な名詞で表す。

・Christmas is the most important period of the year for many people, and different regions celebrate **Christmas** in different ways.［✕］
　➤ Christmas →（**this event**）　＊繰り返しを避け，代名詞＋ head noun を付ける。

(1) Dolphins are loved by people of all ages largely because they are friendly and intelligent. **This** is widely known to build special relationships with humans.

➤ **This** →（　　　　　　　　　　　　　　　　　　　　）

(2) Obtaining an academic degree was believed to be the best route to a successful career, but **this** no longer applies to this highly competitive job market.

➤ **this** →（　　　　　　　　　　　　　　　　　　　　）

(3) Life expectancy is increasing every year in many parts of the world, especially in European countries. I believe the drawbacks of **this** far outweigh the benefits.

➤ **this** →（　　　　　　　　　　　　　　　　　　　　）

(4) Students should participate in volunteering or join sports clubs while at university because **these** can help them develop practical skills and enhance their career prospects.

➤ **these** → (　　　　　　　　　　　　　　　　　　　　　　　　)

(5) Climate change represents a major threat to life on Earth, and many countries are tackling **this** by reducing the impact of humans on the Earth's climate.

➤ **this** → (　　　　　　　　　　　　　　　　　　　　　　　　)

(6) Nigeria makes up over 15% of Africa's total population in 2020, and **this** is projected to rise to 17.5% by 2050.

➤ **this** → (　　　　　　　　　　　　　　　　　　　　　　　　)

(7) In most developing countries, children are forced to be engaged in some kind of paid work; however, many people regard **this** as completely unacceptable.

➤ **this** → (　　　　　　　　　　　　　　　　　　　　　　　　)



### 解答例・解説

(1) this **mammal [sea animal / sea creature]** (この哺乳類［海洋動物］)

➤ ここはイルカを表すカテゴリーを考えます。mammal (哺乳類) が最も適切です。This animalでも構いませんが，上記のようにseaを付けてより明確に表現する方がよいでしょう。

(2) this **notion [idea / belief]** (この考え)

➤「大学の学位を取得することは，キャリアでの成功への最適なルートであると考えられていた」という「考え」を受けるので上記の3語が適切です。

* **a highly competitive job market**：非常に競争が激しい就職市場

(3) this **trend [change]** (この傾向［変化］)

➤「特にヨーロッパで見られるように，毎年世界中で寿命が上がっている」という傾向を受けるので trend や change が最も適切です。

* **the drawbacks far outweigh the benefits**：メリットよりデメリットの方がはるかに大きい。

---

(4) these **experiences [activities / opportunities]**（これらの経験［活動／機会］）

➤ ここは「ボランティア活動に参加すること」と「スポーツサークルに加わること」を指します。

* **enhance career prospects**：仕事のチャンスを高める

---

(5) this **problem [challenge / issue]**（これらの問題）

➤ これは前述の Climate change を指すのでネガティブな意味の単語を選択し，それと同時に tackle と相性のよい名詞を選ぶ必要があります。

* **represent a threat to ~**：～に脅威を与える

---

(6) this **figure [proportion / number / percentage]**（この数値）

➤「**これが** 2050 年までには 17.5% まで上昇すると予測されている」ということなので，前に出てきた数値（15%）を指します。

* **make up ~**：～を占める，*be* **projected to** *do*：*do* することが予測されている

---

(7) this **practice [system]**（この慣習［制度］）

➤ This は「子供が仕事に従事させられていること」を指し，これはいわゆる「児童就労」(child labour) のことです。よって，慣習 (practice) や制度 (system) が適切な語です。

* **engage in ~**：～に従事する

## 中級編（7.0 突破レベル） 問題

(8) The invention of the radio is one of the most notable **things** in the 20th century.

➤ **things →**（　　　　　　　　　　　　　　　　　　　　）

(9) Many children today have their own mobile phone or tablet computer. However, the use of **these** is not allowed in most schools in the UK,

especially at the primary level.

➤ **these** → (　　　　　　　　　　　　　　　　　　　　　　　　)

(10) Many parts of the US are suffering from shortages of medical staff—including nursing assistants and nurse practitioners—as there is an insufficient number of skilled workers to fill **these**.

➤ **these** → (　　　　　　　　　　　　　　　　　　　　　　　　)

(11) When it comes to social interactions today, people have easy access to various types of media, email and the internet due to technological advancements. **These** are playing an increasingly important role in homes, workplaces and universities.

➤ **These** → (　　　　　　　　　　　　　　　　　　　　　　　　)

(12) In the UK, schools can punish pupils in several ways if they behave badly. Examples include verbal reprimand, after-school detentions and removal from a class or group. **These** can be imposed without giving any notice to parents.

➤ **These** → (　　　　　　　　　　　　　　　　　　　　　　　　)

(13) Business or political leaders should be resourceful, innovative and resilient, as well as both intellectually and emotionally mature. Some people say **these** are inborn and difficult to develop through training or experience.

➤ **these** → (　　　　　　　　　　　　　　　　　　　　　　　　)

(14) Some people argue that expanding road capacity and adding bus lanes are effective solutions to traffic congestion. However, I believe **these** will make little difference in reducing overall traffic volume; instead, governments should encourage the use of public transport by extending railway links or increasing the number of bus routes.

➤ **these** → (　　　　　　　　　　　　　　　　　　　　　　　　)

## 解答例・解説

(8) notable **achievements [accomplishments / developments]**（この功績，偉業）

➤「ラジオの発明は，20 世紀における最も重要な功績のひとつである」という意味なので，いずれかのポジティブな意味を表す語が適切です。

* **notable**：顕著な

(9) these **(electronic) devices** / these **electronics**（これらの電子機器）

➤ the use of these とあるので，前述の mobile phone or tablet computer のことを指します。よって「電子機器」を意味する electronic devices や electronics が適切です。

(10) these **roles [positions / vacancies]**（これらの職業）

➤ 少し難易度が高い問題で，考慮すべきポイントは nursing assistant（看護助手）や nurse practitioners（看護師）を包括する語を考えることと，動詞 fill と相性のよい名詞を考えることです。vacancy は「仕事の空き」というニュアンスです。

(11) These **forms [means / types / modes] of communication**

（これらのコミュニケーション方法）

➤ 前述の When it comes to ~ and the internet は，「さまざまなメディアや，メール，インターネットを用いたやり取り」について書かれてます。よってこれらを受けて「コミュニケーション方法」という形でまとめることができます。

(12) These **punishments [penalties / disciplinary measures]**

（これらの罰則［懲戒処分］）

➤ ここは imposed 以下に着目すると，「親への通達なしで課されることがある」と書かれているので，課される項目を表す語を考えます。よって，verbal reprimand（口頭での叱責）や after-school detentions（居残り）を包括する上記の 3 語が適切です。ちなみに上記の **disciplinary measures** は「懲戒処分」という意味で，教育やビジネスなど幅広い分野で使われる重要ワードです。

(13) these **(personal) qualities [traits / attributes]**（これらの性質）

➤ 着目すべき点は inborn and difficult to develop through training or experience「生まれつきあるもので，研修や経験で養うことは難しい」の箇所です。つまりこの文と呼応し，かつ前の内容を受ける head noun を考えます。前の内容は **resourceful**（臨機応変），**resilient**（立ち直りが早い），**intellectually and emotionally mature**（知的，精神的に成長している）といった「人の性質」を表すので上記の３語が適切です。

---

(14) these **measures [approaches / remedies / courses of action]**（これらの対処法）

➤ この these は前述の「道幅の拡大」と「バス専用車線の増設」，つまり「2つの交通渋滞への対策方法」を指します。these solutions としたいところですが，前文に solution があって重複するため上記の語が適切です。

* **make little difference in ~**：～における効果はほとんどない

では最後に上級編です。このレベルがマスターできれば精度がグーンとアップします。あと一息，ラストスパートです。ではまいりましょう！

## 上級編（7.5 突破レベル） 問題

下線部のように文章をよく読み，内容に応じて下記のように代名詞と**形容詞と head noun** を付けてください。

**【例題】**

due to **this** → due to (this **rapid** **change**)《形容詞＋ head noun》

(15) Some people today decide to stay single and not to have children. **This** may be based on a desire to devote time and energy to work or hobbies.

➤ **This** →（　　　　　　　　　　　　　　　　　　　　）

(16) Research shows a typical US college student takes out a loan and leaves with debts of around $30,000, which is largely due to escalating tuition fees over this century. **This** forces some graduates to delay marriage and others to postpone purchasing a home.

➤ **This** →（　　　　　　　　　　　　　　　　　　　　）

(17) In the past, many young people were advised by older generations to work for the same organisation for their entire working life in order to have job security, better promotion prospects and the promise of a pension after retirement. The present generation, however, considers **this** outdated and no longer applicable to the modern world.

➤ **this** → ( )

(18) In Japan, the proportion of working-age people in the entire population is projected to drop by nearly 10% between 2020 and 2060, whereas that of the elderly will reach over 40% of the total, an increase of roughly12% during that period. **This** is highly likely to pose a number of serious challenges including a pension crisis, acute labour shortages and economic downturn.

➤ **This** → ( )

(19) Zoos today play an important role around the world by offering a lot more than what was once popularly believed. For example, through captive breeding many zoos put a great deal of energy into protecting endangered wildlife from extinction, while others actively engage in research on biological diversity and the behaviour of such animals. **These** help not only to stem the decline of animal populations but to maintain genetic diversity among species.

➤ **These** → ( )

(20) Consuming artificial sweeteners is generally believed to have adverse health effects: they may increase the risk of type 2 diabetes, weight gain and obesity. However, many health experts consider this cause-and-effect relationship to be difficult to prove. In fact, **these** are now widely used in place of natural sugar like honey and maple syrup for their benefits: they can help prevent tooth decay, reduce calorie intake and control blood sugar levels during consumption, especially for people with diabetes.

➤ **these** → ( )

## 解答例・解説

(15) This **personal choice [preference]**（この個人の選択［好み］）

➤ 前文の「独身で子供を持たないことを選ぶ人がいる」をまとめます。decision でも構いませんが，decide が使われているため，choice や preference が適当です。また，「個人それぞれの」を指す personal を付けます。

* **devote time and energy to work or hobbies**：時間とエネルギーを仕事や趣味に使う

(16) This **significant [enormous] financial burden**（この大きな経済的負担）

➤ この This は後ろに続く英文を考えれば推測しやすくなります。「**これ**が原因で，結婚を遅らせたり，マイホームの購入を先延ばしする人もいる」ということなので，前述の「**おおよそ3万ドルの借金（があること）**」を表す head noun を考えます。他にも This significant **debt** でも可能ですが，前文で debt があるため解答例の方がよいでしょう。

* **largely due to ~**：～が大きな原因で，**take out a student loan**：学生ローンを借りる

(17) this **traditional view [belief / notion]**（この昔ながらの考え方）

➤ これは「昔と今の考え方の違い」を対比した英文です。ポイントは The present generation 以下で，「現代人はこれを，時代遅れで現代にそぐわないと考えている」とあります。よってこれを反映した「古い考え方」が適切な表現です。

* **job security**：仕事の安定，**promotion prospects**：昇進の可能性，
**pension**：年金，**outdated**：時代遅れの，**applicable**：応用可能な

(18) This **demographic change [shift / issue]**（この人口変化［変化／問題］）

➤ 1~3 行目までは「日本の労働人口と高齢者の割合の変化」を表しています。このことから change だけでなく，この内容を包括した **demographic**（人口統計上の）という形容詞を付けるとさらに結束性が高くなります。

* **pension crisis**：年金制度の崩壊，**acute labour shortages**：深刻な労働者不足，
**economic downturn**：経済の低迷

(19) These **worldwide conservation efforts [global wildlife protection activities]**（世界中での野生動物保護活動）

➤ この問題は These より前の文が複数あり長いためかなりチャレンジングです。

▼第3章

要約すると「動物園は世界中で非常に重要な役割を果たしており，その例が人工繁殖を通じての絶滅危惧種の保護や研究である」となります。よって，このような「世界規模での保護活動，取り組み」という内容のhead nounを考えます。

ちなみに，zooに関するテーマは全セクションで出題されることがあるので，これらの関連語彙はおさえておきましょう。

* *be* **popularly believed**：一般に認知されている，**captive breeding**：人工繁殖，**biological diversity**：生物的多様性，**genetic diversity**：遺伝的多様性，**stem the decline of ~**：~の減少を食い止める

(20) These **chemical substitutes [alternatives] (to sugar)**
（これらの化学含有物［代替物］）
These **low-calorie substances**（これらの低カロリーな物質）

➤ これも難問です。Theseより前の文を読むと同時に，それに続く文を見ると書きやすくなります。These **are now widely used in place of natural sugar like honey and maple syrup for their clear benefits**（はっきりとした利点があることから，はちみつやメープルシロップなどの天然糖の代わりに幅広く使われている）とあります。よって，Theseより前に出てきた「**物質**」を表す名詞を考えて入れます。「代替物」を表すsubstituteやalternative，「含有物」を指すsubstanceが適切です。形容詞はchemicalやlow-calorieを付ければ完璧です。

* **artificial sweetener**：人工甘味料，**have adverse effects**：悪影響を及ぼす，**type 2 diabetes**：２型糖尿病，**tooth decay**：虫歯，**reduce intake**：摂取量を減らす

以上でhead nounトレーニングは終了です。後半はかなりタフだったかもしれませんが，cohesionの極意である《**代名詞＋head noun**》の重要性と役割はつかんでいただけましたか？　head nounを操れる力がつけば上級者の仲間入りです。ですので，何度も見返して，常にcohesionを意識してライティングに取り組みましょう！

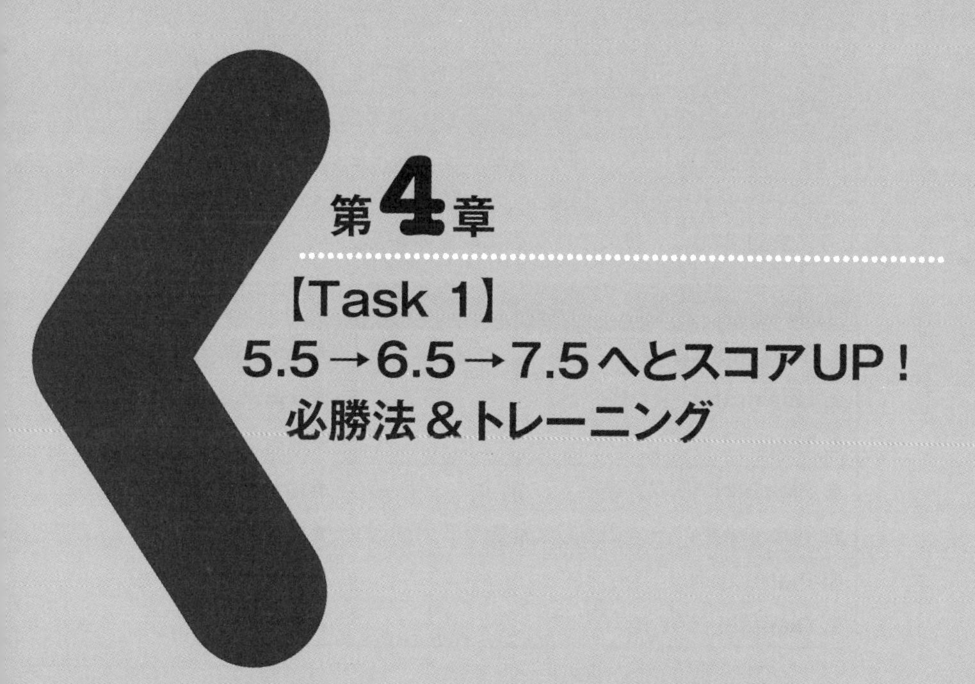

# 第4章

## 【Task 1】
## 5.5→6.5→7.5へとスコアUP！
## 必勝法＆トレーニング

# 第4章
# 【Task 1】5.5→6.5→7.5へとスコアUP！ 必勝法＆トレーニング

Task 1は，グラフや図表を150ワード以上で書き上げることが主なタスクです。攻略に必要なスキルは，英語力に加え「**素早い分析力と，正確な描写力**」です。特に数値が示されているグラフは計算能力も求められます。ここではTask 1で出題される問題を出題頻度別に分け，**描写に必要な表現**，そして**攻略法とテクニック**をマスターしていきます。まずはTask 1で出題されるエッセイのタイプから見ていきましょう。Task 1では，次の7種類のエッセイが出題されます。

| 種類 | 重要度 |
|---|---|
| **1. Bar graph**（棒グラフ） | ★★★★★ |
| **2. Line graph**（折れ線グラフ） | ★★★★☆ |
| **3. Table**（表） | ★★★☆☆ |
| **4. Pie chart**（円グラフ） | ★★★★☆ |
| **5. Two charts**（1~4のうち2種類のグラフ） | ★★★☆☆ |
| **6. Plan**（地図） | ★★★☆☆ |
| **7. Diagram**（ダイヤグラム） | ★★☆☆☆ |

1～5はグラフに示された**数値の変化**を描写する最も出題頻度が高い「**グラフ問題**」です。6は街や建物内の**地図上での変化**を描写する「**マップ問題**」，そして7は**製品の製造工程や，動植物の進化の過程**を描写する「**ダイヤグラム問題**」です。重要度に関しては過去10年間で出題された問題と，公式問題集のデータから導き出した本書オリジナルのランキングです。特に直近3年の頻度をもとに段階分けしていますので，最新の傾向を反映しています。それではまず最も出題頻度が高い1～5のグラフタイプのエッセイから始めていきましょう。

## 【Task 1】グラフ問題を徹底攻略!!

まずグラフ問題でおさえておくべきポイントがあります。次の表をご覧ください。

| | Bar graph | Line graph | Pie chart | Table |
|---|---|---|---|---|
| 変化型 | ○ | ○ | ○ | ○ |
| 対比型 | ○ | × | ○ | ○ |

これは先ほど紹介した1～4のタイプで，「**変化型**」と「**対比型**」の2種類に分かれます。前者は年代ごとでの増減の**変化を描写するタイプ**，後者は時系列による変化はなく，**数値の違いを比較する**タイプです。この型の違いをおさえ，それぞれに必要な表現や攻略法をマスターすることが大切です。ではそれぞれを詳しく見ていきましょう。

### 1. Bar graph（棒グラフ）

bar chart とも呼ばれ，最重要のタイプです。出題は「**縦棒グラフ**（vertical bar graph)」「**横棒グラフ**（horizontal bar graph)」「**積み上げ棒グラフ**（stacked bar graph)」のいずれかが出題されます。以下の例題は最も出題頻度が高い縦棒グラフ「**対比型**」です。

***The graph below shows the percentages of consumer spending in the United States, the United Kingdom, and Japan in 2014.***

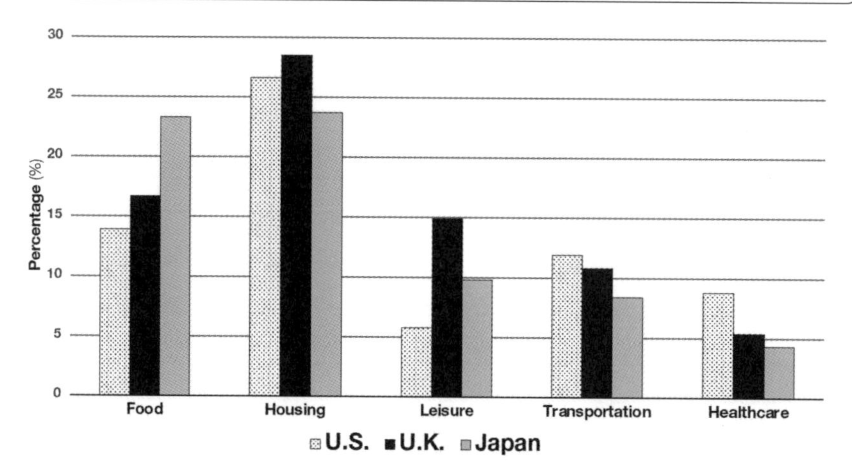


* U.S. BUREAU OF LABOR STATISTICS より抜粋

第4章

## 2. Line graph（折れ線グラフ）

line chart とも呼ばれ，時系列で示された増減の変化を描写します。

*The line graph shows the proportion of spending on health in four countries from 2001 to 2017 in billions of pounds.*

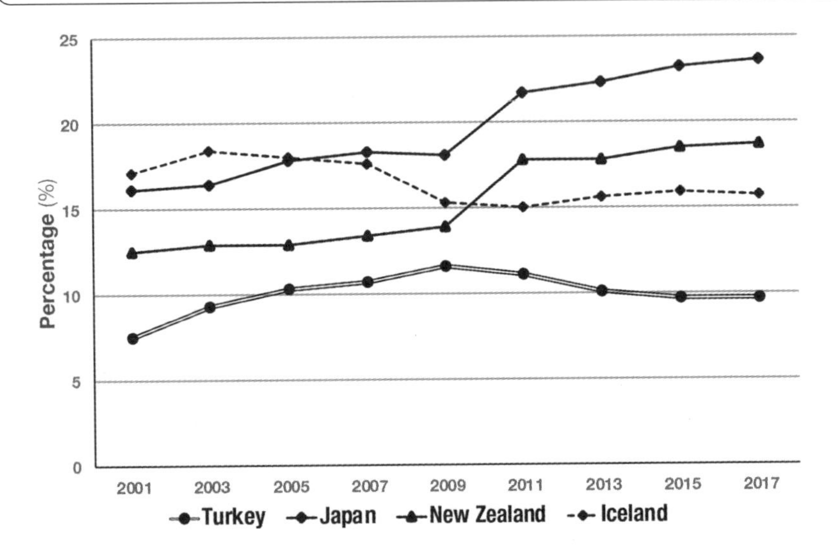


## 3. Table（表）

桁数が多い数で出題されることがあるため，正確で素早い計算力が要求されます。以下の例題は「変化型」の表です。

*The table below shows the number of primary school teachers in four countries between 1993 and 2017.*

| | 1993 | 2001 | 2009 | 2017 |
|---|---|---|---|---|
| Japan | 440,769 | 362,605 | 396,388 | 417,071 |
| Russia | 385,000 | 335,505 | 277,657 | 309,219 |
| the Philippines | 317,012 | 362,427 | 435,385 | 482,743 |
| Egypt | 288,891 | 352,911 | 382,488 | 511,478 |

## 4. Pie chart（円グラフ）

2つ以上の円グラフを比較描写します。出題頻度が高いのは**3つか4つ**で，まれに5つ以上で出題されることもあります。以下は「**対比型**」のグラフです。

***The charts below show data on how students at two different colleges go to campus.***

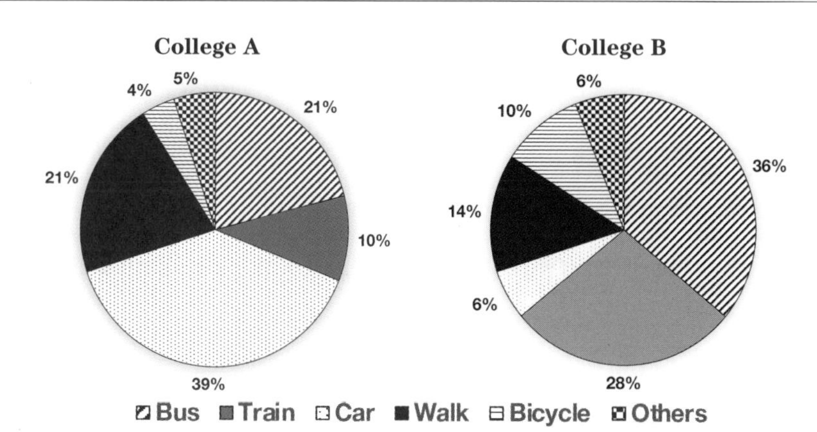


## 5. Two charts（2種類のグラフ）

これは1～4のグラフのうち2つが混ざったグラフを指します。例えばLine graphとPie chartといった具合です。書き方としては，互いに関連性がある場合はそれに触れながら，関連性がない場合は，グラフごとにパラグラフを分けて書くとよいでしょう。

***The pie chart below shows the sales of one retail company in 2018, and the line graph gives data on the total sales from 1980 to 2030.***

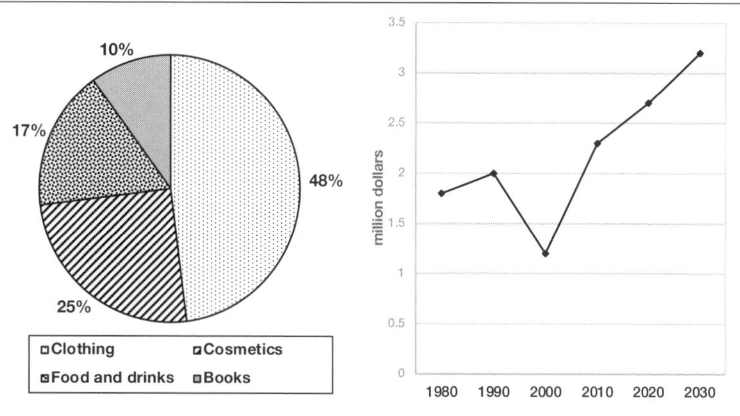




第4章

## 【グラフ問題】必須表現 12 項目を完全マスター！

ここからはTask 1 攻略に不可欠な表現を取り上げます。これらはIELTS だけでなく，留学後に statistics（統計学）関連の授業を履修した際にも非常に有効で，専攻に関係なく習得しておくべき語彙です。それでは早速，基礎表現から見ていきましょう！

### ① 最重要「示している」の表現をマスター

イントロダクションでの言い換えから，詳細な描写をする際に幅広く使用可能です。

#### 1.「～を示している」

**➤ illustrate / provide data [information] on ~**

例）The bar chart **illustrates** the size of the UK population in 1990, 2010 and 2030.

（棒グラフは，1990 年，2010 年，2030 年のイギリスの人口を示している）

#### 2.「（…の観点から）～を比較している」

**➤ compare / provide a comparison between ~ (in terms of ...)**

例）The table **compares** five companies **in terms of** annual sales of organic food.

（図表は，1 年間の自然食品の売り上げにおいて，5 つの企業を比較したものである）

#### 3. record / stand at / sit at

「～を示している」という意味で，幅広く使うことができます。

**record（～を示す，記録する）**

➤ 増加や減少などある特徴や変化が記録された場合に使います。stand at と異なり，受動態，能動態 2 つの用法で使うことができます。

例 1）A sharp fall in annual sales **was recorded** in Company A. ⇒ **受動態**

例 2）Company A **recorded** a sharp fall in annual sales. ⇒ **能動態**

（A 社では，大幅な年間売り上げの減少が見られる）

### stand [sit] at +数値（～を示している）

➤ 主語には number や figure などの数や量を表す語や，人口，売り上げ，失業率，気温など特定の数値を伴う語が来ます。

例）The world's population **stood [sat] at** around 3.7 billion in 1970.
（世界の人口は，1970年におよそ37億人であった）

## ②「数・量」と「割合」を表す６の表現をマスター

### 1.「個体数」を表す the number of ～

student, visitor, shop, car などの可算名詞を修飾します。

例）**The number of international students** significantly rose in the 2000s.
（留学生数は2000年代に大幅に増加した）

また，特定の名詞と結びついて次のようにもよく使われます（必ず s が付きます）。

student **numbers**（学生数）/ visitor **numbers**（訪問者数）/
tourist **numbers**（観光客数）/ passenger **numbers**（乗客数）/
patient **numbers**（患者数）/ staff **numbers**（従業員数）

### 2.「量・個体数」を表す the amount of ～

通常，不可算名詞と用います。Task 1 で頻出の不可算名詞には water, electricity, waste, traffic などがあります。

例）**The amount of garbage** produced in City X slightly dropped in 2005.
（X市で出されたごみの量は，2005年にわずかに減少した）

また，amount より使用範囲は狭くなりますが，類語の quantity も重要です（不可算名詞のみ修飾可能）。次の用法でよく使うのでチェックしておきましょう。

・the **quantity** of oil [electricity / coal / imports / sugar / alcohol]

▼第4章

## 3.「割合」を表す the percentage of / the proportion of / the share of / the majority of

ニュアンスの違いとしては，**percentage** は「**数**」を直接指し，一方 **proportion** と **share** は 100% の中での「**部分**」に焦点を当てた語です。特に percentage は high / low と，proportion と share は large / small と相性がよいのでセットで覚えておきましょう。

> 例）Books accounted for **the largest share of** the total sales in 2010.
> （書籍は，2010 年の総売り上げの**最も高い割合**を占めていた）＊ **account for ~**：～を占める

最後に，the majority of は 51% 以上の数値描写に用い，強調する場合は **the vast majority of** ~（目安として 70% 以上）のように vast を付けます。

## 4.「数全般」を表す the figure for ~

1～3のすべて（個体数, 量, 割合）に使うことができる便利な語です。ただし,「～の数値」とする場合，前置詞が **for** になる点に注意してください。また，特定の**数が来た場合は of** になります。次の例で確認しておきましょう。

> · **the figure for** the previous years（前年の数［量／割合］）
> · the average **figure of** 20%（平均 20%）

この他にも，**sales figures**（売上高），**population figures**（人口），**unemployment figures**（失業率）もフレーズで覚えておいてください。

## 5. 表現の幅を広げる volume / size / level

この３語は表現の幅をさらに広げるために有効で次のような違いがあります。

> · **volume: 量を表し，amount との置き換えが可能**
> 例）sales volume（売上高）/ production volume（生産高）/ traffic volume（交通量）
> · **size: 個体数・量・規模を表す。**
> 例）population size (s)（人口）/ household [family] size（世帯の大きさ）
> · **level: 数・量・率・規模すべてに使用可。特に次の語が頻出。**
> 例）spending level(s)（支出額）/ consumption level(s)（消費量）
> unemployment level(s)（失業率）/ production level(s)（生産量）

ちなみに，この3語はすべて“the volume [size / level] of ~”に書き換えが可能です。例）population size ⇒ the size of population

### 6.「内訳，分類上の数値」を表す breakdown

見慣れない単語かもしれませんが，統計で非常によく使われます。ただし，**各数値が明確に示されている場合**に用い，特に **Table** や **Pie chart** で頻度の高い語です。ですので，基本的に Line graph や Bar chart では使わない，と思ってください。コロケーションとしては，次のような語とよく結びつきます。

- **show [provide] a breakdown of** ~（～の内訳を示している）
- give **a regional breakdown for** 2011.（地域ごとの内訳）
- The table illustrates **the percentage breakdown for unemployment by age group**.（年齢別の失業率の割合の内訳）

それでは続けて「**増減**」を表す表現を見ていきましょう。

▼第4章

## ③「増減」と「程度」を表す表現をマスター

「**変化型**」のタイプが出題された場合，増減を描写するための表現は必須です。増減の種類により使い分けが重要です。まずは基本表現から見ていきましょう。

| | 動詞 | 名詞 |
|---|---|---|
| 一般的な増加 | increase / rise / grow / climb<br>*be* on the rise [increase] | an increase / a rise /<br>growth / a climb |
| 急激，大幅な増加 | surge / soar | a surge / a spike |
| 上昇傾向 | show [represent] an upward [increasing / growing] trend | |
| | 動詞 | 名詞 |
| 一般的な減少 | decrease / decline / drop / fall /<br>dip / *be* on the decline [decrease] | a decrease / a decline /<br>a fall / a drop / a dip |
| 急激，大幅な減少 | plummet / plunge / slump | slump / plunge |
| 減少傾向 | show [represent] a downward [declining/decreasing] trend | |

**ここに注意①　➤次の増減を表す表現はインフォーマルなので使用禁止です。**

［増加］✕　go up / skyrocket / shoot up

［減少］✕　go down / nosedive / take a nosedive

**ここに注意②　➤主語と動詞の一致に注意！**

増減を表す動詞を使う際の主語は number, amount, percentage, proportion, share, figure, volume, level, size, price などの**数値を表す名詞**が来ます。よって，次のように**人や物などの物質名詞を主語にすることはできません**。

［✕］**Tourists** visiting the UK has increased by 20% over the last decade.

［○］**The number of tourists** visiting the UK has increased by 20% over the decade.

ただし，次の名詞は increase や decrease の主語として使用可能です。

➤ demand, value, sale, ownership, production, consumption, employment, traffic など

次は「**程度**」を表す表現を見ていきます。増減を詳細に描写するためには「**どの程度の変化か**」を明確にしなければいけません。つまり，単に「減少した」とするのではなく，「**わずかに減少した**」，「**大幅に減少した**」など形容詞や副詞を用いて修

飾することが大切です。ここではこういった程度を表す表現を見ていきましょう。

| 程度 | 形容詞 | 副詞 |
|---|---|---|
| 大幅 | significant /substantial /considerable / dramatic / sizeable / exponential | significantly / substantially considerably / dramatically |
| 急激 | sudden / rapid / sharp / steep | suddenly / rapidly / sharply / steeply |
| 少し | small / slight / marginal / modest / minor | slightly / somewhat / marginally |
| 徐々 | gradual / slow / moderate / incremental | gradually / slowly / incrementally |
| 一定 | constant / continuous / steady / solid | constantly / continuously / steadily |

これらは先ほど紹介した動詞や名詞とあわせて使います。動詞は副詞と，形容詞は名詞と結びつきます。

例）significant growth（大幅な増加）／ a sharp fall（急激な減少）
constantly rise（絶えず上昇する）／ gradually decline（徐々に減少する）

**ここに注意③　➤「副詞の位置」を理解して運用すべし！**

副詞は「**動詞の前に置く**」のが一般的なので，Sales **gradually** increased. のようにします。ただし，Sales increased **gradually**. のように動詞の後ろに置くことも可能で，これは副詞を**強調したい場合や**，**他の物と対比する場合**です。よって，描写する内容により使い分けが必要です。

では，最後に「**近似**」や**比較級を用いた表現**を見ておきましょう。図から明確な数値がわかりにくい場合や，端数を切り捨てたい場合に有効です。例えば，3.93 million のように書かれていれば，around 4 million のように表記するということです。

| ～に近い | almost / nearly / close to | おおよそ | around / about / roughly / approximately |
|---|---|---|---|
| ～より多い | more than / over / above | ～より少ない | less than / under / below |

「**おおよそ〜**」とする場合，上限 ± **10%** を目安としてください。例えば **around** 50% とすると，45~55% の範囲となります。ただし million を超える数値，例えば 5 million とすると，± 5% 以下が理想的です。また，almost / nearly / close to は「**一歩手前**」という意味なので，**nearly** 50% とすると，45% 〜 49.9% となります。

## ④「前置詞の使い分け」表現をマスター

増減を正確に描写する際に重要な鍵を握るのが「**前置詞**」の使い分けで，誤った使い方をすると読み手を混乱させてしまいます。例えば rise **to** 20%（20% まで上昇する）と rise **by** 20%（20% 増える）は意味が異なります。次の表を参照し，使い分けを理解して運用力を挙げていきましょう。

| 前置詞 | 解説 | 例 |
|---|---|---|
| **by** | 「**差**」を表し，〜増加，減少した，と表現する場合に使う。（ただし，by が省略される場合もある） | rise **by** 30%<br>（30% 増加する） |
| **to** | 「**到達**」を表し，「増加，減少して…になる」と表現する場合に使う。 | dip **to** 30%<br>（減少して 30% になる） |
| **at** | 「**点**」を表し，特定の数値を指し示している際に使う。 | stand **at** 30%<br>（30% を示している） |
| **of** | 「**所有**」を表し，名詞とセットで使う。 | an increase **of** 30%*<br>（30% の増加） |
| **from** *A* **to** *B* | 「**変化域**」を表し，A と B には特定の数値が入る。 | drop **from** 30% **to** 5%<br>（30% から 5% に減る） |

* a 30% [per cent / percent] increase のように数値を前にして書くこともできます。また，数値が「〜%」のような割合以外の場合も同じです。

➤ an increase of £5 million = a £5 million increase

ただし，次のように特定の名詞が付いた場合は前に置くことはできません。

［✕］800 students increase → ［○］an increase of 800 students

## ⑤さまざまな変化・特徴表現をマスター！

ここでは増減以外の変化や状態を描写する表現を取り上げます。次の Bar graph を用い詳しく見ていきます（すべての例文はこのグラフを描写したものです）。

### Sample question 1

***The graph below shows population changes in three countries from 2000 to 2050 in millions.***

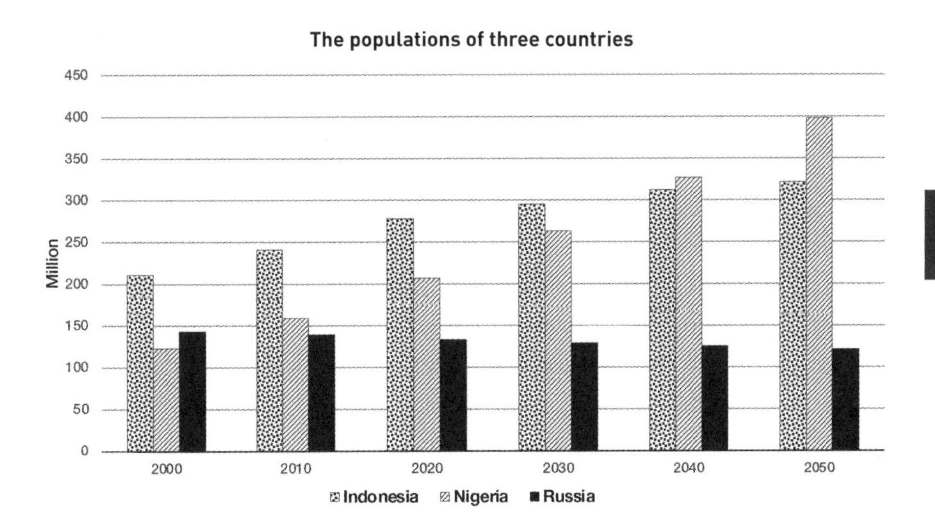




### 1. 目立つ特徴はこう書こう！

**目立つ特徴**は必ず描写する必要があるので，次の表現を使います。

➤ It is clear [evident / noticeable / notable] that SV.（SV であることは明らかだ）

➤ What particularly stands out (in this graph) is ~.（特段目立つのは～だ）

➤ One of the most striking [notable / marked] features [changes] is ~.
（特段目立つ特徴［変化］のひとつは～だ）

例 1）**It is clear that** substantial population growth is indicated for Nigeria and Indonesia.

（ナイジェリアとインドネシアでは，大幅な人口増加が示されているのは明らかだ）

例 2）**What particularly stands out in this graph is** exponential growth shown for Nigeria.

（グラフで特段目立つのは，ナイジェリアの人口が大幅に増加していることだ）

### 2.「安定」はこれで書こう！

変化がほとんど見られない場合は「**変化がない**」と表現することが重要です。

➤ remain unchanged [the same / stable / static]

➤ stay unchanged [at the same level]

例）Russia's population **remained largely unchanged** at close to 150 million until 2020.

（ロシアの人口は，2020 年まで 1 億 5000 万に近い位置で変化がほとんど見られない）

### 3. 予測値（projection）はこれで書こう！

グラフ問題の場合，上記のように予測値が示されていることがあります。その場合は次の表現を用いて「**～することが予測される**」を用いて描写しましょう。

➤ *be* projected [predicted / expected / set] to *do*

例 1）The population of Nigeria **is projected to** reach nearly 400 million in 2050.

（ナイジェリアの人口は，2050 年に 4 億人近くに達すると予測されている）

次のように増減を表す語を主語にして，受動態で使うと表現の幅が広がります。

例 2）A substantial increase of around 100 million people **is expected** in Indonesia during the 50-year period.

（50 年の間で，インドネシアは約 1 億人の大幅な増加が見込まれている）

## 4.「超過」はこれで書こう！

特に Line graph や Bar chart では「A（の数値）が B（の数値）を上回る」という現象を描写する機会があります。次の表現を用いて書きましょう。

- ➤ **overtake**: 目的語は**一般名詞**
- ➤ **exceed**: 目的語は**数値や数量を表す名詞**
- ➤ **surpass**: 目的語は**数値，一般名詞両方可能**

例 1）The population of Nigeria **exceeded** 200 million in 2020, with the figure predicted to nearly double in 2050.
（ナイジェリアの人口は，2020 年に 2 億人を超え，2050 年には 2 倍近くになると予測されている）

例 2）Nigeria is set to **overtake** [**surpass**] Indonesia in 2040, with its population rising to approximately 330 million.
（ナイジェリアは 2040 年にインドネシアを超え，人口は約 3 億 3000 万に達すると予測されている）

具体的な描写方法が少しずつクリアになってきましたか？　それではもうひとつ別のグラフを用いてさらに詳しい描写方法を見ていきます。前半戦終了まであと一息です。頑張りましょう！

Sample question 2

***The graph below shows sales figures of two companies from 1990 to 2020 in billions of dollars.***

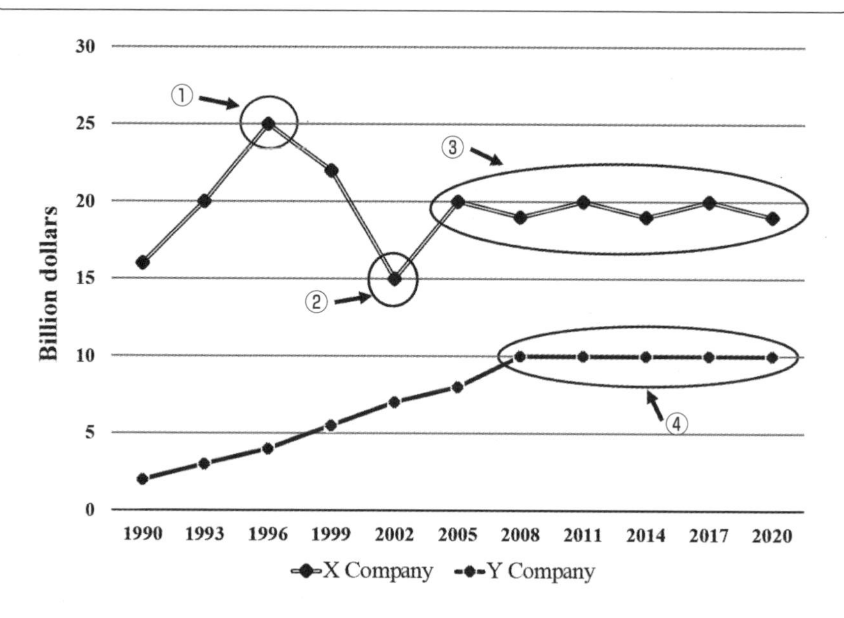


## 1. 最高値と最低値はこう書こう！

**最も高い値**と，**最も低い値**は目立つ特徴なので，描写する必要があります。上記では①と②がその一例で，次の表現を用いて表します。

［最高値］：peak（at 数値）/ reach a peak [the highest point]（at 数値）
［最低値］：hit a low of 数値 / fall to the lowest point（at 数値）

例）The sales of X Company **peaked at** $25 billion in 1996 but the figure then saw a consistent decline, **hitting a low of** $15 billion six years later.

（X 社の売り上げは 1996 年に 250 億ドルで最高値に達したが，その後減少し続け，6 年後には 150 億ドルの最低値に達した）

## 2. 度重なる変動（frequent changes）はこれで書こう！

グラフの③にあるように，2005年～2020年のX Companyの売り上げは増加と減少を繰り返しています。

| 動詞 | 相性のよい副詞 / 形容詞 |
|---|---|
| **fluctuate**（変動する） | wildly / significantly / considerably / constantly |
| **fluctuation**（変動） | wild / significant / steady/ minor / continual |

fluctuationはthere is構文と相性がよく，他にも *be* shown, *be* recorded, (can) *be* seenとも使用可能です。また通常，複数形で使います。例文で確認しておきましょう。

例1）X Company's sales **fluctuated between** $19 billion and $20 billion for 15 years from 2005.
（X社の売り上げは，2005年から15年間190億ドルと200億ドルの間で変動した）

例2）**There were continual fluctuations** in the sales figures for X Company, continuing to rise and fall between $19 billion and $20 billion from 2005 onwards.
（X社の売り上げは断続的に変動し，2005年以降は190億ドルと200億ドルの間で増減が繰り返された）

## 3.「停滞」はこれで書こう！

先ほどの「安定」と似ていますが，使い分けが重要です。「**停滞**」とは，**上昇傾向が続いていた後に止まって動きがなくなる状態**のことです。グラフでは④を指し，次の表現を使います。

➤ stabilise / stagnate / level off / reach a plateau

では例文で用法を確認してみましょう。

例）After rising steadily from 1990 to reach a high of $10 billion in 2008, the figures then **stagnated** [**stabilised**] for the remaining* 12 years recorded.
* **remaining**：残りの
（1990年から徐々に上昇し，2008年に最高値100億ドルに達した後，記録されている残りの12年間は停滞した）

第4章

では最後に，幅広く運用できる動詞を紹介していきます（p.130 のグラフとは関係ありません）。

- **near**（～に近づく = approach）：**near** the peak（最高値に近づく）
- **total**（合計～になる = amount to）：**total** 3 million（合計 300 万になる）
- **slow**（緩やかになる）：Growth began to **slow**.（成長が緩やかになり始めた）
- **equal**（～と同じになる）：
  *be* expected to **equal** 15%（15% になると予測されている）
- **return to growth**（増加に戻る）：
  **return to growth** following a sharp decline（大幅な減少の後に増加に戻る）

以上でグラフ問題重要表現のレクチャー前半戦は終了です。お疲れ様でした。なかなかのボリュームでタフだったかもしれませんが，例文はすべて暗記するくらいの勢いで定着させていってくださいね。それでは後半戦にまいります。少しブレイクしてから引き続き頑張っていきましょう！

## ⑥倍数表現をマスター

すべてのグラフで，「～倍になった」「…の 3 分の 1 である」といったように倍数を表す表現は不可欠です。ここではさまざまなバリエーションを学んでいきましょう。

### （1）「倍数動詞」を用いた用法

・2 倍：double　3 倍：triple　4 倍：quadruple　5 倍：quintuple　半分：halve

例）House prices have more than **doubled** in some areas of the UK in the 21st century.
（21 世紀，イギリスのいくつかの地域では，住宅価格が倍以上になった）

### （2）増減を表す動詞 + by ... times [分数／half ／ a quarter など]

例 1）grew by **five times** in the 1990s（1990 年代に 5 倍になった）
- 小数点を使う場合は，grow by **5.5** times higher のようにアラビア数字を用います。
- 「2 倍になる」は grow [increase] by twice ではなく，**double** を使うのが一般的です。

例 2）decline by **two thirds** since its peak（ピーク時の 3 分の 2 減少する）

・分数の場合は**分子が 2 以上の場合は，分母を複数形**にします。

➤ 3 分の 1 : a [one] third　3 分の 2: two thirds　5 分の 2: two fifths
4 分の 3（75%）は，grow by three quarters のように quarter を複数形にします。

## (3) ... times [分数 / half, quarter / double, triple, quadruple, quintuple] + the number [amount / proportion / size などの量，数，割合を表す語]

例 1）Over **six times the number of** tourists visited the site in 2006 compared with 2002.
（2006 年は，2002 年と比べて 6 倍を超える観光客がその場所を訪れた）

例 2）The UK has over **twice the proportion of** teachers aged under 30 than other countries shown.
（イギリスは，30 歳未満の教員の割合が他国の 2 倍を超えている）

## (4) ~ fold（~倍）：tenfold のように使われ，次の 2 つの形で用います

・**副詞として increase か rise とのセット**：increase **fivefold**（5 倍になる）
・**形容詞として increase か rise とのセット**：a **twelvefold** rise（12 倍）」

例）Sales **increased more than fivefold** during the 2010s.
= More than **a fivefold increase** can be seen in sales during the 2010s.
（2010 年代，5 倍を超える売り上げがあった）

## ⑦「構成」を表す表現をマスター

Task 1では「～が…%を占める」のように「**構成**」を描写する機会が多くあります。ここでは次のPie chartを用いてさまざまな表現を身につけていきましょう。

The charts below show the percentage of citrus fruits produced on two different farms in Australia.

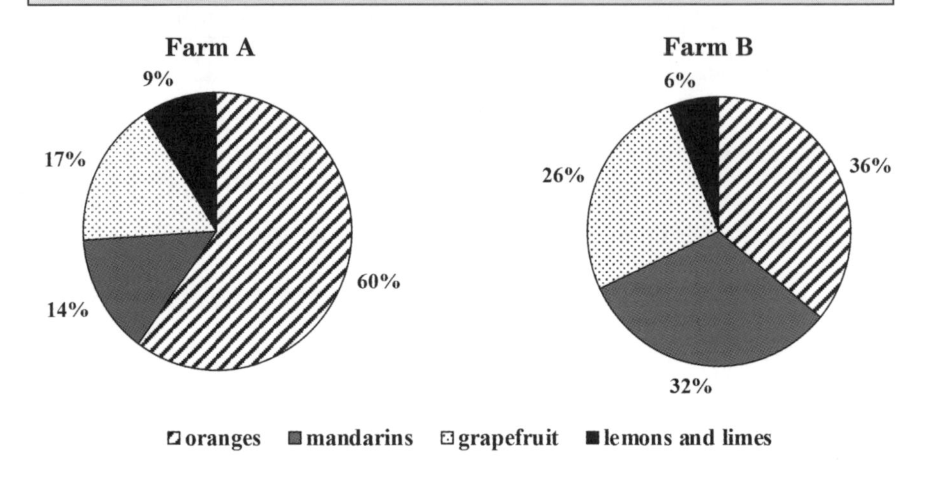


### 「～%を占める」はこう書こう！

Aが～%［大部分，4分の1など］を占めている，とする場合は次の表現を使います。

➤ 主語 + **account for [comprise / make up / constitute]** +
～ % [**分数 / half / quarter / the largest share / the majority** など] (of ~)

例1) On Farm A, oranges **account for a sizeable proportion of** its total output* at 60%.

* **output**：生産量

(A農場では，オレンジは全生産量の大部分である60%を占めている)

例2) On Farm B, oranges and mandarins **comprise approximately one third of** the entire output at 36% and 32% respectively.

(B農場では，オレンジとマンダリンはおおよそ3分の1を占めており，それぞれ36%，32%となっている)

この他にも share は **take [capture] the largest share of ~**（～の大部分を占める［シェアを得る］）もよく使うので一緒に覚えておきましょう。

## ⑧「比較・対比」表現をマスター　その1

問題文には **make comparisons where relevant**（関連性のある場合は比較しなさい）とあります。つまり，各項目を個別に単に増えた，減ったと描写するのではなく，「**比較**」「**対比**」しながら書くことが不可欠です。ここでは先ほどの Pie chart をもとに，比較と対象表現をマスターしていきましょう。

### 1.「対比」はこれで表そう！

「A は～だが，**一方で** B と C は…である」のように，項目を「**対比**」させる機会が非常に多くあります。この場合は次の語を使うと効果的です。

| | 表現例 |
|---|---|
| 接続詞 | while / whereas* / whilst（一方では～）　＊通常文頭でなく文中で使います。 |
| 動詞 | contrast (sharply) with（～と対照的である）<br>show [make] a stark [sharp] contrast with（～と極めて対照的である） |
| 副詞<br>形容詞 | by [in] contrast（対照的に）/ on the other hand（一方では）/<br>conversely（反対に）/ similar / similarly / likewise（同様に）/<br>in a similar [the same] way（同様に） |
| 前置詞 | unlike（～とは異なり）/ as opposed to（～とは正反対で）<br>(when) compared to / in comparison with（～と比較すると） |

それではこれらをいくつか用いて，pie chart を描写していきます。

例 1）Oranges take the largest share on Farm A **whereas** Farm B divides* its citrus types more equally.　　*** divide ~ equally**：～を均等に分ける

（A 農場ではオレンジが大半を占めている一方，B 農場では，もっと均等な割合に分かれている）

例 2）Mandarins are the second major source of crop on Farm B, making up nearly one-third of the total output. **By contrast**, this fruit only represents less than half that figure* on Farm A.

*** that figure** は前文の **nearly one third of the total output** を指す。

（マンダリンは B 農場で 2 番目の主力作物であり，全体の 3 分の 1 近くを占めている。それとは対照的に，A 農場ではその半分未満しか作られていない）

例 3） Lemons and limes account for by far the smallest amount on Farm B, at only 6%. **Similarly**, a relatively low volume is shown on Farm A, comprising less than a tenth of the overall yield.

（B 農場では，レモンとライムは，6% とはるかに低い数値を示している。同様に A 農場では，この 2 つのフルーツは比較的割合が低く，全体生産量の 10% 未満となっている）

## ⑨「比較・対比」表現をマスター　その 2

ここでは「比較級」と「最上級」を取り上げ，精度をアップさせる 4 つの表現を紹介します（ここからの例文はグラフとの関連性はありません）。

### 1. 比較級を強調する “significantly, substantially, considerably”

比較級の強調に使われるのは much が一般的ですが，この 3 語を使うとエッセイ向きでフォーマルなトーンに変わります。

例） The figure was **substantially lower** than the average price.

（その数は平均価格よりもはるかに低かった）

### 2.「最も～ない」を表す “least”

特に次のように《**the least ＋形容詞＋名詞**》の形で運用します。

例 1） Cycling is **the least popular** mode of transport among young people in City A.

（A 市では，サイクリングは若者の間で，最も人気がない交通手段である）

例 2） Comedy was **the least watched** TV genre out of seven categories in 2007.

（2007 年ではコメディは 7 つのカテゴリーで最も観られていないテレビジャンルであった）

### 3.「最も～に使われている」を表す “the most ~ used”

この表現は～の箇所に commonly, widely, frequently のいずれかを入れて表す最上級の用法です。次のように非常に幅広く運用が可能です。

例 1） **The most frequently used** medium is the internet, followed by television and radio.

（最も頻繁に使われている媒体はインターネットで，テレビとラジオがそれに続く）

例 2）The bus was **the most widely used** mode of transport in Sydney until 1998.
（1998 年まで，バスはシドニーで最も幅広く使われている交通手段であった）

### 4.「最も訪れる人が多い～」を表す “the most visited ～”

Task 1 では観光客数の推移を表すグラフがよく出題されます。次の例文のように country, city, attraction などの場所を表す名詞を修飾します。

例 1）Clearly, Paris is **the most visited** city throughout the years shown.
（明らかに，パリは表に書かれている年代で最も訪れた人が多かった都市である）

例 2）National Park was **the third-most visited** attraction with over the 4 million mark in 2009.
（国立公園は，2009 年 400 万人を上回り，3 番目に観光客が訪れた場所であった）

▼第4章

## ⑩「時間」表現をマスター

年代が示されている場合，「～**年間の間**」や「…**から**～**まで**」のように特定の期間や時間を表すことが重要です。ここでは幅広い表現方法をマスターしていきましょう。

### 1.「～からそれ以降」を表す “from ～ onward(s)”

「～年**以降は**減少した」のように，特定の日時からその状態が続く場合に使います。

例）UK's unemployment rate began to decline **from 2013 onwards**.（2013 年以降）

### 2.「～年刻みに」を表す “at ～ intervals”

年代は 5 年や 10 年置きで表記されていることがよくあるので，活用できる表現です。特にイントロで役立つ表現で，～年の箇所は five-year のようにハイフンを使います。

例）The line graph compares the population levels of five different countries **at ten-year intervals between 1980 and 2050**.（1980 年から 2050 年まで 10 年刻みで）

## 3.「特定の期間」を表す“period と span”

特定の期間を表す際に有効です。まず period は次のような用法でよく使われます。

- **over [during] the period from** 1997 to 2019（1997 年から 2019 年の間）
- **during the** 30-year **period**（30 年間：《**数字+ハイフン+単数の名詞**》を付ける）
- **see a period of** growth [decline]（成長期［衰退期］を経る）

次に span は特に over と相性がよく次のように運用します。

- **over a span of** ten years = **over** the ten-year **span**（10 年間で）

## 4.「その後の，次の」を表す following と subsequent

例えば「その後の 5 年間は～」や「大幅な減少の後」のように次に起こる出来事や期間を表す際の必須表現です。

- for [over] the **following [subsequent]** two decades（その後の 20 年間は）
- **following** a sharp rise in demand（需要が急増した後）
  - ➤ この 2 つ目の following は前置詞用法で，subsequent は形容詞用法しかないので置き換えることはできません。また，subsequent は subsequently（その後は）のように副詞で使うことができます。

## ⑪「転換」を表す表現をマスター

ここで取り上げる表現は「**内容の転換**」を表す際に非常に重要です。これは3章で紹介したSignpostingの項目でも一部一覧で紹介しています。特に運用する機会が多い表現は次の7つです。

1. **Focusing on ~**（～に焦点を当ててみると）
2. **Examining ~**（～を詳しく見てみると）
3. **Turning to ~**（～に目を向けてみると）
4. **Regarding / With regard to ~**（～に関しては）
5. **The first point to note is (that) ~**（最初に触れるべき点は～）
6. **Another point to note is (that) ~**（他に触れるべき点は～）
7. **One final point to note is (that) ~**（最後に触れるべき点として = Finally）



これらは同じパラグラフ内で描写する側面が変わる場合，あるいは各パラグラフの最初に使われます。次の3つのボディパラグラフを示したエッセイの一部で，転換の流れをご覧ください（例のため簡略化してあります）。

**Focusing first on** the years from 1970 to the present, it is clear that ______________________________. **Regarding** the countries where figures fell, ______________________.

**Turning next to** projections, significant sales growth is expected in Canada and the UK. ______________________________________________
______________________________________________________________.

**One final point to note is** ______________________________________
____________________________.

このように特にパラグラフの最初に使うことで「このパラグラフは～について書きますよ」といった形で読み手に情報を伝えることができます。また，1～4の表現は上記のように **first** や **next** と一緒に使われ，この後に登場するマップや Task 2でも使える便利な表現です。

## ⑫ ワンランクアップ表現をマスター

最後に運用語彙の幅をさらに広げるための表現を取り上げます。7.0 以上を目指す方は，しっかりマスターして試験にのぞみましょう。

### 1. 列挙の順序を明確に示す "respectively"

「**それぞれに**」という意味で，前に列挙された複数の名詞が，後続の内容と同じ順番であることを明確にする副詞で非常によく使われます。

例）The bus and train were used by about 5 million and 3 million passengers **respectively**.

（バスと電車は，それぞれ約 500 万人と，300 万人の乗客が利用した）

➤ respectively がないと，bus が 5 million，train が 3 million を指すことが曖昧になるので順序どおりに続くことをはっきりさせるために respectively が必要です。

### 2.「～に次いで」を表す "followed by"

《～ **, followed by ...**》の形で用い，「～が起こり［～が存在しており］，その後に・・・が起こる［続く］」という意味で使います。Task 1 でにおけるスコア UP 表現のひとつです。

例 1）The working population of Japan reached its peak at 87 million mark in 1995 **followed by a gradual decline** afterwards*.

***afterwards**：その後は

（日本の労働人口は，1995 年に 8700 万人でピークに達したが，それ以降は徐々に減少した）

例 2）The largest number of international students (29,400) were recorded in 2019 for University A, **followed by** University B **with 27,800**.

（A 大学は，2019 年に最多の 29,400 人の留学生が記録され，B 大学はそれに次いで 27,800 人であった）

➤ このように，後ろに with と数値を付ければさらに表現力アップ間違いなしです。

### 3. 数値の後ろに付ける“mark”と“points”

まず mark（点）は数や量などさまざまな単位に使用でき，次のように使います。

例 1）Japan's population is set to fall below **the 100 million mark** by 2054.
（日本の人口は，2054 年までに 1 億人を切ると予測されている）

このように数値の後に使い，必ず“the 数値 mark”のように**定冠詞 the が必要**です。次に point は特に percentage と相性がよく，次のように使います。

例 2）Sedans* captured the largest share of 40% in 2004, which was over 12 **percentage points** higher than that of minivans.　* **sedan**：セダン型自動車
（セダン車は 2004 年に 40 のシェアを獲得し，これはミニバンより 12% 高い数値であった）

この mark と point は，毎回付ける必要はありませんが，表現の幅が広がります。

▼第4章

### 4. 生産者を表す“producer”と“- producing”

一般的には「生産者」のように人に使いますが，Task 1 では特に**国や企業，農場など何かを生産する団体**を描写する際に使われます。特によく結びつくのは oil, coffee, coal, meat などで，形容詞は large が最も相性のよい形容詞です。

例 1）Vietnam is **the second largest coffee producer** in the world, behind Brazil.
（ベトナムはブラジルに次いで，世界 2 位のコーヒー生産国である）

次に，producing は **coffee-producing** のようにハイフンを用いて書きます。

例 2）The US became **the largest oil-producing country [= oil producer] in 2020**.
（アメリカは，2020 年に世界一の原油産出国となった）

### 5. 順位を表す“top the list [graph] ”と“come (in) 序数”

カテゴリーの順位が明確に示されている場合に，それぞれ「最も高い数値を示している」，「～番目である」という意味で使う表現です。

例）While the UK **topped the list** with a total share with 82 percent, Denmark **came last** with 30 percent.
（イギリスは，全体の 82% のシェアで首位で，一方デンマークは 30% で最下位である）

これ以外にも **top the list [table] in terms of ~**（～の点において 1 位である）の形でも使われ，**stand in first place (with ~%)**（1 位である）も応用がきく表現です。
ただし，これらは使いすぎには注意が必要で，**順番が明確な場合のみに**使用してください。よって，基本は比較級や最上級をベースとして描写するようにしましょう。

以上で Task 1 で必要な表現集に関するレクチャーは終了です。長時間お疲れ様でした。何度も見直して少しずつ定着させていってくださいね。次は「文法」のスコアを UP させるためのレクチャーです。あともう少しです。引き続き頑張っていきましょう！

## 文法スコア UP テクニック ① 4つの構文をマスター！

ここでは文の構造にバラエティを付けることで，文法のスコア UP を可能にする構文を厳選して紹介していきます。これまで紹介した表現も登場しますので，復習の意味も兼ねて運用力を高めていきましょう。

### (1)「数・量・割合」を主語にした構造

➤ 最も一般的な用法で **number**, **amount**, **proportion**, **figure** などを主語にします。

> 例）**The proportion of** domestic students is projected to fall in 2033 onwards.
> （現地学生の割合は，2033 年以降減少すると予測されている）

ただし，この構造を使う場合は次のように主語が長くなる傾向にあるので，その場合は以下に紹介する他の文構造を使うようにしてください。

［△］**The number of foreign tourists who visited the garden from 2003 to 2019** dramatically increased. ⇒ 主語が長いので体裁が悪い

### (2) 受け身を用いた用法

➤ Task 1 では「**客観性**」を持たせることが重要な観点であり，**受動態が好まれます**。汎用性の高い表現としては，先に登場した **(can)** *be* **seen,** *be* **shown,** *be* **recorded,** *be* **projected [expected / forecast]** などがあります。特に (1) の the number of や the proportion of で英文をはじめがちな方は，是非受け身で文を始める習慣をつけましょう。

> 例 1）The smallest sales volume **was recorded** in Company XX in 2006.
> （2006 年代，XX 社では最も低い売り上げが見られた）
>
> 例 2）A dramatic fall of roughly €80 million **is forecast** for 2036 onwards.
> （約 8,000 万ユーロの大幅な減少が 2036 年以降起こると予測されている）
>
> 例 3）A sharp [stark] contrast **can be seen [is shown]** between Brazil and Australia.
> （際立って対照的な特徴が，ブラジルとオーストラリアに見られる）

### （3）see / witness / enjoy / suffer を用いた無生物主語構文

➤ 主語は人でなく，国名や，年代などの**無生物主語**で，「物事が～を経験する」「～が起こる」という意味で使われます。例文で確認しておきましょう。

例 1）**Japan** is expected to **see** a sharp decline in the working age population.
（日本では急激な労働人口減少が予測される）

例 2）**The 1980s saw** considerable development of the seaside area.
（その海辺の地域は 1990 年代に大きな発展を遂げた）

例 3）The brand **enjoyed** a rise of around 20% in sales online in the 2010s.
（そのブランドは，2010 年代にネット上での売り上げが 20% 増えた）

例 4）Botanical garden **suffered** a decline in visitor numbers from 2001 onwards.
（植物園は来場者数が 2001 年以降減少した）

このように特定の場所や，年代，時代が主語になります。ただし次の３つの項目に注意して使ってください。

* 例 2）のように年代や時代を主語にできるのは **see** と **witness** のみです。

** **enjoy** は一般的に **growth** や **rise** をはじめとした**ポジティブな名詞**を修飾します。

*** **suffer** は**減少**や失業率，経済の**下落**など**マイナスの意味の目的語**を取ります。

### （4）There is 構文を用いた用法

➤ グラフ問題の場合，《**There is ＋ 増減を表す名詞 ＋ in the number などの数，量，割合を表す名詞**》のセットで使います。

例）**There was a gradual reduction in the number of** criminal offences in Italy from 2003 to 2013.
（2003 年から 2013 年の間で，イタリアでの犯罪件数が徐々に減少した）

構文のバラエティはご理解いただけましたか？　普段書かれているエッセイをもう一度ご覧いただき，構文に偏りがないかその都度確認するようにしてくださいね。ではもうひとつ，さらに文法でハイスコアをゲットするための文法事項を見ていきましょう！

## 文法スコアUPテクニック② 4つのメソッドをマスター！

ここではスコアUPに直結する文法項目を厳選し，次のグラフをもとにした例文でレクチャーを行っていきます。

***The graph below shows percentages of total Australian exports to three major countries between 1993 and 2015.***

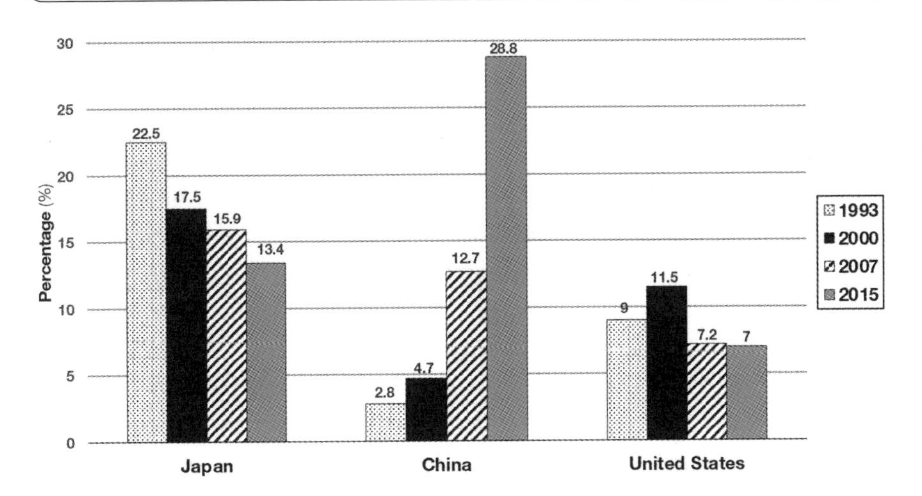


### （1）関係副詞の when を運用せよ！

関係副詞 **, when のようにカンマ**を付ける非制限用法は，特定の年代の後ろに付け，**~ in 2020, when SV.**（2020年に～。**そしてその時に**SV）のようにします。上記のグラフで早速描写してみましょう。

例1）In **1993, when** Japan's share, 22.5%, was significantly higher than those of other countries, China made up only one-eighth that figure of 2.8%.

（1993年，日本の割合が22.5%と他国よりも圧倒的に高く，中国はそのわずか8分の1の2.8%であった）

例 2) The highest percentage of 28.8% was recorded in China in **2015, when** the lowest figures are shown in Japan and United States at 13.4% and 7% respectively.

(2015 年，28.8% で最も高い割合が中国に見られるが，この時は日本と米国はそれぞれ 13.4%，7% と最も低い数値であった)

### (2)「そしてその後」は ～, after which か，before で書くべし！

例えば順序を書く際に，《..., and then ～.》《Next, SV.》のように毎回文を区切っていると途切れる回数が増え，文の流れが悪くなります。そこでこの《**, after which**》と《**, before**》を使うことで文にバラエティが出ます。

例 1) China saw a marginal increase of around 2% in 2000**, after which [before]** exponential growth was recorded both in 2007 at 12.7 % and in 2015 at 28.8%.

(中国は，2000 年にわずかに 2% 上昇し，その後 2007 年には 12.7%，2015 年に 28.8% と大幅に上昇した)

➤ この after which を書き換えると，～ in 2000, and then exponential ... となります。

例 2) The figure for United States peaked at 11.5 percentage points in 2000, **before dropping by over 40% seven years later**.

(米国の数値は 2000 年に 11.5% で最高値に達したが，7 年後は 40% 以上減少した)

ポイントは**必ずカンマを入れること**です。また，例 2) の ~, before *do*ing ...（～，そしてその後…）の構文が使えるのは，主語が前後半で同じ場合のみです。この表現は，**ダイヤグラムの順序**を描写する際にも有効なので覚えておきましょう。

### (3) 分詞構文の with を使いこなせ！

文法参考書では「**付帯状況の with**」と書かれています。これを使いこなせれば，文にバラエティが付きスコアも UP します。まず意味と用法を見ておきましょう。

**➤ with *A B*：A が B の状態で［A は B する／される］**

B は A との関係が**能動**（する）か，**受動**（される）かで形が異なります。つまり A が B するなら現在分詞（*do*ing），B されるなら過去分詞（通常 being は省略される）の形で書きます。また，B には形容詞や前置詞なども来ます。例文で確認しておきましょう。

例 1）Japan saw a steady fall over the 22-year period, **with its figure dropping** by nearly 10%.
（日本の数値は，22 年間継続して減り続け，10% 近く減少した）

例 2）A dramatic increase is shown for China from 2007 and 2015, **with its proportion more than doubling** to 28.8%.
（2007 年から 2015 年まで大幅な増加が中国に見られ，その数は 2 倍以上になり 28.8% に達した）

例 1 は**数が減少する**，例 2 は**割合が 2 倍になる**，名詞と動詞が**能動**の関係なので，それぞれ dropping, doubling のように現在分詞になっていますね。もうひとつ別の例文で確認しておきましょう。

例 3）The world population stood at about 7.8 billion in 2020, **with the figure set to reach** 9.7 billion in 2050.
（世界人口は 2020 年に約 78 億であったが，2050 年には 97 億に達すると予測されている）

この場合は，*be* set to *do*（*do* すると予測されている）という表現で，being が省略された形です。よって，この場合は，setting ではなく set となります。

## （4）2 つの倍数表現パラフレーズテクニックをマスター！

1 つ目は，パーセンテージによる**割合**を表すグラフで有効な方法です。これは語彙の幅広さだけでなく，繰り返しが減ることにより「**文と文とのつながり（cohesion）**」の改善にもつながります。例えば，グラフで 25% と書かれていれば，そのまま表記するのではなく，**a quarter** のように変える形です。次のような言い換えがその例です（数値は目安）。

| **20%** | one [a] fifth | **23, 24%** | nearly a quarter |
|---|---|---|---|
| **31, 32%** | slightly under a third | **46~54%** | around a half |
| **68%, 69%** | slightly over two thirds | **83 ~%** | well over three quarters |

加えて，fall from 5 million to 3 million（500 万から 300 万に減る）のような表現も，次のように書き換えることができれば，表現の幅がグーンと広がります。

・fall by **2 million**（200万減る）➤実数で表現
・fall by **40%**（40%減る）➤割合で表現

ただし**毎回言い換えると，どれを指すかわかりにくくなるので，適度にパラフレーズするようにしましょう。**

2つ目は，**倍数表現**（triple, half や分数など）を用いる方法です。

・drop from 24% to 6%（24%から6%に減少する）
・grow from $2 million to $5.9 million（200万ドルから590万ドルに上昇する）

これ自体は何の問題もありませんが，次のように変えるとワンランクUPします。

➤ drop from 24% to **quarter that figure [number]**（4分の1）
➤ grow from £2 million to **nearly triple that figure [number]**（ほぼ3倍）

違いがおわかりいただけましたか？　倍数表現に，前の数値を受けた《**that + figure [number]**》とすることでバラエティが出ましたね。加えて繰り返しも減り，かつcohesionもよくなるので，しっかりとマスターしておきましょう。

以上で，みなさんのエッセイのクオリティをグーンとアップさせる文法のレクチャーは終了です。少し難易度は高めですが，何度も見直して一歩ずつ習得していきましょう。あと少しです。次は攻略ポイントを見ていきます。

# グラフ問題攻略ポイント

## ◆ 攻略ポイント１　➤３つの鉄則を身につけよ！

グラフ問題では情報が多いため，どこから手を付けてよいか迷うとこがあります。まずは焦らず次の３つの順番に従い落ち着いて分析を行いましょう。

① **単位の確認**：～%か，～ドルか，～トンか，などをチェック！
② **時制の確認**：どの時制を使うかをチェック！
③ **情報の厳選**：書くべき情報とそうでない情報の取捨選択

特に③に関しては，いきなり書き始めるのではなく，まずは特段目立つ**特徴を３か４つ**見つけてください。この特徴というのは，特に**数値の差**や**増減の変化幅**が大きい点のこと，または**変化がない特徴**です。そして目立つ特徴を選ぶことができたら，残りの少しマイナーな特徴を加えていく，という順番で書いてください。

▼第4章

## ◆ 攻略ポイント２　➤「比較不足」に注意！

スコア UP ためには「比較の精度が鍵を握る」とお伝えしましたが，ここで注意すべき点は，「**比較が浅くならない**」ことです。次の円グラフと例文をご覧ください。

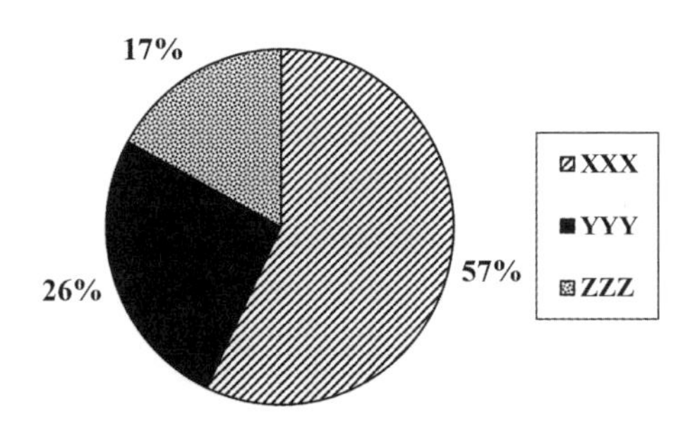


［△］ XXX accounts for 57% of the total, **whereas** ZZZ makes up 17%.

⇒これは whereas を使っているだけで，「数値の比較」が不十分です。ここは次のように比較級を使うと文が改善されます。

［○］ XXX accounts for 57% of the total, whereas ZZZ makes up **less than one-third that figure**.

（その数の３分の１に満たない）

⇒このように far less than という比較表現を入れ，かつ one-third（3分の1）のように分数表現を加えていますね。こうすることでより精度の高い比較が可能になります。「比較級」や「最上級」は意外と運用が少なくなりがちなので，しっかりと織り交ぜながら描写の精度を上げましょう。

## ◆ 攻略ポイント3　➤「変化率」にも着目せよ！

目立つ特徴とは**決して数値が大きい**というだけではありません。どの程度変化したか，という「**増減の幅**」，いわゆる「**変化率**」にも着目することが重要です。次の4か国の人口推移を表したグラフをご覧ください（単位は million）。

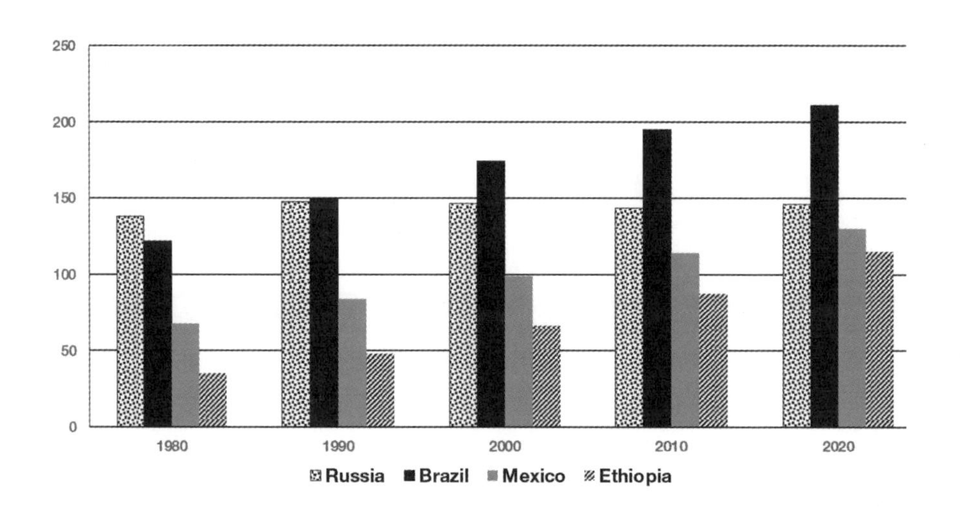


ブラジルやロシアの数値が高く目立つので，ここに目が行きがちですが，エチオピアに注目してください。40年間で人口は約8,000万人増え，この数値はメキシコのおよそ6,000万人増よりも高く，かつ増加率も約3倍になっています。このように数値自体がさほど高くなくとも変化幅が大きい場合は忘れずに描写してください。

## ◆ 攻略ポイント4　➤ 進行形は使わない！

増減の描写をする際に使いがちですが，現在進行形や過去進行形は「**一時的な要素**」が強いため，数十年間の長いスパンが書かれているグラフ描写には不向きです。よって，**過去形**，**現在（完了）形**，**未来形**を主として書くことを心がけましょう。

以上でグラフ問題での必須表現と攻略法のレクチャーは終了です。では最後に，数値の表記ルールをチェックして締めくくりましょう。

## 数値の表記ルールをマスター！

### ルール 1 ➤ 10 未満はスペルアウトする

［△］8 shops　［○］eight shops

### ルール 2 ➤ 文頭は数字をスペルアウトする

次のように数字で英文を始めることは原則禁止です。

［✕］250［○ Two hundred and fifty］students attended the event yesterday.

ただし，次のように特定の前置詞や副詞を付ければ問題ありません。

［○］A total of［Nearly / Around など］250 students attended the event yesterday.

### ルール 3 ➤ 桁の大きい数字は million や billion を使う

読みやすさの観点から，次のような表記は一般的ではありません。

［△］Around **sixty-one million and six hundred thousand** tourists visited Italy in 2018.

［△］Around **61,600,000** tourists visited Italy in 2018.

［○］Around **61.6 million** tourists visited Italy in 2018.

### ルール 4 ➤ % の前はアラビア数字で書く

［✕］twenty %　［○］20%

ちなみに % は **per cent**《主にイギリス英語》や **percent** のようにスペルアウトしても同じです。➤［○］20 per cent [percent]

ただし，**percentage と混同しないよう**注意してください。［✕］20 percentage

### その他 ➤ 単位は記号で書く（次の語は記号で書く方が効率的です）

| dollar → $ | pound → £ | euro → € | kilogram → kg |
|---|---|---|---|

この他に重さを表す「～トン」は，イギリス英語では tonne，アメリカ英語では ton を使います（どちらでの表記も可）。ただし，複数になるので注意。

→ 2 million **tonnes**

これで Task 1 攻略に不可欠なすべてのレクチャーは終了です。長時間お疲れさまでした。それでは，ここまで学習したことを活かして描写問題にトライしてみましょう！

## 「グラフ問題」描写トレーニングにチャレンジ！

ここからは本番に近い形式で描写問題にトライしていただきます。おすすめの方法は，一気にすべて解くのではなく，1問ずつ答え合わせすることです。こうすることで毎回学んだ内容を次の問題に活かすことができます。では早速まいりましょう。

◆ グラフを見て各指示に従い，空欄を埋めて文を完成させてください。

### （1）Table

***The table below shows the population of Sydney in 1965 and 2020, in millions.***

| 1965 | 2020 |
|---|---|
| 2.39 | 4.93 |



ア．以下の英文の下線部を，図中の 2.39 million と 4.93 million を使わずに書き換えてください。

・The population **dramatically increased from 2.39 million to 4.93 million** during the 55-year period.

→

イ．Sydney を主語にして文を作ってください。

→

ウ．population を主語にせず，**受け身を使って**文を作ってください。during the 55-year period の箇所はそのままです。

→

## (2) Pie chart

***The chart below shows the proportion of products produced on one farm.***

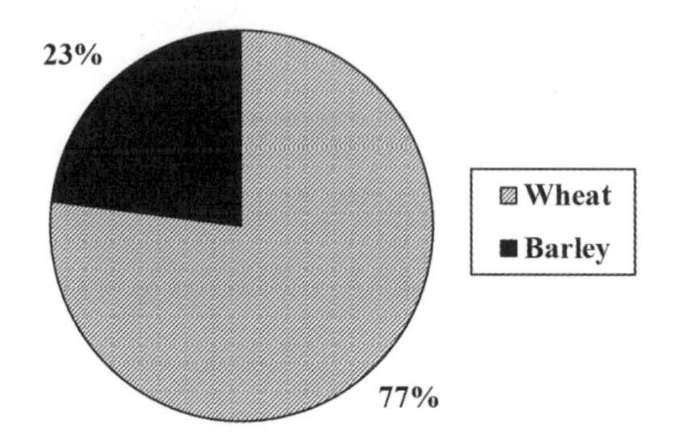


◆ ①は動詞，②は割合を示す表現が入ります（1 語 or 複数語）。また 77% と 23% は使わずに書いてください。

ア．Wheat ① [ ] ② [ ] of the total output.

イ．Barley ① [ ] ② [ ] of the total output.

ウ．The proportion of wheat is [ ] barley. ➤倍数表現を用いて

## （3）Bar chart

***The graph below shows the percentages of women in parliament in the Netherlands and France in 2009 and 2019.***

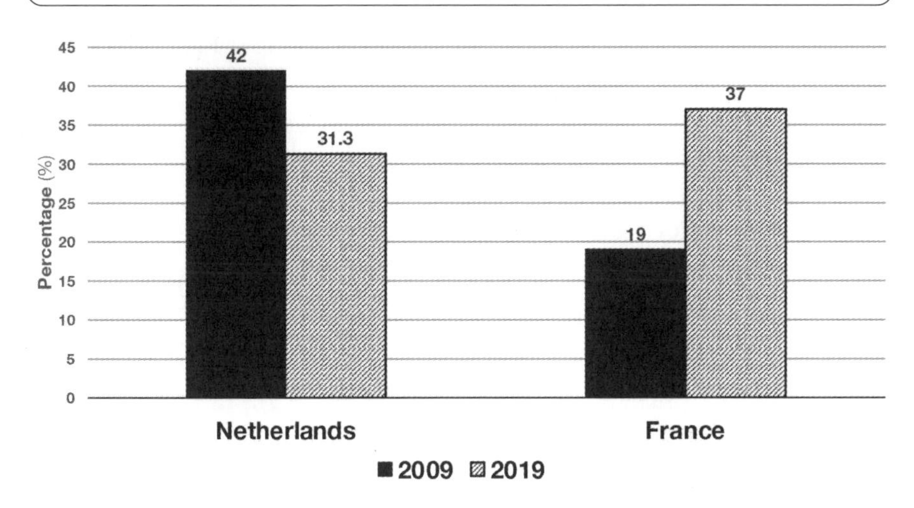


◆ グラフ中にある数値を使わずに適語を入れてください（すべて２語以上入ります）。

ア. In France, the participation rate grew from 19% to ①［　　　　　　　　　　　］, whereas in the Netherlands the figure fell by more than ②［　　　　　　　　　　　］ over the decade.

イ. In 2009, 42% of women were in parliament in the Netherlands, whereas less than ①［　　　　　　　　　　　］ was recorded in France. This trend, however, was reversed ten years later, when the Netherlands saw a drop of 11%, while France enjoyed ②［　　　　　　　　　　　］.

## 解答例・解説

* 解答が複数考えられる場合は，（a）（b）のように別々に表記されています。

### （1）Table

ア．（a）substantially [significantly] grew [rose] by approximately 2.5 million

（b）more than doubled to nearly 5 million

➤（a）は類語を用いた形です。後半の by approximately 2.5 million は，493 万 - 239 万 = 254 万となるので，この差を表現した形です。

➤（b）は動詞の double を用いた形です。まず，493 万は 239 万の 2 倍以上なので，more than を付けています。また，to は「到達」を意味し，500 万には達していないため，nearly が加えられています。

イ．（a）Sydney saw a substantial (population) growth of approximately 2.5 million during the 55-year period

（b）Sydney witnessed [enjoyed] a dramatic rise in its population of around 2.5 million during the 55-year period

➤（a）（b）ともに「～を経験する」という意味の see, witness, enjoy を用いて書かれています。

ウ．A significant rise of around 2.5 million can be seen [is shown / is recorded]

➤ A significant rise は A dramatic increase や A substantial growth でも OK です。

### （2）Pie chart

ア．① accounts for [makes up / comprises / constitutes]

② （a）the vast majority

（b）over [more than] three quarters [three fourths]

➤（a）は the majority だけでも構いませんが，vast を付ける方がより詳細に表現できます。

➤（b）の three quarters = three fourths のスムーズな言い換えは必須スキルです。

イ．① accounts for [makes up / comprises / constitutes]

② slightly under [nearly] a quarter

➤ quarter を用いて 23% を表現した例です。

ウ．（a）well over three times higher than that of

（b）more than triple the figure for

➤ 77% と 23% との対比で，77% は 23% の約 3.4 倍です。よって，（a）のように well（はるかに）を付けると表現の幅が広がります。また，（b）は形容詞の triple を用いた書き方です。

### （3）Bar chart

ア．① nearly twice [double] that figure [number]

➤ これは倍数表現と代名詞を用いた書き方です。ここの that figure [number] は，前の 19% を指します。これにより繰り返しが減り，cohesion が改善されます。

② ten percent / ten percentage points

➤ 2 つ目の point の表現方法は「⑫ワンランクアップ表現をマスターの③」で触れた書き方です。

イ．① half that figure [number]

➤ that figure は前述の 42% を指します。

② (a) almost double the amount of increase

(b) an increase of nearly double the amount (of 18%)

➤ これは France の女性議員割合が，19% ⇒ 37% を描写した形です。

以上で描写問題は終了です。さまざまな文法項目や語彙は正確に運用できましたか？　身につくまで何回もトライして少しずつ運用力を高めていってくださいね。

次はマップ問題です。気合を入れ直してまいりましょう！

## 「マップ問題」の概要をつかもう！

mapには店舗などの建物内の配置を表した**floor plan**と，街やキャンパスなど特定の地域の屋外の様子を表した**site plan**の２種類があります。**「過去と現在」，または「現在と未来」の変化を描写するケースが多く，「過去と過去」「過去，現在，未来」**の３種類の図を比較する問題も時々出題されます。例題で概要を確認しておきましょう。

***The maps below show how Buka Island changed between 1980 and 2020.***

**1980**

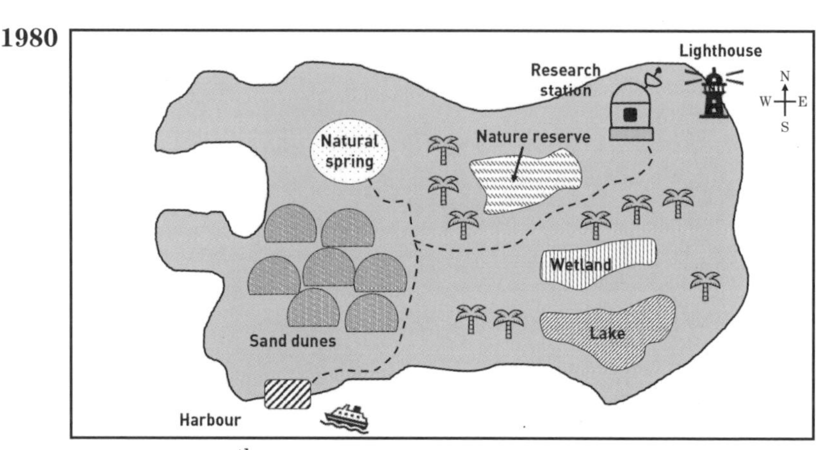


- - - - - path

**2020**

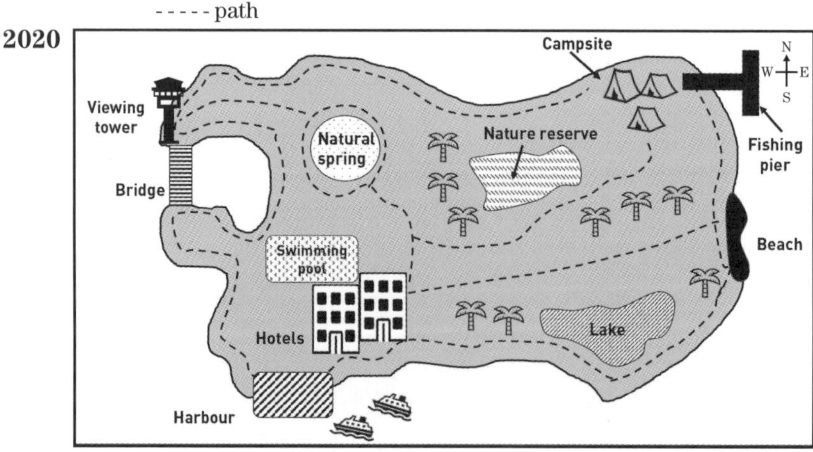

## 「マップ問題」攻略の必須表現をマスター

マップ問題はグラフに比べ使う表現が限られているので，比較的対策がしやすく，かつポイントをしっかりとおさえていれば得点源となりえます。まずは基本表現の確認からまいりましょう。

### ① 位置関係を表す表現をマスター！

マップ問題は**位置関係を明確に書くこと**が重要です。ポイントは site plan と floor plan で使う表現が異なるという点です。前者は屋外における方角，例えば北西，南東，後者は右上隅や下部といった形で描写します。下の図で確認しておきましょう。

#### Site plan（地図）［東西南北］

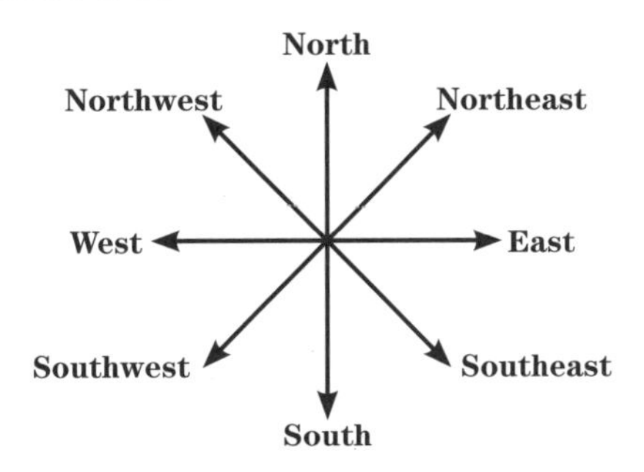


#### Floor plan（見取り図）［上下左右］

| the top [upper] left corner | the top centre | the top [upper] right corner |
|---|---|---|
| the centre left | **the centre** | the centre right |
| the bottom [lower] left corner | the bottom centre | the bottom [lower] right corner |

次に「～に位置している」と表現するための動詞表現を見ていきます。多くの場合，これらの位置関係を表す動詞とセットで用います。

| | Site plan | Floor plan |
|---|---|---|
| ～に位置している | *be* located [situated] / lie / sit | *be* positioned [situated] / sit |

例 1）The library **was located in the southeast of** the town in 1985.
（1985 年，図書館は街の南東に位置していた）

例 2）Vending machines **are positioned in the top left corner of** the floor.
（自動販売機はフロアの左上隅に位置している）

これ以外にも，シンプルに there is 構文を使って表すことも可能です。ちなみに，「〜に」に当たる前置詞は，描写する状況によって次のような使い分けが重要です。

| | 解説 | 例文 |
|---|---|---|
| **in** | 「**空間的要素**」が強く，何かの中に入っているイメージ。Floor plan で使うことが多い。 | *be* positioned **in** the top right corner of the room<br>（部屋の上部右隅にある） |
| **to** | 「**方向**」の要素が強く，「**〜の方に，方角に**」という意味。 | sit **to** the east of the town<br>（街の東の方に位置している） |
| **at** | 「**地点**」を指すイメージで，点として場所を考える場合に使う。 | *be* located **at** the corner of the street<br>（その通りの角にある） |
| **on** | 「**接触**」の要素が強く，何かに面して位置しているイメージ。 | *be* situated **on** the main road<br>（幹線道路沿いに位置している） |
| **along** | on と同じだが，こちらの方が長く沿っているイメージ。 | *be* situated **along** the river<br>（川に沿って位置している） |

この他の使用頻度の高い位置表現をチェックしておきましょう。

| | |
|---|---|
| 〜の端に | the edge of ~ |
| 〜の反対側に | across from ~ / on [to] the opposite side of ~ |
| 〜の隣に | close to / by the side of / next to /adjacent to |
| 〜に平行に（伸びている） | (*be* / run) parallel to ~ |
| 垂直に／〜に垂直に | vertically [perpendicularly] / perpendicular to |
| 真〜（真正面，真横など） | immediately / right / directly |
| 〜の方向に | northwards（北方へ）/ southwards（南方へ）/<br>eastwards（東方へ）/ westwards（西方へ） |

## ② 変化を表す表現をマスター！

マップでは状況に合わせて**どのように変化するか**を細かく描写することが大切です。ここでのポイントは「**受け身中心で書くこと**」で，これは，動作主ではなく**起こった出来事**に重きが置かれるためです。また，動詞と同時に名詞を使うことで表現の幅も広がります。さまざまな変化を見ていきましょう。

### 「増加・拡大」・「減少・縮小」を表す表現

| | 動詞 | 名詞 |
|---|---|---|
| （数，面積を）広げる | *be* expanded | expansion |
| 延長する | *be* extended | extension |
| （幅を）広げる | *be* widened | width |
| 建設する | *be* built / *be* constructed | building / construction |
| 作られる | *be* created | creation |
| 追加される | *be* added | addition |
| 新設される | *be* installed | installation |
| 狭くする | *be* narrowed | —— |
| 短くする | *be* shortened | —— |
| 取り壊す | *be* demolished [knocked down]* | demolition |
| 存在しない | *be* no longer there | —— |
| 取り払う | *be* removed [cleared] | removal / clearance |
| 切り倒す | *be* felled [cut down]** | —— |
| 変化がない | remain unchanged / be retained | —— |

* 主語は建物。
** 主語は木々のみ。

これらに加え，建物の数や，広さ，道路の長さなど特定の特徴を描写する際もあります。以下の表現はAとBとの表現を組み合わせで使いましょう。

| | A |
|---|---|
| **増加** | grow / increase / double / triple |
| **減少** | decrease / *be* halved / *be* reduced |

＋

| B |
|---|
| in size [height / width / length / number |

例）grow in number：数が増える　　*be* reduced in size：面積が縮小する
　＊halve は halve in size（広さが半分になる）のように自動詞用法も可。

## 用途・形・状態の変化を表す表現

マップ問題では，「駐車場がカフェに変わる」「町が近代的になる」といった変化を表すことがあります。ここでは「**A が B に変わる**」といったような，建て替えや，使い道が変わる変化を描写する表現を見ていきましょう。

| 動詞 | 解説 | 名詞 |
|---|---|---|
| *be* changed [turned] into | 用途や形の変化など，最も幅広く使うことが可能。 | change |
| *be* transformed into | 別の建物に変化したり，大きく様変わりする場合に使います。 | transformation |
| *be* converted into | 形や用途が変わる場合に使います。 | conversion |
| develop [grow] into | 「開発されて～になる」と表現する場合に使います。 | development / growth |
| *be* modernised [urbanised] | 小さな村や町が発展する場合に使います。 | modernisation [urbanisation] |
| *be* redeveloped | 特定の建物や地域が新しいものに変わる場合に使います。 | redevelopment |

## その他の変化

| | 動詞 | 名詞 |
|---|---|---|
| ～に取って代わられる | *be* replaced by | replacement |
| ～に取って代わられる | ・give way to ~<br>・make way [room] for ~ | —— |
| ～に移転する | *be* relocated to | relocation |
| ～を改装する | *be* renovated [remodelled] | renovation |
| ～（外観を）変える | *be* altered | alteration |
| ～を再設計する | *be* redesigned | redesign |
| ～を模様替えする | *be* redecorated | redecoration |
| ～の位置 [ 順番 ] を変える | *be* rearranged [repositioned] | rearrangement |
| ～を分割する | *be* divided (into) | division |
| ～を組み合わせる | *be* merged (into) | merge |

では最後に，マップ問題で必要なその他のさまざまな重要表現を見ていきましょう。

## その他の重要動詞表現

| | 意味 | 用例 |
|---|---|---|
| **lead to** | ～につながる | a path **leading to** the park（公園に続く道） |
| **run** | 延びている | a lane **running** east to west（東西に走る道） |
| **stretch** | 延びている | a road **stretching** to the east（東に延びる道） |
| **undergo (= see)** | （街や建物が）～を経験する | **undergo** major renovation（大幅な改修を経る） |
| **straighten** | ～をまっすぐにする | The road was **straightened**.（道路がまっすぐになった） |
| **bisect** | ～を２つに分ける | the railroad **bisecting** the town（町を２つに分けている線路） |
| **occupy** | ～を占有している | **occupy** most of the ground floor（1 階の大部分を占有している） |

第4章

## その他の重要名詞表現

| | 意味 | 解説，関連表現 |
|---|---|---|
| **blocks of flats** | マンション棟 | apartment blocks としても同じ。 |
| **residential area** | 住宅地 | housing area とも言う。 |
| **car park** | 駐車場 | parking space としても同じ。 |
| **carriageway** | 自動車専用道路 | dual-**carriageway**（片側二車線） |
| **cycle path** | 自転車専用道路 | cycle lane や cycle truck とも言う。 |
| **junction** | 道路の合流地点 | アメリカ英語では intersection と言う。 |
| **lane** | （road より狭い）道 | a two-**lane** road（2 車線道路） |
| **pedestrian crossing** | 横断歩道 | pedestrianise（～を歩行者専用にする） |
| **roundabout** | 環状交差路 | 日本で言うロータリーのこと。 |
| **thoroughfare** | 本通り | the main road と同じ意味。 |
| **perimeter** | （敷地の）境界 | sit **on the perimeter of** campus（キャンパスの境界に位置している） |
| **layout** | 配置，区画 | a proposed office [campus] **layout**（計画予定のオフィス［キャンパス］図） |
| **a row of** | 横並びの～ | **a row of** shops（横並びの店） |

### ③「予定」を表す表現をマスター！

グラフ問題同様に未来の特徴を描写する場合がありますが，使う表現が若干異なります。グラフでは「数値の予測」が主でしたが，マップ問題は「**予定**」「**計画**」の描写がメインです。次の３パターンの「予定」を表す表現をマスターしておきましょう。

#### 1. *be* to *do*（*do* することが予定されている）

高校で学習する *be* to do 構文のことで，to 以下は受け身で次のように使います。

> 例）The fire station **is to be relocated** to the opposite side of the main road.
> （消防署は大通りの反対側に移設予定である）

#### 2 due（予定されていて）

次のように *be* due to do や *be* due for ～の形でよく使います。

> 例 1）A football stadium **is due to be built** in 2040.（建設予定である）
> 例 2）The bridge **is due for completion [construction / demolition]**.
> （完成［建設／解体］予定である）

#### 3 planned / proposed / set / scheduled

すべて「予定されている」という意味で，以下のような用法でよく使われます。

**· be planned [proposed / set / scheduled] to be done の形**

特定の建物を主語にして不定詞の受け身（to be done）と一緒に使います。

> 例）The golf course **is planned to be halved** in size to make way for homes.
> （ゴルフコースは，住宅地に取って代わられるので半分に縮小されることになっている）

**·「変化を表す名詞」is planned [proposed / scheduled] の形**

この場合の名詞は construction や relocation など特定の変化を表す**抽象名詞**を主語として使います。

| 例）The construction of two shopping complexes **is scheduled** in 2035.<br>（ショッピング施設の建設が2035年に予定されている） |
|---|

他にも will や be going to もこのような予定を描写する場合に使うことが可能です。ただしよりフォーマル度が up する上記の表現を中心に書くことを心がけてください。

それでは最後に 7.0 以上をゲットするための**ワンランクアップ表現集**と**攻略ポイント**をチェックしておきましょう。

## ④ ワンランクアップ表現をマスター！

### 1.「利用可能」を表す "access と "accessible"

道路やビルなどの特定の場所を利用，または行き来することができる場合に使います。まず access は動詞と名詞で使われます。次の用法をおさえておきましょう。

| | |
|---|---|
| 名詞 | ・**access** is limited [restricted] to ~（利用は～に制限されている） |
| | ・allow direct **access** to ~（～への直接のアクセスを可能にする） |
| 動詞 | ・(can) *be* **accessed** via ~（～を通って着くことができる） |

次に **accessible**（利用［行き来］可能で）に関しては，以下の表現で使えるようにしておきましょう。

- **accessible** on foot [by boat / by car]（歩いて［船で／車で］行き来できて）
- **accessible** to the public [wheelchair users]（一般［車いす利用者］が利用可能で）

### 2. 区分を明確にする industrial, residential, commercial, recreational

多くの場合，site plan における施設や建物はこの4つで分類が可能です。

| 分類 | 建物や場所 |
|---|---|
| **Industrial**（工業） | factory / plant / railway line / port / warehouse / wasteland |
| **Residential**（居住） | blocks of flats / terraced house / retirement home / villa |
| **Commercial**（商業） | cinema / shopping centre / café / hotel / stadium / golf course |
| **Recreational**（娯楽） | park / playground / sports field / campsite / museum / garden |

毎回できるとは限りませんが，一定の固まりでこれらの区分ができれば次のようにまとめて書くことができます。

例 1) Dramatic **industrial development** took place in the village in the 1990s.

(その村では，1990 年代に大規模な産業開発が起こった)

例 2) Large areas of the farmland to the west side of the road have been **converted to residential use**.

(その道路の西側にある農地の大部分の地域は，住宅地に利用されるようになった)

例 3) **On the commercial side** of the town, a new cinema complex is to be built upon the wasteland.

(その街の商業地域には，荒れ地の場所に新たに映画施設が建設される予定だ)

## 「マップ問題」攻略のポイント

### ◆ 攻略ポイント 1 ➤ 5 つのポイントに焦点を絞ること

各建物や施設がどのように変化したかは，次の５つの観点に着目して分析を行うようにしましょう。

ここに着目！

- **Number**：数の増減はないか
- **Use**：用途が変わっていないか
- **Shape**：形が変わっていないか
- **Size**：大きさが変わっていないか
- **Location**：位置が変わっていないか

### ◆ 攻略ポイント 2 ➤「時制」の使い方に注意！

「過去」と「過去」を表すタイプと，「過去と現在」を表すタイプの問題では，それぞれ正確な時制の使い分けが重要です。前者は「**過去形**」，後者は「**現在完了形**」を使って書きます。

### 過去と過去（例：1980 年と 2010 年の地図）：過去形

| 例）The farmland to the east of the town **was replaced** by a golf course. |
|---|

### 過去と現在（例：1980 年と現在の地図）：現在完了形

| 例）The farmland to the east of the town **has been replaced** by a golf course. |
|---|

## ◆ 攻略ポイント 3 ➤ 冠詞 a(n) と the の使い分けに注意！

固有名詞を除き，原則として，**以前あった［から存在する］ものには the**，**新たに作られた［作られる予定の］ものには a(n)** を付けます。次の例で確認しておきましょう。

▼第4章

### 「過去と現在の地図」：過去の名詞には the, 新しくできた名詞には a[n]

例）**The gas station** has been replaced by **a cinema complex**. ➤「過去から現在」
昔あったもの　新しくできたもの

### 「現在と未来の地図」：今ある名詞には the, 新設予定の名詞には a[n]

例）**The gas station** is to be replaced by **a cinema complex**. ➤「現在から未来」
現在あるもの　新しくできるもの

以上がマップ問題攻略のレクチャーは終了です。マップ問題は**近年出題が増えている**ことから万全の準備が不可欠です。

では最後はダイヤグラム問題です。あと一息，気合を入れてまいりましょう！

## 「ダイヤグラム問題」の概要をつかもう！

ダイヤグラム（**diagram**）は **flowchart** や **process diagram** とも呼ばれ，通常，挿絵（illustration）が入っています。主に次の 4 タイプが出題されます。

**ダイアグラム問題の出題タイプ**

**1. Production process**（製造工程）

➢ 食品や製品の工程を示したダイヤグラムで，最も出題頻度が高い

**2. Administrative process**（事務的手続き）

➢ 運転免許の取得方法や，入学手続きなどを表したフローチャート

**3. Operational process**（システム上の過程）

➢ 特定の仕組みや機械の使い方の手順を表した図

**4. Ecological process**（生態学上の過程）

➢ 動植物の進化（life cycle）や，水の循環（water cycle）などを示した図

次の例題は **1** の **Production process** のタイプです。

### Sample question

***The diagram below shows how canned tuna is produced.***

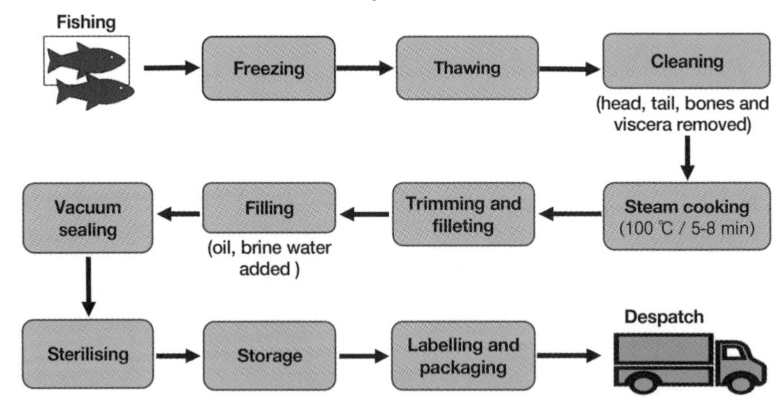

このように何かの順序を表す図が出題されます。ダイヤグラムはグラフやマップ問題と異なり，**すべての工程と示されている情報を書かなければいけません**。ではダイヤグラム問題を攻略するための重要表現を見ていきます。

## 「ダイヤグラム問題」攻略の必須表現をマスター

ダイヤグラム問題ではほとんどの場合，図表中に表現が書かれています。しかし専門的な表現が多く，意味を誤解して使ってしまうことが考えられます。ここでは，よく登場し，かつ描写に必要な表現をマスターしておきましょう！

### ①「工程・段階」を表す表現をマスター！

ダイヤグラムは「**複数の段階に分かれた工程**」を分析し描写します。まずは基本として次の必須語彙は完璧にマスターしておいてください。

▼第4章

#### 工程（Process）を表す表現：次の表現はイントロで使います。

| 書き出し | The diagram illustrates [depicts] + |
|---|---|
| 目的語<br>（いずれか） | ア．how S V<br>イ．the process of *do*ing ~〔名詞〕<br>ウ．the process by which S V.<br>エ．the stages in the production [manufacturing / generation / development / treatment / construction / formation]* of ~ |

設問文では，ア～エのいずれかで書かれていることがほとんどなので，それ以外を1つ選択します。では，先ほどのSample question（マグロの缶詰の製造）を使って書いてみましょう。設問文はアの形で書かれているのでイ，ウ，エを使用します。

例）**The diagram illustrates** +

イ．**the process of producing** canned tuna.

ウ．**the process by which** canned tuna is produced.

エ．**the stages in the production of** canned tuna.

また，エに関しては，問題に合わせて適切な名詞を選び選択してください。

| | 用法（Task 1 でよく使う組み合わせ） |
|---|---|
| **production**（生産） | milk / jam / cheese / wine / bread / energy / oil |
| **manufacturing**（製造） | furniture / plastic / glass / garment（衣類）/ ceramics（陶器）※ |
| **generation**（発生） | electricity / waste / gas / energy |
| **development**（進化） | tool / stone / 動植物や惑星 |
| **treatment**（処理） | waste(water) / material / recycled bottle |
| **construction**（建造） | dam / bridge / igloo（イグルー） |
| **formation**（形成） | sand dune（砂丘）/ volcano（火山） |

※ manufacturing の単語は production でも可。

### 段階（stage, step）を表す表現

ダイヤグラムは複数の段階で構成されているので，この２語を使います。同じく先ほどの Sample question を用いて overview（全体の概要）を書いてみましょう。

> 例）Overall, **there are 13 distinctive steps involved in the process**, from the initial stage of fishing to the eventual delivery of the finished product. ***the finished product**：完成品
>
> （概して，最初の釣りから最終的な完成品まで 13 のはっきりとした段階が工程にあります）

このように there are を使うか，consist of を用いて次のように書くことも可能です。

> 例）Overall, **this process consists of 13 distinctive steps**, from the initial stage of fishing to the eventual delivery of the finished product.

また相性のよい前置詞はそれぞれ，**stage** は **in, at, during** で，**step** は **in** です。こちらも文法の重要ポイントですので一緒におさえておきましょう。

### ②「順序」を表す表現をマスター！

ダイヤグラムは順番どおりに，かつ順序を明確にして描写することが大切です。次の表現を効果的に使い，流れをわかりやすく書くことを心がけましょう。

| | 副詞 | 形容詞 |
|---|---|---|
| はじめに［の］ | firstly / initially | first / initial |
| 次に，その後 | then / subsequently / afterwards | next / subsequent / following |
| 最後に［の］ | finally / lastly | final / last |
| 最終的に［な］ | ultimately / eventually | ultimate / eventual |
| それと同時に | at the same time | —— |
| その結果 | accordingly / as a result | —— |

この他にも，グラフ問題のワンランク UP 表現で紹介した ***be* followed by ~**（**後に～が続く**）も次のように使うことができます（先ほどの sample question の描写）。

例）The sixth stage **is followed by** the process of filling where oil and brine water* are added to small chunks* of filleted fish*.

（6 つ目の段階の後には，オイルと塩水が切り身魚の小さなかたまりに加えられる工程がある）

* **brine water**：塩水，**chunk**：かたまり，**filleted fish**：切り身魚

▼第4章

### ③「製造」を表す表現をマスター！

チーズやジャムなどの食品や，機器などの製品，または石油の精製など何かを生み出したりする工程が高頻度で出題されます。ここでは製造にまつわるさまざまな工程で使われる表現をジャンルごとに一気にマスターしていきます。ちなみに，ダイヤグラム問題も**マップ問題同様に，原則受動態で書く**ようにしてください。

#### 【変形】を表す表現

資材や材料を切断したり，すりつぶしたりする工程を表現する機会が多くあります。それぞれ cut や break などが一般的ですが，次の表現もマスターして細かいニュアンスを理解して運用しましょう。

| | 意味 | 関連情報，表現 |
|---|---|---|
| **chop** | （刃物で）細かく切り刻む | 目的語は食品や資材が多い。 |
| **slice** | （決まった形に）切る | 目的語は肉やパンなどの食品。 |
| **trim** | ～をそぎ落とす | 不要な部分を取り除くこと。 |
| **crush** | ～を押しつぶす | 目的語は食品，石，豆などが多い。 |
| **compress** | （空気を）圧縮する | compressor（圧縮機）も要チェック。 |
| **grind** | （機械で）すりつぶす，砕く | 過去（分詞）形は ground。 |
| **mould** | ～を型にはめる | *be* put into a **mould**（型に入れられる） |

## 【除去】を表す表現

不純物や不要な物を取り除いたり，処理する際に使われます。remove [removal] が最も幅広く使えますが，次の表現も駆使して表現力をUPさせましょう。

| | 意味 | 関連情報，表現 |
|---|---|---|
| **dispose of** | （ゴミを）処分する | waste **disposal** plant（廃棄物処理場） |
| **discard** | ～を処分する | 目的語は waste, food, product が多い。 |
| **extract** | ～を抽出する | the **extraction** of coal（石炭の抽出） |
| **refine** | ～を精製する | an oil **refinery**（石油精製所） |
| **purify** | （不純物を）取り除く | water **purification**（浄水） |
| **filter** | ～をろ過する | **filtration**（ろ過） |
| **sieve / sift** | ～をこす，精選する | 粉や鉄をえり分ける場合に使われる。 |

## 【分類】を表す表現

ゴミや部品などを分類する際に使われる表現です。

| | 意味 | 関連情報，表現 |
|---|---|---|
| **separate** | ～を区別して分ける | 違いがわかるように別々にすること。 |
| **group** | ～を種類ごとに分ける | 特定の基準でグループ分けすること。 |
| **sort** | ～を選別する | group と同じ意味で使われる。 |
| **grade** | ～を品質ごとに分ける | ランク付けして分ける意味合いが強い。 |
| **according to** | ～にもとづいて，～を基準に | be sorted **according to** size [colour / shape]（大きさ［色／形］によって分類される） |

## 【準備，下処理】を表す表現

特に食品を作る際に，熱や消毒などの下処理を表す際に高頻度で使われます。

| | 意味 | 関連情報，表現 |
|---|---|---|
| **thaw** | ～を解凍する | 言い換えは **unfrozen** と **melt** の2つ。 |
| **ferment** | ～を発酵させる | 乳製品，ワイン，ビールの製造で必須。 |
| **disinfect** | ～を殺菌消毒する | 類語の **sterilise** も要チェック！ |
| **pasteurise** | ～を低温殺菌処理する | 名詞の **pasteurisation** でよく登場する。 |
| **apply** | ～（熱や力）を加える | Heat [High pressure] is applied (to ~).（熱［高圧］が〔～に〕加えられる） |
| **treat** | ～を薬品で処理する | Chemical [heat] treatment is given [carried out].（化学薬品［熱］処理が行われる） |

## 【運搬・保管・検査】を表す表現

商品や製品を運搬したり，あるいは資材をトラックから降ろす様子を描写する際によく使われます。また，完成前に製品検査がある際にも必要な表現です。

| | 意味 | 関連情報，表現 |
|---|---|---|
| **despatch** | ～を出荷する | 出来上がった品物を小売店に送ること。 |
| **store** | ～を貯蔵する | *be* kept in storage（貯蔵庫で保管される） |
| **pile up** | ～を積み上げる | *be* piled up in a truck（トラックに積まれている） |
| **unload** | 荷物をおろす | *be* unloaded at a port（港で積み荷を降ろす） |
| **inspection** | 検品 | Inspection takes place [is carried out].（検品が行われる） |

## ◆エネルギーの発生を表す表現

エネルギー発生のプロセスを描写するタイプも時々出題されます。特にサイエンス系のフローチャート描写で重要なので，しっかりとおさえておきましょう。

| | 意味 | 関連情報，表現 |
|---|---|---|
| **capture** | （熱を）得る | **capture** heat and turn it into electricity（熱を得て電気に換える） |
| **harness** | （熱やエネルギーを）利用する | **harness** wind energy（風力を利用する） |
| **transfer** | （熱やエネルギーを）伝える，転換する | *be* **transferred** from pipe to ground（パイプから地中に伝えられる） |
| **pump** | ～をくみ上げる | *be* **pumped** from underground（地中からくみ上げられる） |
| **channel** | ～を水路で運ぶ | *be* **channelled** to a turbine（タービンに水上で送られる） |
| **inject** | ～を注入する | Gas and water are **injected** into reservoirs.（ガスと水が貯水槽に流し込まれる） |
| **rotate** | ～を回転させる | 類語の **spin** もよく使われる。 |
| **reservoir** | 貯水湖 | the storage capacity of **reservoirs**（貯水湖の保存容量） |

以上で「製造」で必要な表現のレクチャーは終了です。サイエンス系の単語が多いので文系の方は少しチャレンジングだったかもしれませんが，焦らずに着実に身につけていきましょう。では次は **ecology（生態学）** に関連した語彙を取り上げます。あと一息です。引き続き気合を入れて頑張っていきましょう！

### ④「サイクル」に関連した表現をマスター！

**Ecological process**（生態系の進化）の問題タイプでは，何かが進化して変化する様子を描写します。例えば **natural cycle**（自然サイクル），**water cycle**（水循環），**life cycle**（生命の進化）などが挙げられます。次の基本表現はおさえておきましょう。

#### 【自然現象】を表す表現

| | 意味 | 関連情報，表現 |
|---|---|---|
| **travel** | 移動する | **travel through** the soil（地中を移動する） |
| **evaporate** | 蒸発する | **evaporation**（蒸発）/ **vapour**（蒸気） |
| **condense** | 凝結する | **condensation**（気体の凝結） |
| **release** | ～を放出する | *be* **released** into the atmosphere [air]（大気中に放出される） |
| **decompose** | ～を自然分解する | **decomposition**（自然分解） |
| **filter** | 浸透する | **filter through** the ground（地中に浸透する） |
| **settle** | 沈殿する | **settle** at the bottom of ~（底に沈殿する） |
| **nutrient** | 養分 | absorb [take up] **nutrients**（養分を吸収する） |
| **sediment** | 堆積物 | **Sediment** accumulates.（堆積物がたまる） |

#### 【生命の進化】を表す表現

| | 意味 | 関連情報，表現 |
|---|---|---|
| **lay eggs** | 卵を産む | hatch（卵がかえる）/ incubate（卵を温める） |
| **emerge from** | ～から現れる | **emerge from** the soil（地中から現れる） |
| **feed on** | ～をえさとする | **feeding** grounds（えさ場） |
| **mate** | 交尾する | gather to **mate**（つがいのために集まる） |
| **reach maturity** | 成虫になる | from birth to maturity（誕生から成熟まで） |
| **grow into** | ～に成長する | **grow into** an adult bird [plant]（成鳥［成植物］になる） |
| **transform** | 変態する，形を変える | *be* **transformed** into a butterfly（蝶に変態する） |

では最後に7.0以上をゲットするための**ワンランクUP表現**で締めくくりましょう！

## ⑤ ワンランクアップ表現をマスター！

### 1.「温度」を表す "at a temperature of ～ degrees (Celsius)"

「～度で調理される，熱処理される」のように温度を表現する機会があります。この場合ダイヤグラムでは600℃のように表記されていることが多いので，スペルアウトして表現すれば語彙の幅が広がります。次のように使いましょう。

・*be* melted **at a temperature of** 600 **degrees**（600℃で溶解される）

また，**at 600 degrees Celsius [centigrade]** とすることも可能で，マイナスの場合は *be* frozen **at minus 80 degrees Celsius [centigrade]** と表記します。

### 2.「完了後」を表す "once"

once は「いったん～したら」と覚えていると使いにくいので，「**特定の動作が終わってから**」と考えてください。次の例文をご覧ください。

・**Once** sorted and cleaned, recyclable materials are sent to other facilities for further processing.
（分類と洗浄が**終わると**，リサイクル可能な材料はさらに加工されるために別の施設へと送られる）

これは本来あった Once recyclable materials are sorted and cleaned, の recyclable materials が省略された文です。この **once の主語省略**の形は文法の項目でもスコア UP につながるので，運用する練習をしておきましょう。

### 3.「完成品」を表す "finished product"

最終的に仕上がった製品や商品のことで，**the finished product** のように**必ず the が必要**です。言い換えで **the end product** も使えるので一緒におさえておきましょう。

・production process from the raw material to **the finished product**
（原材料から完成品までの製造工程）

・**The finished product** is ready for delivery to the end user.
（完成品はエンドユーザーへ発送の準備ができている）

以上でダイヤグラム問題攻略のための必須表現レクチャーは終了です。では最後に，ダイヤグラムエッセイでハイスコアを取るための攻略法を見ていきましょう！

## 「ダイヤグラムエッセイ」攻略のポイント

### ◆ 攻略ポイント１ ➤ 品詞を変えて書く

ダイヤグラムには各工程や段階に英語で表記がされています。例えば collected [collecting]（収集される［収集］）や transported [transporting]（輸送される［輸送］）などが挙げられます。そして描写する際は，そのまま使うのはできるだけ避け，**類語で言い換える**か，あるいは次のように**品詞を変えること**で表現の幅を広げましょう。以下がよく使う表現の一例です（すべて逆も可）。

- collecting [collected] ⇒ **collection**
- removing [removed] ⇒ **removal**
- delivering [delivered] ⇒ **delivery**
- treating [treated] ⇒ **treatment**

### ◆ 攻略ポイント２ ➤ 表現を補足して書く

ダイヤグラムでは問題に書かれている表現を使うだけだと**150字に満たない**ことがほとんどです。この場合は内容が逸れないことに注意しつつ，**表現を加える**必要があります。例えばミルクの製造過程の最後の一部を表した次の図をご覧ください。

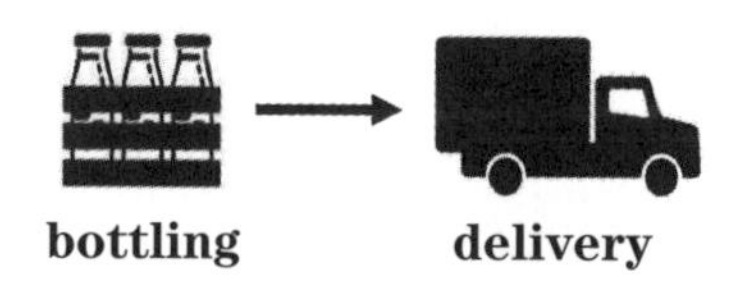


これをこのまま，Finally, the bottled milk is delivered.（最終的にミルクは瓶詰めされて発送される）と書くと，最終的に字数が不足します。よって次のように語を補います。

➤ **Finally, once bottled in glass containers, the milk is sent to its final destination.**
（最終的にミルクは瓶容器に詰められると，最終目的地に輸送される）

こうすることで字数も６語→14語になり，字数不足が解消されるだけでなく，

**語彙運用力を示すポイントのひとつ**になります。これは少しチャレンジングですが，**常にプラスアルファ**を意識して描写を心がけましょう。

以上でマップとダイヤグラム攻略のためのレクチャーはすべて終了です。次はここまで学んだ内容をもとにして，描写問題にチャレンジしていただきます。少しブレイクして気合を入れなおしてまいりましょう！

▼第4章

## 「マップ，ダイヤグラム問題」描写トレーニングにチャレンジ！

ここではこれまで学習したマップとダイヤグラム表現をフル活用して練習問題にチャレンジしましょう。(1) ～ (3) の図を見て，各問いに従い英文を書いてください。

### (1) Floor plan

*The floor plans below show how an office layout has changed.*

**2005**

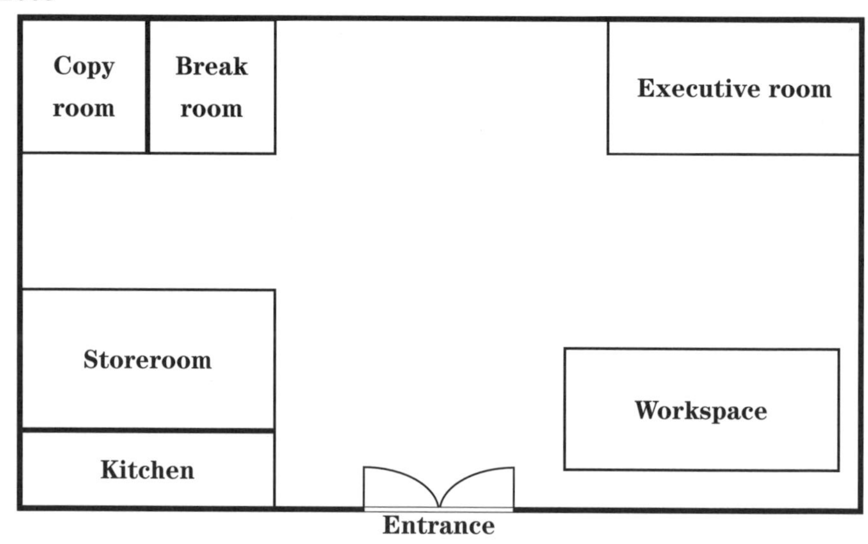

**Present**

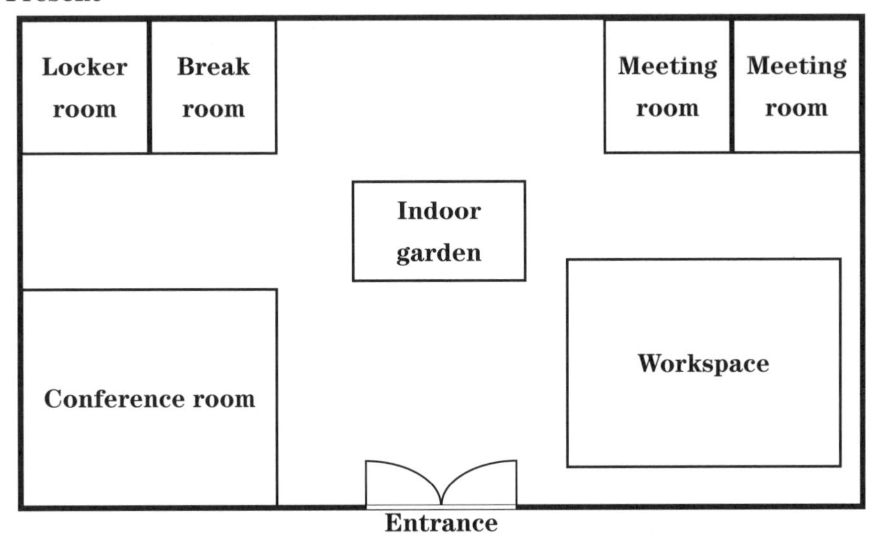




ア．左下の変化を描写してください（The storeroom and the kitchen で始めて）。

→ The storeroom and the kitchen

イ．左上の変化を描写してください（The copy room で始めて）。

→ The copy room

ウ．右上の変化を描写してください（The executive room で始めて）。

→ The executive room

エ．右下の変化を描写してください（The workspace で始めて）。

→ The workspace

オ．Indoor garden が中央部に造られた状況を描写してください。

→

## (2) Site plan

***The maps below show how a part of the town of Norton in 1965 and 2015.***

**1965**

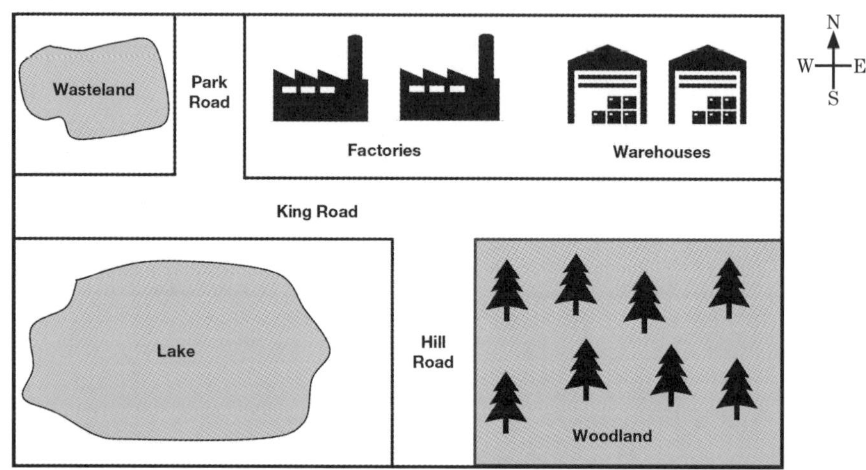


**2015**

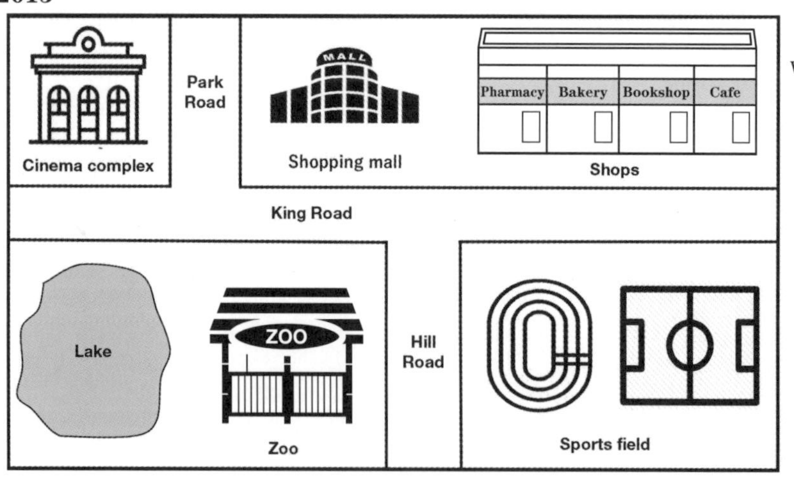

Q. 次の英文に続けて変化を描写してください。

ア. To the west side of Hill Road, the lake was [ ].

イ. To the east side of Hill Road, the woodland was [ ].

ウ. To the west side of Park Road, the wasteland was [ ].

エ. To the east side of Park Road, the factories were [ ].

## (3) Process diagram

***The diagram below shows how peanut butter is made.***

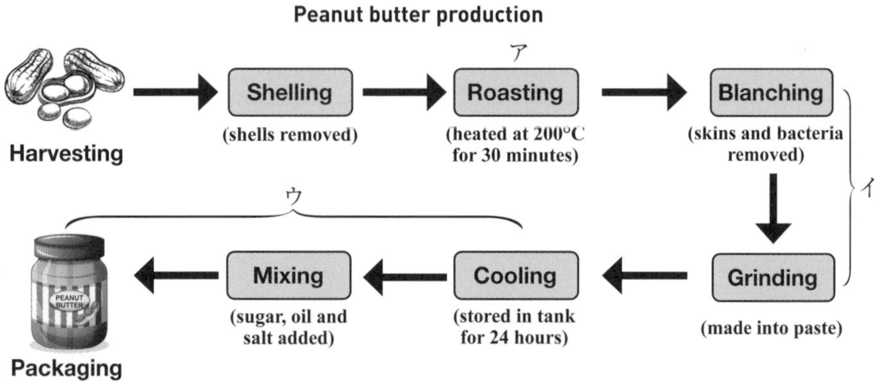

**Peanut butter production**

Harvesting → **Shelling** (shells removed) → ア **Roasting** (heated at 200°C for 30 minutes) → **Blanching** (skins and bacteria removed) → **Grinding** (made into paste) → **Cooling** (stored in tank for 24 hours) → **Mixing** (sugar, oil and salt added) → Packaging

イ: Blanching ～ Grinding
ウ: Cooling ～ Packaging

PEANUT BUTTER

**◆ア～ウの指示に従い，必要な表現を補いながら英文を完成させてください。**

ア．Roasting の箇所を描写してください（The shelled nuts で始めて）。

→ The shelled nuts

イ．Blanching ～ Grinding の箇所を描写してください（After heating, で始めて）。

→ After heating,

ウ．Cooling ～ Packaging までの箇所を描写してください（Once で始めて）。

→ Once

* **shell**：殻をはがす，**blanch**：～を漂白する，**grind**：～をすりつぶす

## 解説・解答例

### (1) Floor plan

現在に至る変化なので，**現在完了形**を使い，部屋の位置も明確にして表現します。

ア．The storeroom and the kitchen **positioned in the bottom left corner have been merged into a conference room**.

➤ merge into ~（合体して～になる）を用いて書きます。

イ．The copy room **next [adjacent] to the break room in the top left corner has been converted into a locker room**.

➤ まず隣にあるので，next to や adjacent to を使い位置関係を明確にします。加えて，「改良により用途が変わる」という変化描写に適した convert を使います。

ウ．The executive room **situated in the top right corner has been divided equally into two meeting rooms**.

➤ *be* divided into ~（～に分割される）という表現が適切で，同じような広さの場合はこのように equally を入れると描写の精度がアップします。

エ．The workspace **sitting in the bottom right has been expanded to about twice its former [original] size**.

➤ 他にも動詞の double を用いて，～ right has roughly doubled in size.（面積はおおよそ２倍になった）とすることも可能です。

オ．An indoor garden **has been created [installed] in the centre of the space**.

➤ 新設される，設置されるという意味の create や install が適切です。

### (2) Site plan

時制は「過去⇒過去」の変化なので，過去形で書きます。

ア．To the west side of Hill Road, the lake **was reduced in size by about [approximately] half due to the construction of a zoo**.

➤ *be* reduced in size（面積が縮小する）と，差を表す by を使います。この他にも主語を変えて the construction of a zoo reduced the size of the lake by about [approximately] half. と書くことも可能です。

イ．To the east side of Hill Road, the woodland **was removed [cleared] to construct [create] a sports field**.

➢ the woodland gave way to [made way for] a sports field. と書くことも可能です。

ウ. To the west side of Park Road, the wasteland **was turned [redeveloped] into a cinema complex**.

➢ 主語を a cinema にして，a cinema complex replaced the wasteland [was built upon the wasteland]. と書くことも可能です。

エ. To the east side of Park Road, the factories **were replaced by a shopping mall, while the warehouses made way for a row of shops**.

➢ ここは while を用いて工場と，倉庫に分けて描写した形です。主語を変えて，the industrial area saw a significant commercial development. としても可能です。

## (3) Process diagram

ポイントは，「**図中の動詞を受け身に変えること**」，そして「**語彙を補うこと**」，の2点です。後者は少しチャレンジングですが加え方を身につけておきましょう。

ア. The shelled nuts **are roasted at a temperature of 200 degrees Celsius for half an hour [undergo a 30-minute heat treatment at a temperature of 200 degrees Celsius]**.

➢ これはワンランク UP 表現で取り上げた「温度」を表す描写方法です。2つ目の文は undergo とハイフンを用いて時間を表した形です。この他にも Heat is applied [Heat treatment is given] to the shelled nuts in a roaster at a temperature of 200℃ Celsius for half an hour. と書くことも可能です。

イ. After heating, **the roasted nuts enter the stage at which their skins are discarded [peeled off] and bacteria is killed, after which they are ground into a paste**.

➢ enter the stage at which ~（～の工程に入る），remove ⇒ discard, peel off への言い換え，そして文法のワンランク UP で紹介した，after which（その後）の用法です。さらに高度にした the roasted nuts are blanched in order to remove their skins and destroy any bacteria or other microorganisms. と書けば 9.0 レベルです。

ウ. Once **cooled in a tank overnight, the nut paste is mixed with ingredients (sugar, oil, salt) and then bottled in a jar**.

➢ Once（～が終わると，できると）を用いた主語省略の形です。24 hours は overnight 置き換えられ，ingredients（材料）や bottled in a jar（瓶詰めされる）が補われています。さらに上を目指す場合は，分詞構文を用いて Once stored in a tank for cooling overnight, the nut paste is seasoned with sugar, oil and salt, before finally being fitted into the finished product of bottled peanut. と書けば 9.0 が取れます。

* *be* **seasoned with ~**：～で味付けされる

## Task 1　エッセイの構成をマスター！

ここからは，エッセイ全体の**構成**（**organisation / structure**）について学習していきます。この**パラグラフの構成**（**paragraphing**）の重要性は先に述べたCoherence and cohesionの採点基準項目に書かれています。読み手にわかりやすいエッセイを限られた時間で書ききるには，しっかりとした戦略が必要です。まずは全体の概要から見ていきましょう。

| 項目 | 概要 |
|---|---|
| **Introduction**<br>（イントロダクション，導入） | **設問文の言い換え**と，**overview**（全体の概観）を書きます。これ以外の内容は不要です。 |
| **Body**（ボディ，本論） | イントロで述べた内容を具体的に書きます。詳細な数値変化や特徴について描写します。 |

特に重要なポイントはIntroductionの**overview**で，これがないと**評価基準のひとつであるTask achievement（TA）で5.0を超えることができません**。ですので，忘れずに必ず書いてください。詳しい書き方については後述していきます。

次にエッセイ全体の割合を見ていきます。Task 1は150語以上書くことが最低条件ですが，序章でも述べたように，できるだけ170-190語前後で書くことを心がけ，普段からスリムに書く意識を持ち，普段から次の理想的な割合と語数で書くことをお勧めします。

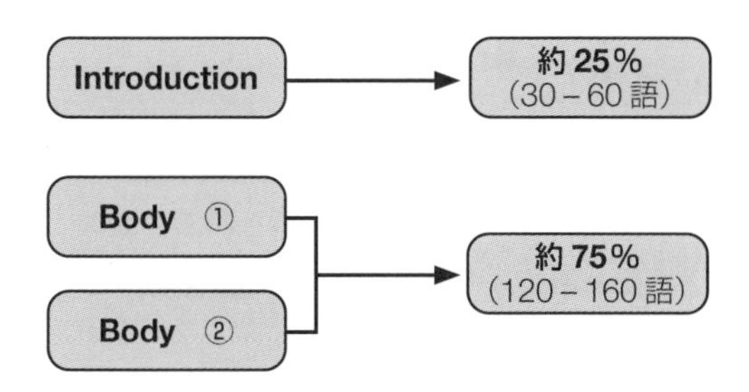


Bodyは3つで展開しても構いません。また，**Task 2と異なり結論（conclusion）を書く必要はありません**。conclusionはさまざまな考えを議論した上で導き出すまとめのことなので，Task 1の趣旨と無関係です。では次に実際の問題とモデルエッセイを見ながら，まずは大まかな流れをつかんでいきましょう。

## Sample question

***The graph below shows the age distribution of New Zealand's population from 1960 to 2050.***

***Summarise the information by selecting and reporting the main features, and make comparisons where relevant.***

Write at least 150 words.

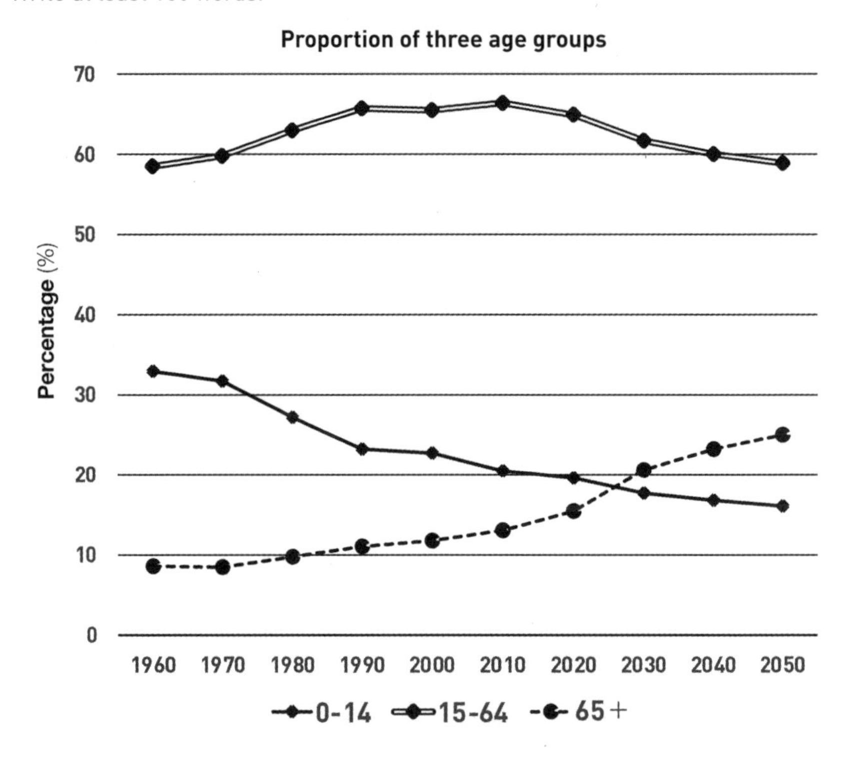


*Health of Older People in New Zealand A Statistical Reference* より抜粋（一部改）

## Model response　　* 太字は重要 Cohesive devices（結束語）

The line graph illustrates the changes in the proportion of three different age brackets in New Zealand at ten-year intervals between 1960 and 2050. **Overall**, the groups of 0-14 and 65 and above show a downward and an upward trend respectively, **whereas** the 15-64 age category is shown to remain largely unchanged during that 90-year period.

A sharp contrast can be seen in the proportions of both the 0-14 and 65 and above age ranges over the time period. In 1960, the former accounted for approximately one-third of the entire population, **whereas** the latter constituted around one quarter that number. This gap, **however**, becomes increasingly smaller until the middle of the 2020s when the share of the elderly overtakes the youth population at roughly 18%, with the figure projected to reach a quarter of the total in 2050.

**By contrast**, the 15-64 age category follows a different pattern, consistently showing by far the highest figures over the period. Starting at around 59% in 1960, its proportion gradually rose and peaked at 67% in 2010. **Subsequently**, a steady decline continues until 2050**, when** the proportion of total population occupied by this group will return to almost the same level as 1960.（200 words）

**【日本語訳】**

折れ線グラフは，1960 年から 2050 年まで 10 年間隔で，ニュージーランドの 3 つの異なる年齢層の割合の変化を示しています。概して，0 ～ 14 歳と 65 歳以上の層はそれぞれ下降傾向と上昇傾向を示しています。一方，15 ～ 64 歳の層は，この 90 年間ほとんど変化がありません。

期間中，0 ～ 14 歳と 65 歳以上の両方の年齢層の比率ではっきりとした対照的な特徴が見られます。1960 年には，前者が全人口の約 3 分の 1 を占めていたのに対し，後者はその数の約 4 分の 1 でした。しかし，この差は高齢層が若年層を約 18% で上回る 2020 年代中頃までにだんだんと縮まり，その後 2050 年には全体の 4 分の 1 に達すると予測されています。

対照的に，15 ～ 64 歳の層には異なる傾向が見られ，期間中最も高い数値を一貫して示しています。 1960 年の約 59%から徐々に上昇し，2010 年には 67%でピークに達しました。その後，2050 年まで減少が続き，この層が占める総人口の割合は 1960 年とほぼ同じ水準に戻ります。

### 重要語彙をチェック

□ **age distribution**（人口分布）
□ **show an upward [a downward] trend**（上昇傾向［下降傾向］を示す）
□ **age bracket**（年齢層《= age group [range / category]》）
□ **remain largely unchanged**（ほとんど変化がない）
□ **overtake**（～を超える）
□ **become increasingly ~**（ますます～になる）

全体的な文章構成や，流れ，意味はつかんでいただけましたか？　これはあくまでモデルなので，ここまで正確に書ける必要はありません。ですので，現時点では「こんな感じで書くんだな」くらいで思っていただければOKです。

ここからは構成を詳しく見ていきます。まずは先ほど触れたTask 1のエッセイで不可欠なoverviewを含めたイントロダクションの書き方をマスターしましょう。

## イントロダクションの書き方をマスター！

**overview**とは「グラフや地図などを見た時のざっくりした特徴」を意味します。つまり詳細な変化や状態のことではなく，**大まかな全体像**を描写します。では実際に先ほどのline graphでoverviewを見ていきましょう。

このグラフにおけるざっくりした特徴は何でしょうか？　全体の年齢層の割合の変化を見てみると，まず0-14歳は減少，15-64歳は増減があるものの最終的には変化はほとんどなし，65歳以上は増加しています。よってこれをoverviewとして書きます。そして設問文の言い換えを含めたイントロダクションは次のように書くことができます。下線部①が設問文の言い換え，下線部②がoverviewを示しています。

### Model introduction

① The line graph illustrates the changes in the proportion of three different age ranges in New Zealand at ten-year intervals between 1960 and 2050. ② **Overall**, the groups of 0-14 and 65 and above show a downward and an upward trend respectively, whereas the 15-64 age category is shown to remain largely unchanged during that 90-year period.（56 words）

まず①の設問文は次のように言い換えられています。

・The graph below shows
  → **The line graph illustrates**
・the age distribution of New Zealand's population
  → **the changes in the proportion of three different age ranges in New Zealand**
・from 1960 to 2050
  → **at ten-year intervals between 1960 and 2050**

このように類語での言い換えや，図から読み取れる語彙（例：three different age ranges や at ten-year intervals）が加えられていますね。このように**設問文には直接書かれていないプラスアルファの表現を加えること**も語彙のスコア UP につながるポイントのひとつです。

では次に②の overview です。おわかりのように**大まかな傾向について触れているだけ**で，具体的な変化は書かれていませんね。これが overview の特徴です。そして overview を書く際は次の３点に注意して書いてください。

第4章

### ① Overall（概要としては）で書き始める

他にも書き方はありますが，**Overall で始めてください**。こうすることで採点官に，「この後に overview が書かれています」と知らせることができ，読み手に優しい文章になります。これは３章で紹介した signpost のひとつです。

### ② 詳細は書かない。が，全体的な年月は入れる

上記の例は細かな数値（～％から…％になった，など）は書かれておらず，抽象的な内容になっていますね。しかしながら，between 1960 and 2050 や during that 90-year period. のように年代はざっくりとした内容が書かれていますね。よって，年代や月が示されている場合はこのように大まかに書いてください。

### ③ イントロダクションで書く

最後のパラグラフでまとめとして書くことも可能ですが，**時間が足りず書ききれない可能性が出てきます**。万が一書ききれない，または中途半端になってしまうと大幅にスコアが下がるので要注意です。

以上でイントロダクションの書き方についてのレクチャーは終了です。ボディの

詳しい展開方法は実践問題でタイプ別の解説を行っていきます。

次はエッセイを仕上げるために2つのstepに分けて行います。まずはこのoverviewを含めたイントロダクションを正確かつ，スピーディーに書くスキルを磨くための「イントロダクショントレーニング」からです。

## ◆ Step 1：イントロ

Task 1を攻略するにはいかに速く，正確にデータを分析し，書く内容を精査するかが鍵です。しかしながら，設問文のパラフレーズとoverviewで何を書けばよいか迷ってしまうと，大幅に時間をロスしてしまいます。ここではそれを防ぐために，イントロダクションのトレーニングを行います。現在のご自身のレベルに合わせて次のいずれかの方法で取り組まれることをお勧めします。

### ○ 基礎力をつけたい方，初級者の方

☞ 特に時間を決めずに設問文のパラフレーズを書く。overviewは先に日本語で考えて，それから書いてみる。また，各問題の最後に提示されている**【ワンポイント・ティップ】**をヒントにして書いてみる。

### ○ 本番形式でトライしたい方

☞ 4分以内で仕上げる。設問文の言い換え，overviewはそれぞれ90秒以内を目途に書く練習をしてください。

また，各問題にはヒントとなる「ワンポイント・ティップ」を入れてありますので，必要に応じてご活用ください。それでは準備はよろしいですか？　では気合を入れてまいりましょう！

## Q. 各グラフのイントロダクション（設問文の言い換え＋ overview）を書いてください。

### （1）Pie chart

***The charts below show the proportion of different fuels used for electricity generation in the world in both 1988 and 2018.***

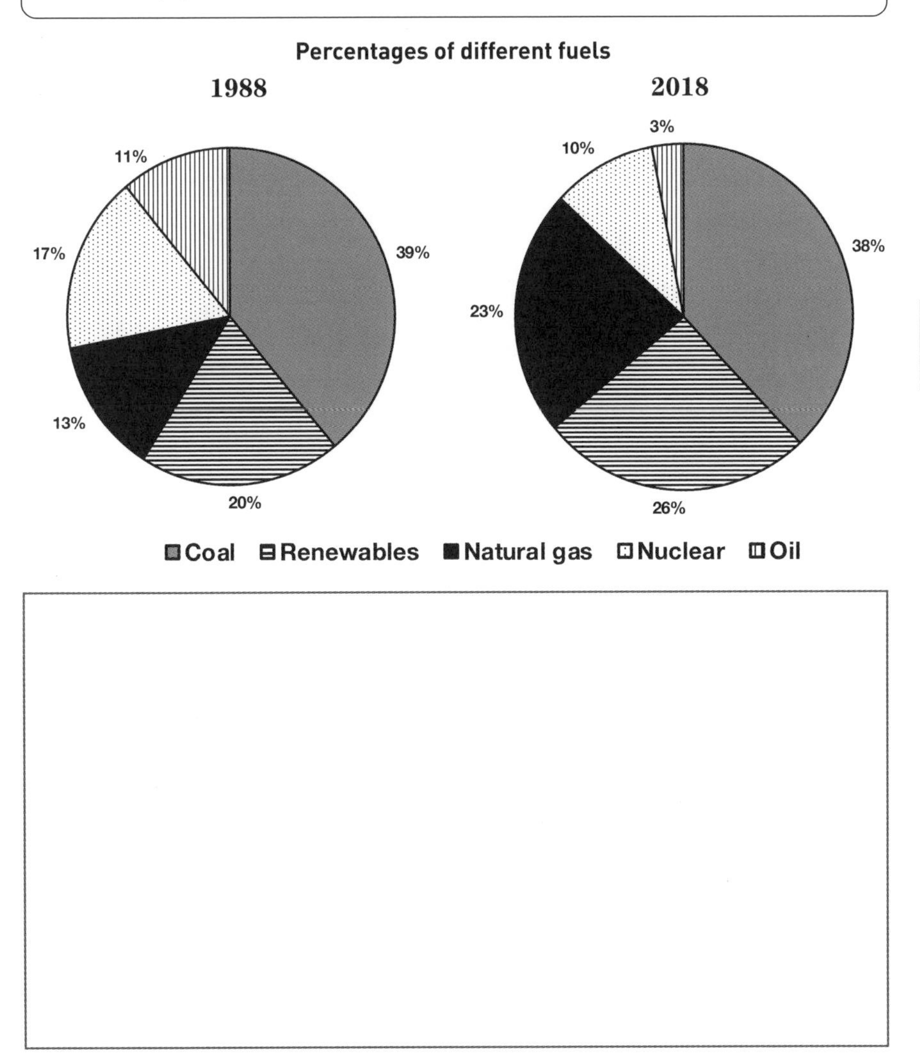


【ワンポイント・ティップ】☛ overview は共通する点と，異なる点に分け，while や whereas など対比を表す接続詞を用いると書きやすくなります。

## (2) Bar chart

***The chart below shows the number of male and female students at one university in the UK from 1968 to 2018.***

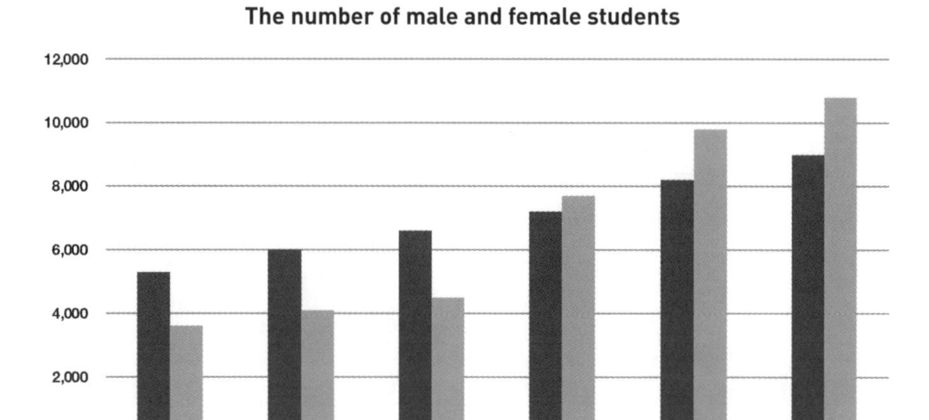

【ワンポイント・ティップ】☛ bar graph は，最初と最後の年に着目すると overview が書きやすくなります。また，男女ともに両方増加していますが，どのような増加かを加えれば精度が UP します。

## (3) Table

***The table below shows the quantity of car sales of five automotive brands in Canada in the fourth quarter* between 2017 and 2019.***

**The amount of car sales**

| | 2017 | 2018 | 2019 |
|---|---|---|---|
| Chevrolet | 38,048 | 30,445 | 29,180 |
| Nissan | 29,457 | 30,258 | 25,979 |
| Hyundai | 26,464 | 28,201 | 3,005 |
| Subaru | 13,594 | 14,493 | 15,476 |
| Dodge | 15,978 | 7,505 | 8,072 |

***the fourth quarter**：第4四半期

※ **2017~2019 CANADA AUTO SALES BY BRAND ANALYSIS** より抜粋



【ワンポイント・ティップ】☛このように複数の数値が書かれていて複雑な場合は，最初と最後の年（2017年と2019年）に着目してどのような変化があったかという視点でoverviewを考えると，全体像がつかみやすくなります。

## (4) Floor plan

***The diagrams below show a layout of the ground floor of a city library and a proposed plan for 2038.***

**The present**

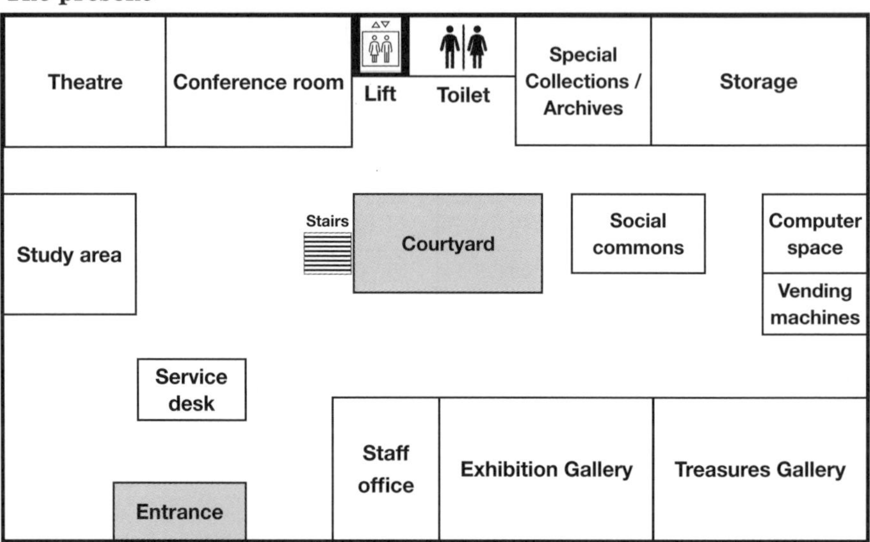


**2038**

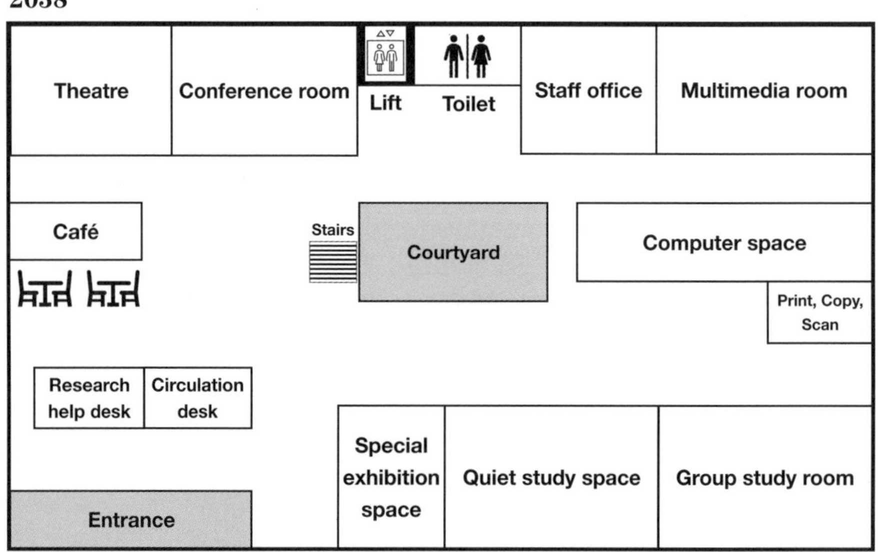

▼第4章

【ワンポイント・ティップ】☛ **overview** では，各施設や，その位置について詳細に触れる必要はありません。どういった変化が予定されているかを **change** 以外の語を用いて書くようにしましょう。

## 解説・解答例

下線部①が**設問文の言い換え**，下線部②が **overview**

(1) この問題は数値の変化が見られる「**変化型**」のグラフです。まずは「相違点」と「共通点」を先に見つけることが大切です。30 年間で Coal「石炭」は 1％しか違いがありませんが，その他の資源は 6％～10％の変化が見られますね。よってこの 2 つを対比して書けばよいので次のように書くことができます。

> ① The pie charts illustrate changes in the proportion of energy sources that were used to generate electricity worldwide in 1988 and 2018.
> ② **Overall,** coal was the main fuel source in both years, while other sources saw variations in their share over the thirty-year period.
>
> □ **see variations in ~**（～において変化が起こる）
>
> ➤ ②では while が対比で使われています。whereas 同様に非常に重宝するので，対照的な特徴がカテゴリーごとにある場合は使うようにしましょう。

(2) このような時系列のグラフの場合，**最初と最後に焦点を当てて変化をとらえること**が最優先です。1986 年と 2018 年を見ると，全体的に在籍者数が増えているのでこれは overview の最重要項目です。また，50 年間で男子学生数よりも女子学生数が増加しているのでこれも含める方がよいでしょう。ちなみに，1988 年に男女の数が逆転していますが，ここを含めると overview が長くなってしまうので，それはボディで詳細に書くようにしてください。

> ① The bar graph illustrates the changes in student numbers at one UK university between 1968 and 2018. ② **Overall,** the total enrolment climbed over the fifty-year period, with more significant increases seen in the figure for female students.
>
> □ **enrolment**（入会者数）
>
> ➤ ②の最後の with 以下は付帯状況の分詞構文です。

(3) このような「変化型」の Table の overview を書くコツは，**最初と最後以外の箇所を消して考えること**です。よって，この table では 2018 年の情報を紙で隠してください。すると2017年と2019年の2年間における変化が明確にわかります。ここではSubaru以外のメーカーはすべて販売台数が減少しているのでそれをoverviewで書きます。

① The table illustrates the change in sales of five different car brands in Canada in the fourth quarter of 2017, 2018 and 2019. ② **Overall,** it is clear that all brands except Subaru suffer a significant drop in sales during the years shown.

□**suffer** ～を経験する《**= see**》

(4) このように「現在⇒未来の変化」を表すフロアマップの問題は，言い換えがほとんど決まっています。まず下線部①のように**compare ～ between its current state and what it will be like in ....** でそのまま覚えておけばよいでしょう。また，下線部②はsignificant redevelopmentだけで終わると短いので，下記のようにthroughや，この他にもincludingを用いて，その後にどのような変化が起こるかを入れるようにしてください。

① The floor plans compare the ground floor of a city library between its current state and what it will be like in 2038. ② **Overall,** the layout is to see significant redevelopment through the conversion, expansion, addition and removal of various facilities.

□**conversion**（〔用途の〕変化）

以上でイントロトレーニングは終了です。次は，ボディを描写するためのトレーニングに移ります。では続けてどんどんまいりましょう！

## ◆Step 2：表現力UPトレーニングにチャレンジ

ここからは，語彙運用力を鍛えていきます。**各問題にはセミorフルエッセイが書かれているので，情報を読み取り，空欄に適語を入れてください。**[ ]ひとつにつき1語が入ります。また，頭文字のアルファベットが書かれている場合はそれに従って適語を考えてください。また，(3)と(4)は一部ヒントが与えられている

▼第4章

ので，難しいと感じたらそちらを参考にしてください。ただし，単に単語を入れるだけでなく，構成や描写の順序なども分析しながら進めてくださいね。それではまいりましょう！

## （1）Pie chart

***The graph below shows the proportion of employment in India and Malaysia.***

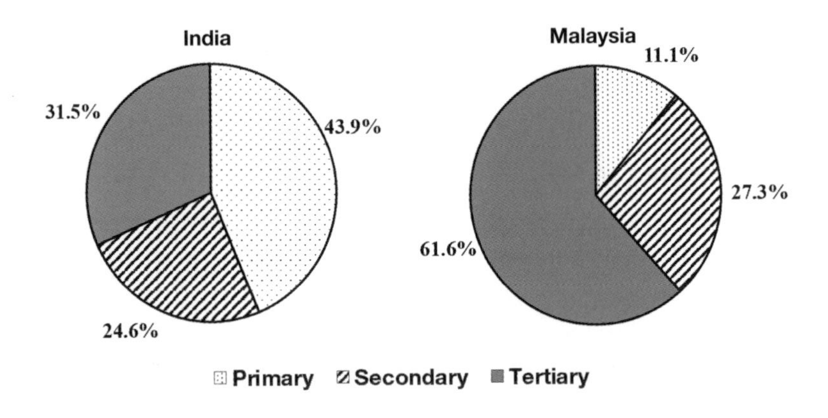


### セミエッセイにチャレンジ！

In India, the primary sector takes the largest ア [s　　　　] of employment with 43.9%, whereas in Malaysia, it makes up around a quarter of イ [　　　　] [　　　　] - the smallest proportion of the three. An entirely ウ [o　　　　] trend can be seen in the tertiary sector: slightly lower than one third of the total workers is in this category in India, while nearly エ [　　　　] that number is shown to be employed there in Malaysia, オ [c　　　　] a substantially larger share than the other two sectors. One final point to note is in regards to the secondary sector: in both nations, it makes up around a カ [　　　　] of the entire workforce.

## (2) Bar chart

***The graph below shows the amount of coffee produced in four countries in 1992 and 2012.***

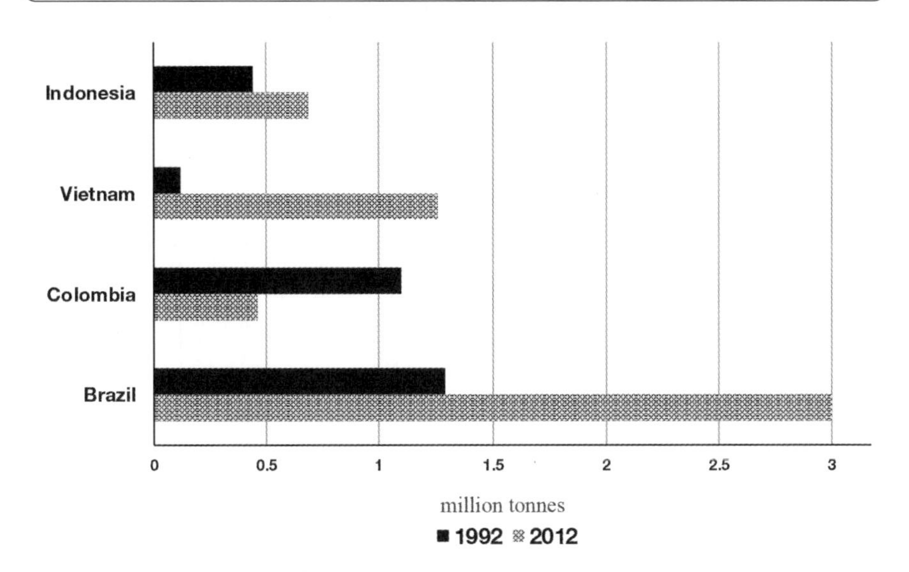


▼第4章

### セミエッセイにチャレンジ！

What particularly stands out in 1992 is that Brazil produced by far the largest quantity of coffee with approximately 1.3 million tonnes, which was closely ア [f　　　　　] by Columbia with around 0.2 million tonnes lower than that sum. In comparison, significantly lower volumes can be seen in Indonesia and Vietnam producing approximately 0.45 million tonnes and 0.1 million tonnes イ [r　　　　　] in that year.

Two decades later, an ウ [e　　　　　] growth was recorded for Brazil with its figure more than エ [d　　　　　] to the 3 million mark. An upward trend is also indicated for Indonesia and Vietnam; the former saw a modest increase of around 0.25 million tonnes whereas the latter witnessed a tenfold rise, which made the country the second largest coffee オ [p　　　　　]. Finally, a substantial fall was seen in Columbia, with its figure dropping by over half during this period.

## (3) Site plan

***The maps below show the changes in the layout of Rox shopping centre and its nearby areas between 1980 and the present.***

**1980**

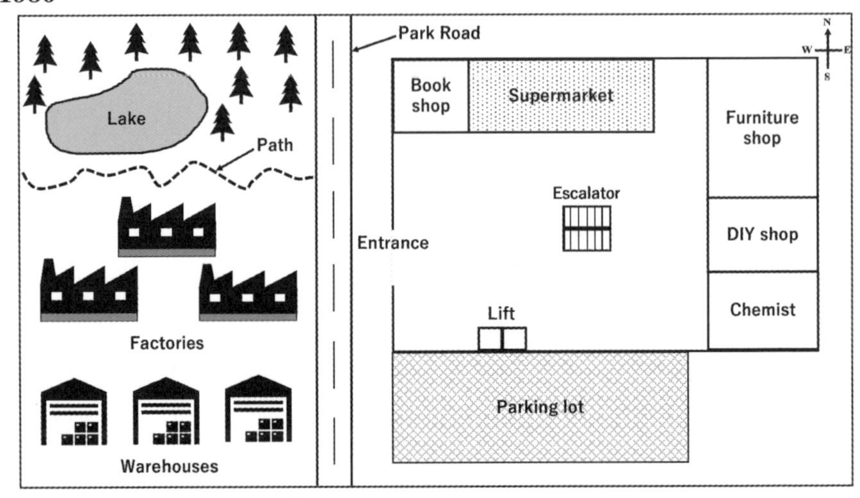


**Present**

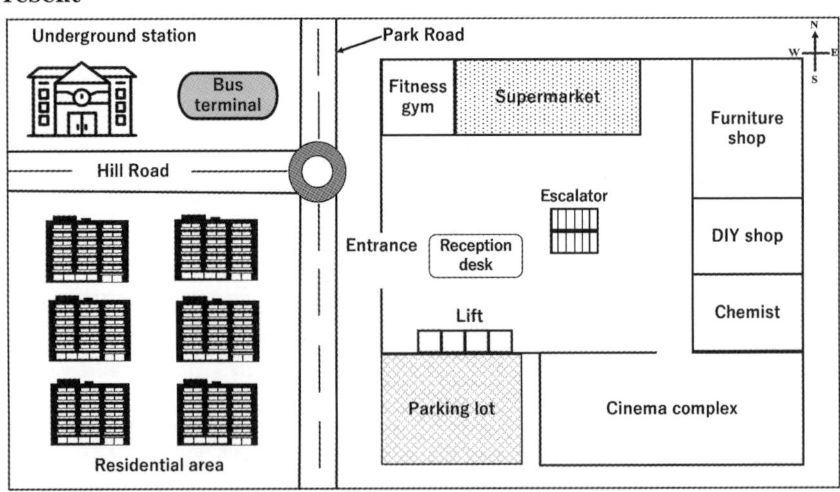

## フルエッセイにチャレンジ！

The two maps compare the changes made to a shopping centre called Rox and its surrounding areas from 1980 to the present. Overall, noticeable ア [r　　　　] development has イ [t　　　　] [p　　　　] in the industrial area, while the shopping centre has been developed into an upgraded retail establishment over the years.

Focusing first on the west side of Park Road, the lake and the large area of woodland located to the north has been ウ [c　　　　] to facilitate an underground station and a bus terminal. The path that divided the woods and the industrial area has エ [　　　　] way to Hill Road, which runs westward from a newly created roundabout. To the south of that road, the industrial area has been オ [r　　　　] by a number of apartment buildings.

Turning to the shopping centre, while some shops カ [r　　　　] [u　　　　], substantial development can be seen overall. One such dramatic change is the キ [c　　　　] of a large cinema complex, which in turn has caused the parking lot to be reduced to half of its original size. Other changes include the addition of two lifts and the ク [i　　　　] of a reception desk, both of which are positioned near the entrance. Finally, the bookshop formerly situated directly ケ [a　　　　] to the supermarket has been コ [c　　　　] into a fitness gym.

### ヒント

ア.「住居の，住宅の」を表す形容詞　　イ.「(変化が) 起こる」という意味の熟語
ウ.「取り払われる」を表す動詞　　エ.「～にとって代わる」という意味の熟語
オ.「取って代わられる」を表す動詞　　カ.「変化なし」を表す表現
キ.「建設」を表す名詞　　ク.「設置」を表す名詞
ケ.「隣接している」を表す形容詞　　コ.「用途の変化」を表す動詞

### スコアUP重要語彙をチェック！

- □ **upgrade**（～をよりよいものにする）
- □ **retail establishment**（小売店）
- □ **facilitate**（～の利用を可能にする）
- □ **westward**（西の方角に）
- □ **roundabout**（環状交差点）
- □ **in turn**（その結果）
- □ **DIY shop**（ホームセンター）
- □ **warehouse**（倉庫）

▼第4章

## (4) Diagram

***The diagram below shows how honey is produced.***

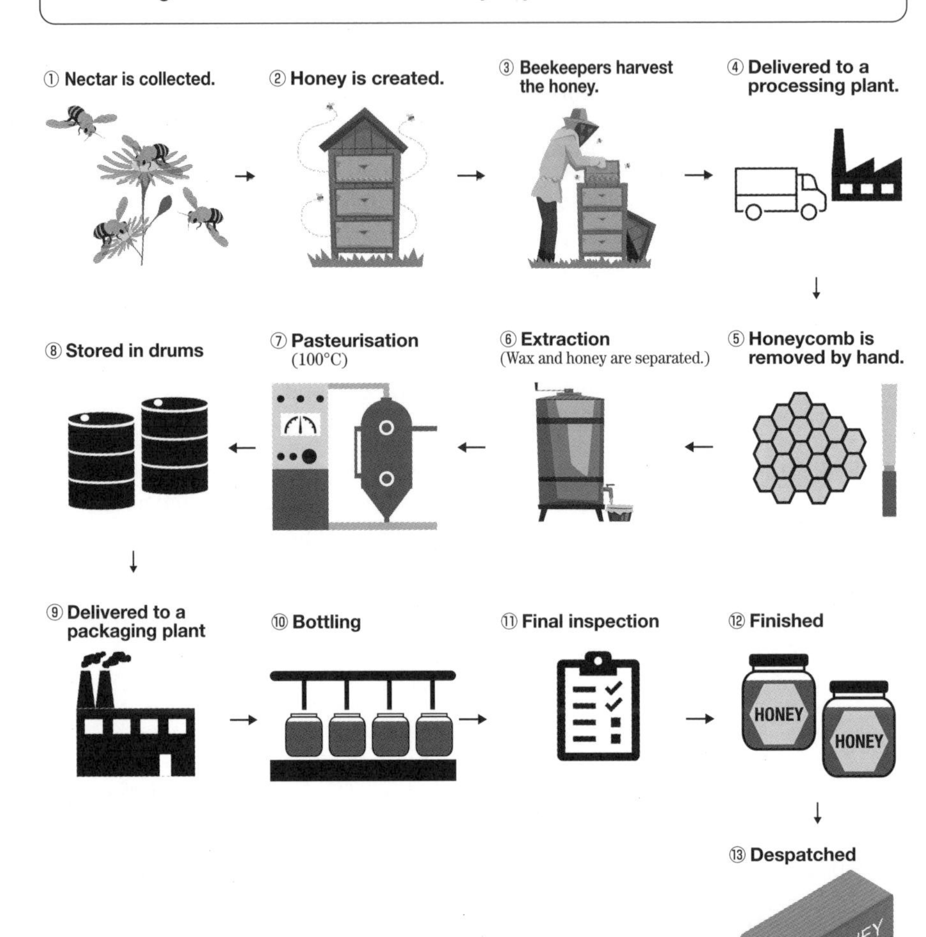

## フルエッセイにチャレンジ！

The diagram illustrates the process ア [　　　　] [　　　　] honey is made. Overall, there are 13 distinct stages in the production from the initial イ [　　　　] of nectar, through the processing of honey, to the eventual delivery of the ウ [f　　　　] [p　　　　] to retailers.

Production begins when honeybees collect nectar from flowers. It is then carried back to their hives エ [　　　　] the nectar is made into honey. The honey is harvested by beekeepers, which is then transported to a processing plant where several types of オ [t　　　　] are given.

The first step is the カ [m　　　　] removal of honeycomb followed by a stage of separation of wax from honey using an extractor. The pure honey then goes through the process of pasteurisation in which it is heated at a temperature of 100 キ [d　　　　] [　　　　], after which it is packed into drums for ク [s　　　　].

The sealed drums of honey are then sent to another plant for packaging. ケ [O　　　　] bottled into jars, the honey コ [u　　　　] final inspection, which makes the finished product ready for サ [d　　　　] to the end customer.

### ヒント

ア.「前置詞＋関係代名詞」　イ. 挿絵の品詞を名詞にチェンジ！

ウ.「完成品」を表す名詞　エ. 場所を表す関係副詞

オ.「処理」を表す名詞　カ.「手動の，手作業の」を表す形容詞

キ.「～度」を意味する表現　ク. 挿絵の品詞を名詞にチェンジ！」

ケ.「～が終わると」を表す接続詞　コ.「～を経る」を表す動詞

サ.「(工場からの) 発送」を表す名詞

### スコアUP重要語彙をチェック！

□ **distinct**（明確な）　□ **the eventual delivery of ~**（～の最終の発送）
□ **hive**（巣）　□ **harvest**（～を収穫する）　□ **beekeeper**（養蜂家）
□ **extractor**（抽出機）　□ **go through the process of ~**（～の工程を経る）
□ **pasteurisation**（低温殺菌処理）　□ **seal**（～を〔缶に〕密封する）
□ **the end customer**（最終消費者）

## 解答例・解説

### （1）Pie chart

ア．**share** ➤ take the largest share of ~（～の最も多くを占める）は暗記しておこう。

イ．**that figure [number]** ➤ 前に出てき 43.9% を指す。

ウ．**opposite** ➤ 対義語の a similar trend（よく似た傾向）も要チェック！

エ．**twice** ➤ この個所の that number は India の 31.5% を指す。

オ．**comprising [constituting]** ➤ and が省略された分詞構文の用法。

カ．**quarter** ➤ それぞれ India の 24.6% と Malaysia の 27.3% を指す。

**【エッセイ訳】**

インドでは，第一次産業が 43.9%と最大の雇用割合を占めていますが，マレーシアでは，その数の約 4 分の 1 で，これは 3 つの産業の中で最小です。第三次産業では全く逆の傾向が見られます。インドでは全労働者の 3 分の 1 弱がこの産業に従事していますが，マレーシアではこの 2 倍近く人が雇用されており，他の 2 つの産業よりもかなり大きな数を占めています。最後に注目すべき点は，第二次産業に関してです。両国では，この産業が全労働者の約 4 分の 1 を占めています。

### （2）Bar chart

ア．**followed** ➤ 後続する国や物を列挙する際に役立つ表現。このように差がほとんどない場合は，closely を付けるとさらにワンランク UP ！

イ．**respectively** ➤「それぞれ」を意味し，順序を明確にするために必須。

ウ．**exponential** ➤「急増＋大幅」を表すスコア UP 形容詞。growth 以外にも，rise, increase とも相性がよい。

エ．**doubling** ➤ 付帯状況の with を用いた形。figure が double する，という能動の関係なので，ing 形で表す（→ p. 145 文法スコア UP テクニック②参照）。

オ．**producer** ➤ ⑫ワンランク UP 表現の「4. 生産者を表す producer」参照。

**【エッセイ訳】**

1992 年に特に際立っているのは，ブラジルが約 130 万トンと圧倒的に多くのコーヒーを生産したことで，コロンビアが僅差で続いており，その約 20 万トン少ない生産量となっています。それと比較すると，それよりもかなり少ない生産量がインドネシアとベトナムで見られ，その年はそれぞれ約 45 万トンと 10 万トンとなっています。

20 年後，急激な増加がブラジルで見られ，その数は 2 倍以上になり 300 万を超えました。同じく，インドネシアとベトナムでも上昇傾向が見られます。前者は約 25 万トンのわずかな増加でしたが，後者は 10 倍の増加を示し，その結果インドネシアは 2 番目のコーヒー生産国になりました。最後に，コロンビアでは大幅な落ち込みが見られ，この期間中にその数字は半分以上減少しました。

## （3）Site plan

ア．**residential**　➤ housing development も言い換えで覚えておこう！

イ．**taken place**　➤ take place は他にも construction, transformation なども主語に来る。

ウ．**cleared [removed]**　➤ 関連表現として forest clearance（森林伐採）もある。

エ．**given**　➤ give way to = make way for（～に取って代わられる）

オ．**replaced**　➤ *be* replaced by ~ はエの表現とセットで暗記！

カ．**remain unchanged**　➤ are retained としても同じ。また，建物や森など屋外の物を表す場合は remain untouched とすることも可能。

キ．**creation [construction]**　➤ creation は新設されたものすべてに使える便利な表現。

ク．**installation**　➤ 動詞の install（～を備え付ける）も要チェック。

ケ．**adjacent**　➤ close や next としても同じ。

コ．**converted**　➤ changed でも可能だが，より詳細で適切な converted の方がベター。

**【エッセイ訳】**

2 つのマップは，1980 年から現在までに Rox と呼ばれるショッピングセンターとその周辺地域に起こった変化を比較しています。概して，この期間中に目立った住宅街の開発が工業地域で起こり，一方でショッピングセンターは新装した小売店に変わりました。

まずパークロードの西側に目を向けると，北に位置する湖と広大な森林地帯はなくなり，地下鉄の駅とバスターミナルが新設されました。森と工業地帯を分ける小道は，新設された環状道路から西に向かうヒルロードに変わりました。その道路の南側では，工業地帯は数棟のマンションに取って代わられました。

ショッピングセンターに目を向けると，一部の店舗はそのままですが，全体的に大幅な開発が見られます。そのような大きな変化のひとつは，大規模なシネマコンプレックスの建設です。これにより，駐車場は元の大きさの半分に縮小されました。その他の変更点としては，2 台のエレベーターと受付の設置があり，どちらも入口近くに配置されています。最後に，以前はスーパーマーケットの真横に位置していた書店がフィットネスジムに変更されました。

## （4）Diagram

ア．**by which** ➤ the process by which SV（SVの工程）は要丸暗記！

イ．**collection** ➤ 集める物は何にでも使える便利な表現。ダイヤグラムでは，collection of recycled materials（リサイクル材の回収）や collection of rainwater（雨水の収集）は要チェック！

ウ．**finished [final] product** ➤「完成品」を意味するダイヤグラム必須表現。

エ．**where** ➤ 関係副詞の where。

オ．**treatment** ➤ heat treatment is given to ~ のように give と相性がよい。

カ．**manual** ➤ manually（手作業で）= by hand の言い換えは必須！

キ．**degrees Celsius [centigrade]** ➤ 少し高度だが書ければスコア UP!

ク．**storage** ➤ 関連表現の be put into storage（保管される）も要チェック！

ケ．**Once** ➤ ここは Once it is bottled の it is が省略された形。

コ．**undergoes** ➤ この他にも inspection は受け身で，Inspection is carried out [conducted].（検品が行われる）とすることも可能。

サ．**despatch [delivery]** ➤ *be* ready for despatch [delivery]（発送準備ができている）の形でよく使われる。

【エッセイ訳】

この図は，蜂蜜が作られる過程を示しています。概して，生産には13の異なる段階があり，最初の蜜の収集から蜂蜜の加工，そして最終的な完成品の小売業者への配送に至ります。

ミツバチが花から蜜を集めるところから生産が始まります。その後，巣箱に運ばれ，蜜が蜂蜜になります。蜂蜜は養蜂家によって収穫され，加工工場に運ばれ，そこで数種の処理が行われます。

最初の段階として，ミツバチの巣を手で除去し，そしてその次に抽出器を使用して蜂蜜から蜜蝋を分離します。純粋な蜂蜜はその後，100℃で加熱される低温殺菌の工程を経て，その後，ドラムに入れて貯蔵されます。

密封された蜂蜜のドラム缶は，包装のために別の工場に送られます。瓶に詰められると，蜂蜜は最終検査を受け，完成品は最終の顧客に発送できる状態になります。

以上ですべての練習問題は終了です。お疲れさまでした。間違えてしまった個所は何度も見返し，重要だと感じた表現はしっかりとまとめておきましょう。それでは最後は本番と同じ問題にチャレンジしていただきます。時間を測ってこれまでの集大成としてトライしてみてくださいね。それではまいりましょう！

## 実践問題にチャレンジ

### （1）Pie chart　難易度 ★★★☆☆　【制限時間 22 分】

***The charts below show proportions of age categories of three different countries in 2019.***

***Summarise the information by selecting and reporting the main features, and make comparisons where relevant.***

Write at least 150 words.

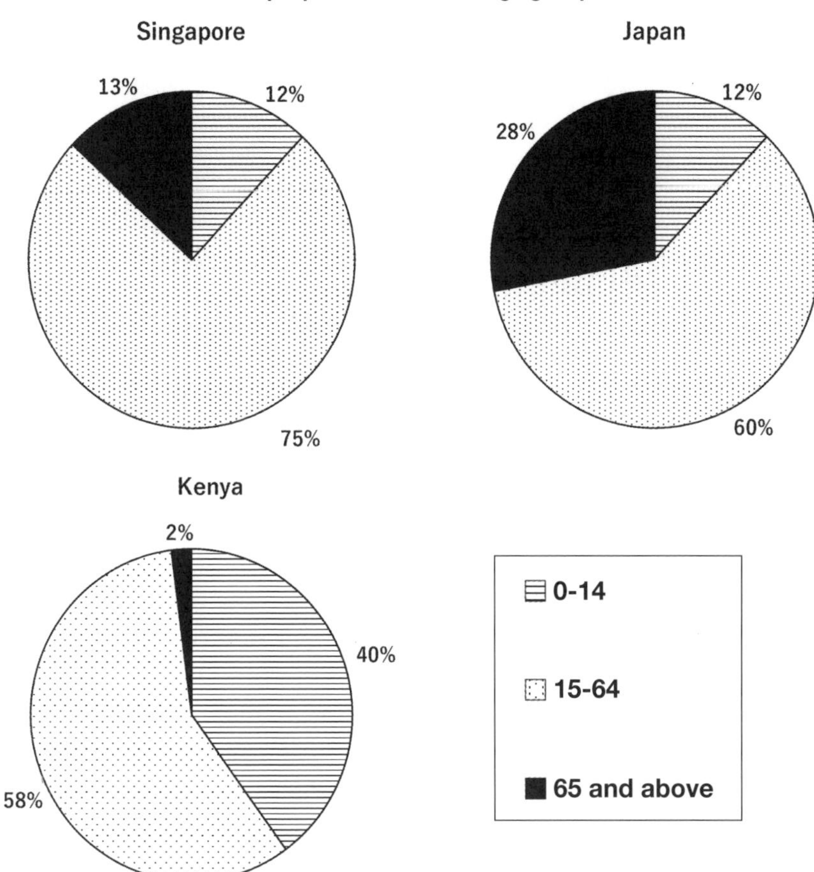


第4章

### ワンポイント・ティップ

このような3つ以上の円グラフの場合，優先事項は「カテゴリーごとに焦点を当てること」です。つまり，「0-14歳」「15-64歳」「65歳以上」のそれぞれの区分で3か国を比較することです。そして比較する際は「**共通点**」**と**「**相違点**」**に分類すること**も大切です。

## 8.0 以上に UP するための Model essay

* 太字は重要 Cohesive devices（結束語）

The three pie charts illustrate the percentage breakdowns of three age categories within three different countries in 2019, **namely** Singapore, Japan and Kenya. **Overall**, the majority of the population of all three is shown to be young to middle-aged, **whereas** the proportion of younger and older age categories varies significantly from country to country.

It is abundantly clear that the working population accounted for the largest part of the total inhabitants in all three countries. Singapore's figure for this age bracket is three-quarters of the population, which is substantially higher than that of Japan and Kenya, at 60% and 58% respectively.

**Conversely**, the percentage of senior citizens is clearly the smallest overall, with Kenya's fraction of this age group shown to be just 2% of its entire population, followed by Singapore with 13%. Japan's figures, **however**, stand out in stark contrast with its elderly people constituting over a quarter of the population, at 28%.

**One final point to note** is considerable variations seen in the youth population aged 0-14. Kenya's share for this age group is 40%, which is more than triple the amount for Singapore and Japan, at 12%. (190 words)

### スコア UP 重要語彙をチェック！

- □ **breakdown**（内訳）　□ **namely**（つまり《具体例の列挙に使う》）
- □ **it is abundantly clear that ~**（～ということは極めて明らかである）
- □ **inhabitant**（住民）　□ **conversely**（それとは反対に）
- □ **fraction**（数値《= figure / number》）　□ **stand out**（目立つ）
- □ **in stark contrast with ~**（～と著しく対照的で）
- □ **one final point to note is ~**（最後に述べておくべき点は～である）

第4章

【エッセイ訳】

3つの円グラフは，2019年の3つの異なる国，シンガポール，日本，ケニアの3つの年齢カテゴリーの割合の内訳を示しています。概して，3か国すべての人口の大部分は中年層であることが示されている一方で，若年層と高齢者の年齢層の割合は国によって大きく異なります。
労働人口が3か国全人口の大部分を占めていることは，見るからに明らかです。この年齢層のシンガポールの数字は人口の4分の3であり，日本とケニアよりも大幅に高く，2国はそれぞれ60%と58%です。
逆に，高齢者層の割合は全体的に見ても明らかに最も低く，ケニアのこの層の割合は人口のわずか2%であり，シンガポールが13%と続いています。しかし，日本の数値は，高齢者層が人口の4分の1以上を占める28%とまったく対照的です。
最後に注目すべき点は，0歳から14歳までの若者の人口にかなりのばらつきが見られることです。この年齢層のケニアの割合は40%で，これは12%を示しているシンガポールと日本の3倍を超えています。

## 必勝攻略レクチャー

このタイプは非常に出題頻度の高い「**年齢層**」に関するグラフです。まず「**すべての国で15-64歳の労働人口の割合が過半数を超えていること**」は共通かつ，最も目立つ特徴なのでこの描写は必須です。次に0-14歳の層はシンガポール，日本は同じですが，ケニアは割合がその3倍なのでこれも書く必要があります。最後に65歳以上に関しては，日本が圧倒的に多く，そしてケニアが極めて低い数値となっています。ここも比較や倍数表現を上手く使いながら描写することが必要です。ではモデルエッセイを分析し，スコアUPにつながるポイントを見ていきましょう。

## スコアUPポイントをチェック！

### ① わかりやすいパラグラフ構成

➤ パラグラフで年齢層ごとに情報が明確に整理されています。同時に，話の展開をスムーズにするcohesive devicesの運用も適切です。

### ② 比較級，最上級，倍数表現の適切な運用

➤ 各パラグラフにおけるスコアUPにつながる表現は次のとおりです。
- 2パラグラフ：the largest part / three quarters / substantially higher
- 3パラグラフ：the smallest / a quarter
- 4パラグラフ：triple the amount

### ③「年齢層」と「～を占める」を表す重要語彙の正確な運用

➤「年齢層」: age group [category / range]

「～を占める」: account for / constitute

### ④ 付帯状況の with の用法の運用

➤ **, with** Kenya's fraction of this age group shown to be〔3 パラグラフ〕

### ⑤ 関係代名詞の非制限用法（～ , which is ...）の運用

➤ **, which** is substantially ~〔2 パラグラフ〕

**, which** is triple the amount〔4 パラグラフ〕

### ⑥ それぞれの「年齢層」を言い換えたバラエティ

➤ 15-64 歳 : the working population〔2 パラグラフ〕

65 歳以上 : senior citizens〔3 パラグラフ〕

0-14 歳 : the youth population〔4 パラグラフ〕

第4章

**カテゴリーごとに分析し，
「相違点」と「共通点」の観点で考えること !!**

では，サンプルエッセイを見て，どのように改善すべきか考えてみましょう。

## サンプルエッセイを分析

The pie charts ① show proportions of age categories of three countries in 2019. ② Overall, Singapore had the highest percentage of people who are 15 to 64 years old, and it accounts for 75%. Also, other groups are much lower at 12% and 13%.

It is clear that people who are aged 15-64 are 75% in Singapore, 60% in Japan and 58% in Kenya. ③ In addition, in Kenya, the 0-14 age group comprises more than a third whereas the 65 and above age group takes only 2% of the total share. In Japan, ④ the 0-14 age range accounts for 12% while the 65 and above range makes up 28%. In Singapore, similar percentages can be seen in both groups, at 12% and at 13%.

Finally, Japan is ageing compared to Singapore and Kenya because there are higher proportion of older people. ⑤ This is probably because there are more older people in Japan, which is a serious problem. (155words)

## 【評価】TA（タスクの達成度）／CC（論理性と結束性）／LR（語法）／GR（文法）

*TA=Task Achievement　CC=Coherence and Cohesion
LR=Lexical Resource　GR=Grammatical Range and Accuracy

| TA | CC | LR | GR | Overall |
|---|---|---|---|---|
| 5.0 | 5.0 | 6.0 | 6.0 | 5.5 |
| 総評 | 字数も満たしており，overview も書かれており，語彙や文法のミスも比較的少なく感じますが，特に TA と CC の改善点が多く見受けられます。 | | | |

## 改善点・コメント

①設問文とまったく同じ表現が使われているため，**トータルの字数に含まれません**。丸写しはせず，キーワード以外はパラフレーズする必要があります。

②Singapore の描写しか書かれておらず，限定的になっています。また，イント

ロダクションで細かい数値が描写されている点も改善が必要です。overview は必ず「**全体像をとらえ，詳細な数値は含めない**」という観点から書くようにしてください。

③ In addition の後ろは，前文の内容に関連した追加事項が来るべきですが，直前では「15-64 歳人口」，In addition 以下は「ケニアにおける 0-14 歳人口と高齢者人口の対比」なので追加ではありません。これは cohesion のスコアに影響します。

④ while を使って対比していますが表現不足です。ここは倍数表現と代名詞を用いて，while the 65 and above range makes up **more than twice that figure [number]**. のように書けば文法の運用幅が UP します。

⑤ 主観的な要素を入れてしまっている例で，TA のスコアが悪くなります。Task 1 はあくまで情報を分析して描写するだけで，理由や考察を入れてはいけません。

## （2）Line graph　難易度 ★★★★☆　【制限時間 22 分】

***The graph below shows the average annual wage in four different countries between 1995 and 2019.***

***Summarise the information by selecting and reporting the main features, and make comparisons where relevant.***

Write at least 150 words.

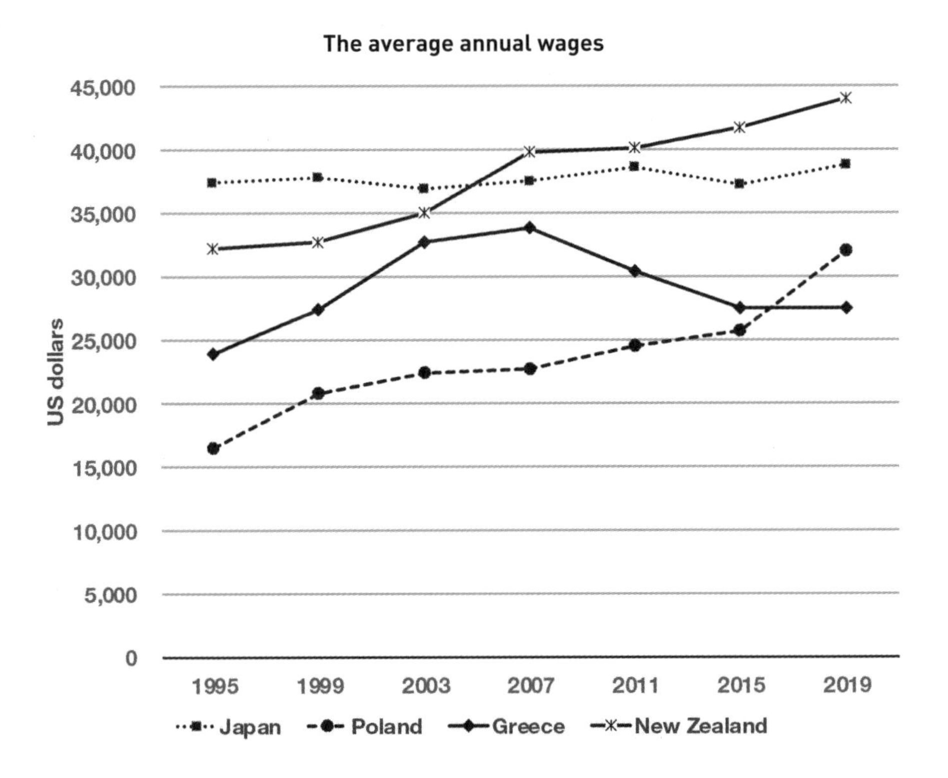

## ワンポイント・ティップ

複雑そうに見えますが，まずは落ち着いて最初と最後の年（1995 年と 2019 年）に着目して overview を見極めましょう。4 か国すべてで賃金が上がっていることが見て取れます。次のポイントは「**上昇している中での分類**」です。いきなり 4 か国を比べるのではなく，よく似た上昇をしている国とそうでない国に分けてください。加えて，どの国が何年にどの国を上回ったか，という「**超過**」についても触れ，順番の入れ替わりについても描写してください。最後に，最初の年と最後の年における「**数値の変化幅**」，つまり 24 年間での変化に触れることも描写の精度をアップさせる重要ポイントです。

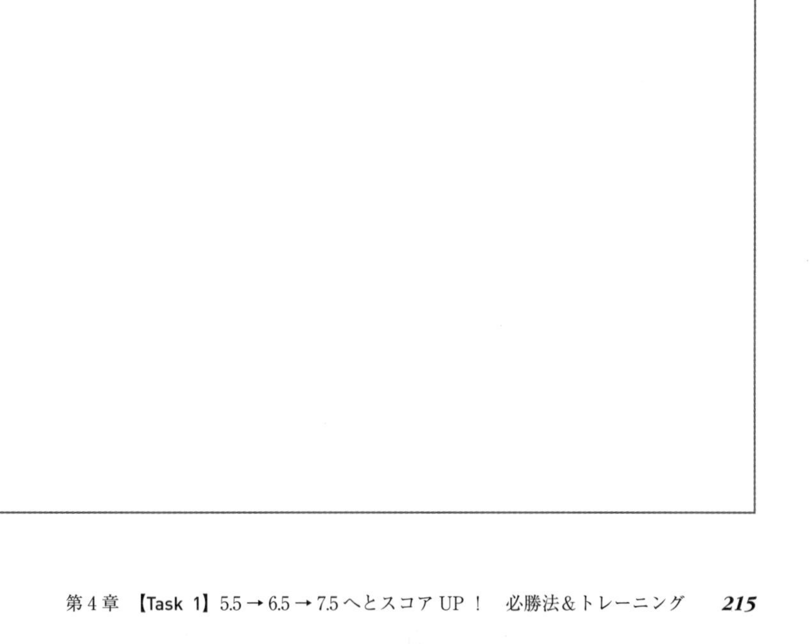

## 8.0 以上に UP するための Model essay

＊太字は重要 Cohesive devices（結束語）

This line graph illustrates the changes in the average yearly wage in four countries from 1995 to 2019. **Overall**, they all saw an increase over this time, with significant surges shown in Poland and New Zealand and minor rises in Japan and Greece.

The most notable point appears to be an upward trend shown in New Zealand and Poland. Starting at roughly $32,000 in 1995, the former surpassed Japan in 2005, with the figure climbing to almost $45,000 in 2019. **Similarly**, the latter saw fairly rapid and consistent growth throughout the years: it overtook Greece in 2016, before surging to $32,000.

**Regarding** Japan, which topped the graph until 2015, it sharply contrasts with other countries with its figure hovering around $33,000 over the 24-year period. What particularly stands out is the gap that narrowed between Japan and Poland. The difference in the average earnings in 1995 was over $20,000, but this figure became about one third that sum in 2019.

**Finally**, Greece followed a similar pattern to Poland until 2007, when its figure peaked at nearly $35,000. **Subsequently**, **however**, it witnessed a substantial drop by approximately $6,000 in 2015, followed by a four-year period of stability at 27,500, which was the lowest number from 2016 onwards.（213 words）

### スコア UP 重要語彙をチェック！

- □ **notable**（最も特筆すべき）
- □ **surpass**（～を超える《= exceed》）
- □ **top the graph**（グラフで最も高い数値を示している）
- □ **sharply contrast with ~**（～と著しく対照的である）
- □ **hover around ~**（～の辺りで変化する）

**【エッセイ訳】**

この折れ線グラフは，1995 年から 2019 年までの 4 か国の平均年収の変化を示しています。概して，ポーランドとニュージーランドで大幅な急増が見られ，日本とギリシャでわずかな上昇が見られました。

最も注目すべき点は，ニュージーランドとポーランドで見られる上昇傾向であると思われます。前者は 1995 年に約 32,000 ドルから始まり，2005 年に日本を上回り，2019 年には 45,000 ドル近くまで上昇しました。同様に，後者は年間を通じてかなり急速で一貫した増加が見られます。2016 年にギリシャを追い抜き，その後急上昇し 32,000 ドルまで達しました。

日本に関しては，2015 年まで最高値を示していましたが，他国とは対照的で 24 年間で 33,000 ドル前後を推移していました。特に際立つのは，日本とポーランドの間で縮まった差です。1995 年の平均収入の差は 20,000 ドルを超えていましたが，この数字は 2019 年にはその約 3 分の 1 になりました。

最後に，ギリシャは 2007 年までポーランドと同様の傾向をたどり，その数字は約 $35,000 で最高値に達しました。しかし，その後，2015 年には約 6,000 ドルの大幅な減少が見られ，続く 4 年間の変化が見られない期間は 27,500 ドルで，2016 年以降は最低値となりました。



## 必勝攻略レクチャー

目立つ特徴としては，Poland と New Zealand はよく似た大幅な上昇傾向を示しています。特に 2005 年に New Zealand が Japan を，2016 年に Poland が Greece を**追い越した点**，いわゆる「**超過**」は書く必要があります（「⑤さまざまな変化・特徴表現をマスター！」の 4. 参照→ p.129）。加えて，最初と最後の年における「**数値の変化幅**」と「**順番の変化**」にも着目してください。最も高い数値に達したのは，New Zealand ですが，Poland はおよそ 2 倍に増え，かつ 16,000 ドル増えているのでこの変化も描写すればエッセイの精度がアップします。

一方で，Japan と Greece（ギリシャ）については，それぞれ Japan は「変動が多いが，微増」，Greece は「いったん上昇して下がっている」という特徴があります。また，モデルエッセイの 3 パラグラフ目では 1995 年と 2019 年における数値差についても触れています。このように「**差の縮小や拡大**」にも着目することでさらに詳細な描写が可能になるので覚えておきましょう！

### スコアUPポイントをチェック！

**①「上昇」を表す語彙の正確で幅広い運用**

➤ surge / increase / rise / climb / peak / growth

**② 2 パラグラフ目で the former と the latter を上手く使い，繰り返しを回避**

**③ 数値を表す副詞の適切な運用**

➤ almost / roughly / nearly / around /approximately

**④ コロンの運用（2 パラグラフ）**

➤ fairly rapid ~ the years までの内容を “: it overtook Greece ~” 以下詳細に描写。

**⑤ 高度な文法項目の幅広い運用**

・分詞構文：**Starting** at roughly / **climbing** to ~ / before **surging**〔すべて2パラグラフ〕
・付帯状況の with: **with** its figure hovering around〔3パラグラフ〕
・関係代名詞 : Regarding Japan**, which** topped the graph ~〔3パラグラフ〕
・関係副詞：until 2007**, when** its figure peaked ~〔4パラグラフ〕

**⑥ スムーズな指示代名詞の用法**

3パラグラフの $20,000, but **this figure** became about one third **that sum** in 2019. の that figure と that sum はともに $20,000 を指し，これが上記で述べた差の**変化描写**です。

**Line graph は最初と最後に着目し「変化率」を描写せよ！**
**加えて「超過」の表現方法も確実にマスターせよ!!**

では，このトピックのサンプルエッセイを見て，改善すべきポイントを考えてみましょう。

## サンプルエッセイを分析

The line graph illustrates how the average annual income in four countries changed from 1995 to 2019. Overall, growth is seen in New Zealand and Poland whereas ① Japan and Greece fluctuated continuously during the period.

② Starting with New Zealand, the wage increased from approximately $32,500 in 1995 to $35,000 in 2003. In the following four years, a steep rise was recorded and it remained unchanged at $27,500. It was followed by a steady increase to almost 44,000 dollars in 2019. Similarly, Poland also shows an upward trend. It started with almost $16,000 in 1995 ③ and rose to $22,500 in 2003. After the four-year stability, it was increased greatly reaching over $32,000 in 2019.

④ Turning to Japan, small fluctuations are shown in the entire period. The figure started from approximately $37,500 in 1995 and reached less than $40,000 in 2019. Lastly, there was a huge increase in Greece with approximately $10,000, which indicated $34,000 in 2007 and is the highest wage during the ⑤ term. (175 words)

### 【評価】TA（タスクの達成度）／CC（論理性と結束性）／LR（語法）／GR（文法）

| TA | CC | LR | GR | Overall |
|---|---|---|---|---|
| 6.0 | 7.0 | 7.0 | 6.0 | 6.5 |
| 総評 | TAが低い理由は単語の使い方を誤った結果，描写が不正確になっている点，そして「比較がされていないこと」が大きな理由です。 | | | |

## 改善点・コメント

①fluctuateの主語は，numberやfigureなどの**数や割合を表す名詞**です。よって，Japan と Greece は fluctuate しないので，**the figures for Japan fluctuated** のように主語を変えます。また，fluctuateは増減を何度も繰り返す状態を表します。日本の年収はfluctuateしていますが，Greeceにそういった変化は見られません。

②は2パラグラフ目全体を意味します。文法や語法のミスも少なく書けていますが，New Zealand と Poland の変化の描写のみで，**他国との比較がされていません**。このようにいくら描写が正確でも比較がないとTAダウンの原因となります。

③LR改善の方法のひとつは，**数の表現にバラエティをつけること**です。このエッセイはすべて数で表記されていますが，例えばこの③をin 1995**, before rising by around 40% to reach $22,500** in 2003.のように，「**beforeの用法を使った分詞構文+差を表すby +増加率**」とすればLRのスコアUPにつながります。

④ここは3パラグラフ全体を指し，ここも②と同じく比較がありません。つまり，Japanは～，Greeceは…のように描写されているだけです。最低でも3行目の，LastlyはBy contrastに変える必要があります。あるいは，文をLastly, Greece **makes a stark contrast in the level of increase**.（最後に，増加の程度においてギリシャは著しく対照的である）のように書き換え，この後に数値の描写をします。繰り返しますが，Task 1のグラフ問題は**比較・対照の精度でスコアが決まる**，と覚えておいてください。

⑤termは「特定の行事や活動を行うための期間」という意味です。例えば，prison term（刑期）やa term of office（任期）といった形で使われます。よって，periodと言い換えできるケースは限られてきます。よって，ここではthe 24-year periodに変えるのが適切です。

## (3) Map 難易度★★★☆☆ 【制限時間22分】

> ***The maps below show how the area around Stewart Airport will change for 2045.***
>
> ***Summarise the information by selecting and reporting the main features, and make comparisons where relevant.***

Write at least 150 words.

**Present**

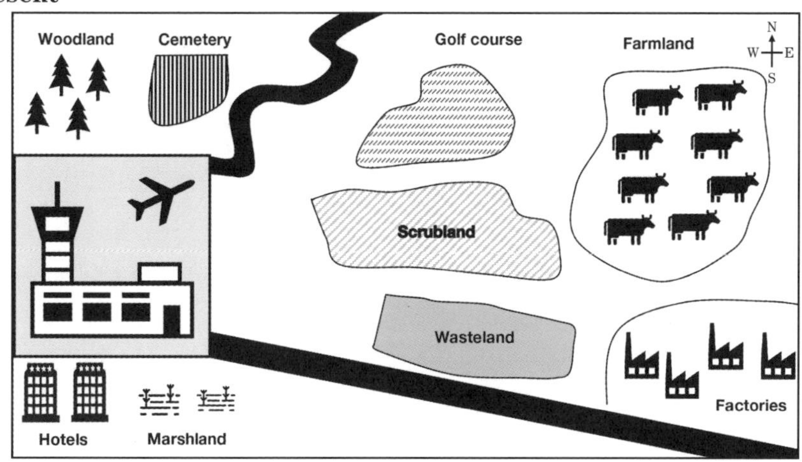


**2045**

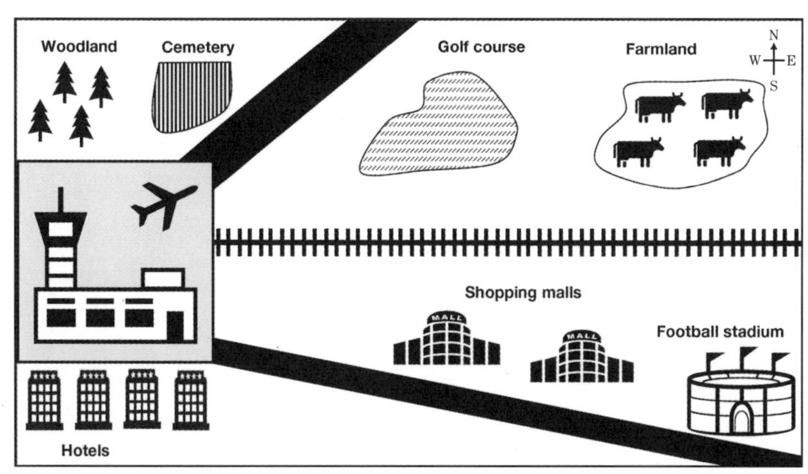

### ワンポイント・ティップ

マップ問題が出た場合は，**時制の確認**が最優先です。これは現在⇒未来の変化なので，「**計画・予定を表す語彙**」を使うことになります。次に，方角や何か目立つものを境界として分割してパラグラフ構成を考えます。ここでは Railway の建設により，周辺の地域が大きく変化するので，そこを軸に描写を進めてください。加えて，グラフ問題同様に「**変化あり**」と「**変化なし**」の分類を行い，「変化あり」の場合は単に change ではなく，どのような変化なのか**具体的な語彙で描写**するようにしましょう。

## 8.0 以上に UP するための Model essay

＊太字は重要 Cohesive devices（結束語）

These two plans illustrate various developments scheduled around Stewart Airport up to the year 2045. **Overall**, dramatic alterations or repurposing is planned for parts of this area in terms of both infrastructure and recreational facilities.

One marked change shown in these maps is the proposed construction of a railway line that heads due east from the airport. The areas earmarked for this are the patches of scrub and wasteland to the south of the golf course, and around half of the current area of farmland.

Significant building work is **also** planned for the area directly south of the new railway line. A **further** two hotels are to be added to the present-day area of marshland **while** shopping malls are set to be built between the southern road and the railway. The factories located in the south east at the moment are due for demolition and on the site a new football stadium is proposed for 2045.

**Lastly**, no major changes are indicated for the woodland and the cemetery to the north of the airport. **By contrast**, the winding road presently running between the cemetery and the golf course is to be both straightened and widened to add capacity.（198 words）

### スコア UP 重要語彙をチェック！

□ **scrubland**（雑木林）　□ **alteration**（変化）
□ **repurpose**（～の用途［目的］を変える）　□ **recreational facilities**（娯楽施設）
□ **marked**（目立った）　□ **due**（真～《north や south などの方角を修飾する》）
□ **earmark**（～に充てる，利用する）　□ **patch**（〔特定の〕場所，区域《= plot》）
□ **scrub**（雑木林）　□ **wasteland**（荒れ地）
□ ***be* due for demolition**（解体予定である）　□ **winding**（曲がりくねった）

**【エッセイ訳】**

これらの2つの地図は，2045年までにスチュワート空港周辺で予定されているさまざまな開発を示しています。概して，インフラと娯楽施設の両方の点において，この地域で大幅な変化や転用が計画されています。

2つの地図上で目立つ変化のひとつとしては，空港から真東に向かう鉄道路線の建設案です。このために充てられた場所は，ゴルフコースの南にある雑木地域と荒れ地，そして現在の農地の約半分です。

新しい鉄道路線のすぐ南の地域でも，大規模な建設工事が計画されています。現在の湿原エリアにさらに2つのホテルが増設され，南側の道路と鉄道の間にショッピングモールが建設される予定です。現在南東に位置する工場は解体が予定されており，そこには2045年新しいサッカースタジアムの建設が計画されています。

最後に，空港の北にある森林と墓地に大々的な変更はありません。それとは対照的に，現在墓地とゴルフコースの間を走る曲がりくねった道は，まっすぐになり，道幅も広がる予定です。

## 必勝攻略レクチャー

最も目立つのはRailwayが建設され，そしてそれにより周辺の土地に変化が起こることです。よって，これは最優先で描写してください。このような地域を分割する線路や大きな道路がある場合は，それを境として描写するとパラグラフの構成がしやすくなります。3パラグラフ目は多くの変化が見られる南側，4パラグラフ目は変化の少ない北側がそれぞれ描写されています。マップ問題はグラフ問題よりも，正確な語彙の使い方と，位置関係の明確化が重要になってきます。

## スコアUPポイントをチェック！

### ① 以下の「計画・予定」を表す表現の幅広い運用

➤ scheduled / planned / proposed / be to do / be set to / be due for

### ②「現在」を意味する表現の幅広い運用

➤ current / the present-day / at the moment / presently

この「現在」は，例えば仮に試験日が2021年であれば，**in 2021**のようにテスト当日の西暦で書いても構いません。

### ③ 正確な冠詞の使い分け

➤ 現在あるものには **the**，建設が予定されているものには **a** が付いています。

### ④ イントロの overview における分類

➤ overview にある in terms of infrastructure and recreational facilities の箇所に注目してください。これは road と railway が **infrastructure** で，shopping mall, football stadium, hotel が **recreational facilities** で分類・包括されています。このカテゴリーで分ける方法は overview で有効なので是非覚えておきましょう。

### ⑤ 方角や位置関係を表す語彙を用いた明確な描写

・2 パラグラフ： due east from the airport/ to the south of

・3 パラグラフ： directly south of / in the south east
between the southern road and the railway

・4 パラグラフ： to the north / between the cemetery and the golf course

第4章

**マップ問題は「時制の確認」と境界を見極め「区分を明確にした分類」を優先して徹底せよ !!**

## （4）Bar chart　難易度 ★★★☆☆　【制限時間 22 分】

***The graph below shows the market share of different types of cars in one European country in 2010, 2020 and 2050.***

***Summarise the information by selecting and reporting the main features, and make comparisons where relevant.***

Write at least 150 words.

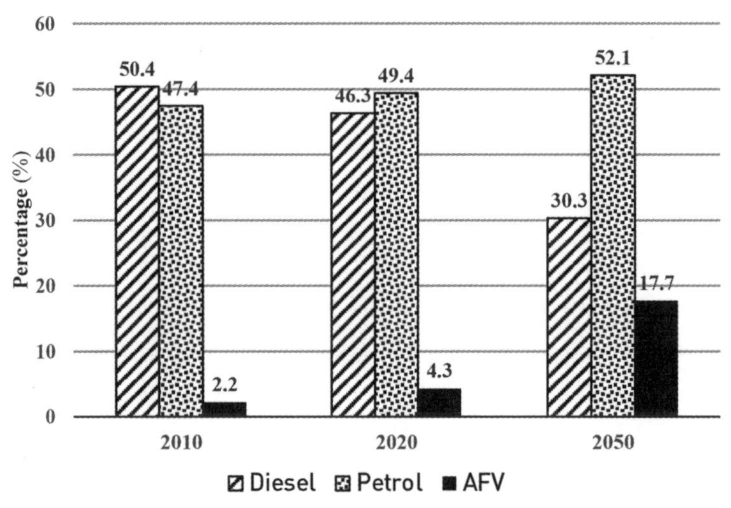


* AFV: Alternative Fuel Vehicles

### ワンポイント・ティップ

このグラフには**過去と未来のデータ**が含まれています。こういったタイプのグラフはまず情報の整理，つまり**パラグラフ構成**が重要です。最もスタンダードな方法は，「過去」の描写を 1 つ目のボディで，「未来」の描写を 2 つ目のボディで書くように情報を分類します。次に，(2) の Line graph で触れたように，大きな数値だけに着目するのではなく，「**変化率**」にも目を向けることが大切です。よって，ここでは特に変化の大きい AFV の変化の描写を忘れずに行ってください。最後に，このグラフは「**対比型**」のグラフなので倍数表現，そして予測を表す表現が必須です。しっかりと両方の表現を復習してからトライしてみましょう！

## 8.0 以上に UP するための Model essay

＊太字は重要 Cohesive devices（結束語）

The bar chart illustrates the changes in market share of three types of cars sold in one European country in 2010 and 2020, with future projections for 2050. **Overall**, substantial change can be seen, with a rise shown for petrol and AFV and a decline for diesel throughout the years.

In 2010, diesel took just over half of the total share, at 50.4%, closely followed by petrol, at only three percentage points lower than that sum. This trend, **however**, was reversed ten years later: **while** a fall of around 4% was recorded for diesel, a slight increase of 2% is shown for petrol, which captured the highest share, at 49.4%. **Regarding** AFV, with the figure remaining substantially lower than those of other car types in both years, its proportion nearly doubled to 4.3% in 2020.

**Turning to** the estimates, a dramatic change is forecast, particularly for diesel and AFV. The former is set to witness a sharp fall of 16%, **whereas** the latter is anticipated to enjoy a rise of over 13%, which is more than a four-fold increase during the 30-year period. **Finally**, with modest growth of only 2.7% predicted for petrol, it will continue to remain the highest choice of fuel in 2050, at 52.1%. (206 words)

### スコア UP 重要語彙をチェック！

- □ **diesel**（ディーゼル，軽油）
- □ **petrol**（ガソリン）
- □ **AFV**〔Alternative Fuel Vehicles〕（代替燃料自動車）
- □ **capture the highest share**（最も高いシェアを獲得する）
- □ **estimate**（予測〔値〕《= projection》）

**【エッセイ訳】**

この棒グラフは，2050 年の予測値とあわせて 2010 年と 2020 年にヨーロッパのある国で販売された 3 種類の自動車の市場占有率の変化を示しています。全体的に大幅な変化が見られ，この期間でガソリン車と AFV のシェアは増え，ディーゼル車は減少しています。
2010 年には，ディーゼル車が全体の半分をわずかに超える 50.4%を占め，ガソリン車がそれに続き，それよりわずか 3% 低い数値でした。しかし，この傾向は 10 年後に変化しました。ディーゼル車は約 4%の減少が見られる一方，ガソリン車は 2%わずかに増加し，49.4%で最も高いシェアを獲得しました。 AFV については，両年とも他の車種に比べて大幅に低い水準にありましたが，その割合は 2020 年には倍近くの 4.3%になりました。
予測値に目を向けると，特にディーゼル車と AFV について，大幅な変化が予測されています。前者は 16%の急激な減少が見られますが，後者は 13%以上の上昇が見込まれており，これは 30 年間で 4 倍以上の増加です。最後に，ガソリン車についてはわずか 2.7 %の緩やかな増加が予測されており，2050 年も 52.1%と最も高い選択肢であり続けると見積もられています。

## 必勝攻略レクチャー

1 つ目のボディパラグラフでは 2010 年と 2020 年の**過去の対比**を行います。順序は大きい数値の描写から始め，それと他のカテゴリーを比較する進め方が一般的です。よってこのボディでは主に Diesel と Petrol の比較がメインとなります。そして，Regarding 以下で，AFV の描写が加わります。ここでは単に AFV の描写だけでなく，Diesel と Petrol との比較を行うこともスコア UP のポイントです。

次は予測に関するパラグラフです。ここはまず増減の幅が大きい Diesel と AFV，そして変化幅が小さい Petrol に分かれています。つまり，「**増加グループと減少グループによる増減**」による分類だけでなく，「変化幅」による分類も効果的です。

## スコア UP ポイントをチェック！

### ① コロンの運用

2 パラグラフ目の This trend, however, was reversed ten years later: while ~. の箇所です。「しかしこの傾向は 10 年後に大きく変わった。**その内容とは～**」といった意味で，これは 4 章のパンクチュエーションで紹介した「**抽象⇒具体**」の流れです。

### ② 付帯状況の運用

2 パラグラフ目の Regarding AFV, **with the figure remaining substantially**

**lower** ~ の付帯状況がポイントです。

### ③ 予測を表す表現の幅広い運用

3パラグラフでは，次のように予測を表すさまざまな語彙が使われています。

➤ forecast / be set to / be anticipated to / will

### ④ 数値の同格表現

これは直前の数値を具体的に述べたり，別の表現で書く用法です。3パラグラフ目の is anticipated to enjoy a rise of over 13%**, which is more than a four-fold increase during the 30-year period**.（これは30年間で4倍を超える増加である）の箇所です。つまり，単に13%で終わるのではなく，下線部で説明を加えています。毎回書く必要はありませんが，「～年間で…の増加，減少」とすれば表現力がUPします。

**「予測値」がある場合は，「過去（～現在）」と「未来」に分けてパラグラフを作ること！**

## （5）Diagram　難易度★★★★☆　【制限時間 22 分】

***The diagram below shows how cotton garments are manufactured.***

***Summarise the information by selecting and reporting the main features, and make comparisons where relevant.***

Write at least 150 words.

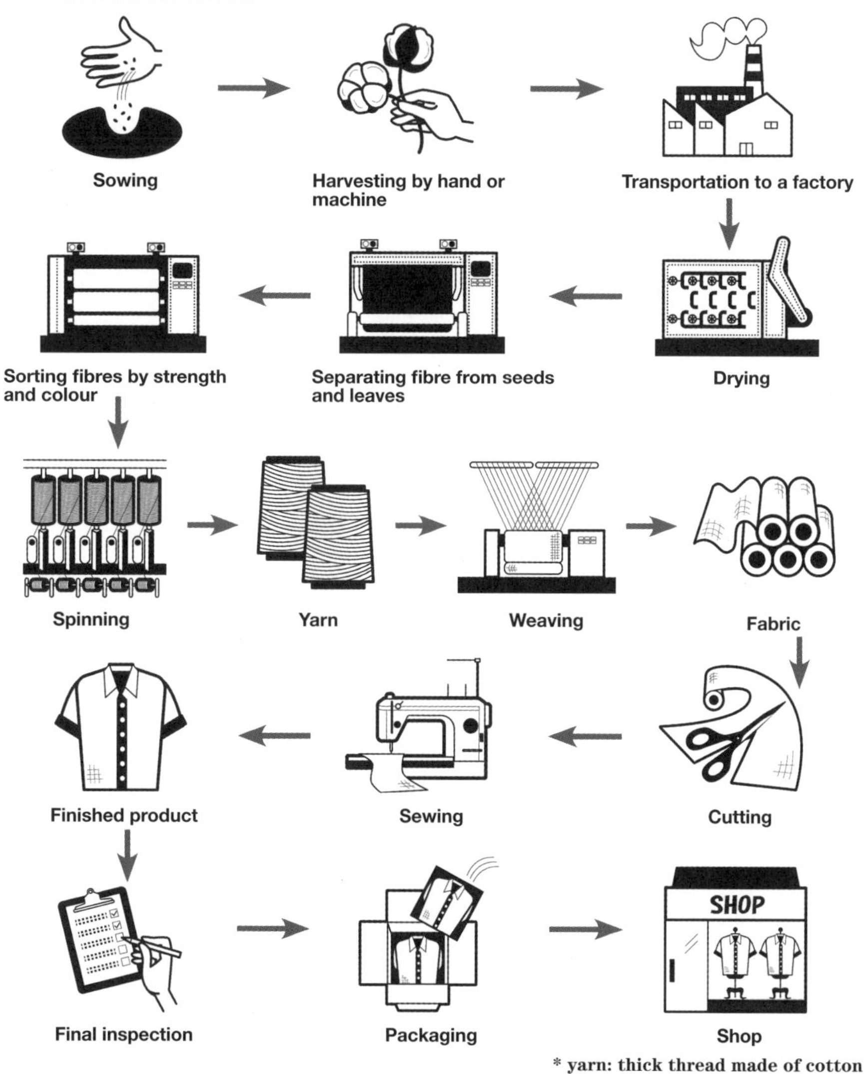


* yarn: thick thread made of cotton

## ワンポイント・ティップ

ダイヤグラム問題の優先事項は**パラグラフの構成**です。まず「**種まき（sowing）～工場に運ばれるまで**」が１つ目のボディでの内容です。第２ボディでは「**収穫された綿が布地（fabric）になるまで**」，そして第３ボディでは「**その布地から製品が作られ，店頭販売に至るまで**」のプロセスを書いてください。 次に語彙に関しては，図で示されている動詞は動名詞なので，過去分詞に変え，受動態メインで書き，そして図表から意味をくんで適宜表現を追加して描写してください。

## 8.0 以上に UP するための Model essay

＊太字は重要 Cohesive devices（結束語）

The diagram illustrates the process by which cotton garments are produced. **Overall**, there are 16 steps involved, from the growing and processing of the raw materials to the production and potential sale of cotton clothes.

The process begins with the planting of cotton seeds. On reaching maturity, the raw cotton is picked either manually or mechanically and **then** sent to a factory, where it undergoes further processing.

**After** the water has been removed, the dried cotton is put through a separation machine, which isolates the cotton fibres from the seeds and other unnecessary plant material. The extracted fibre is **then** classified according to its strength and colour, **before** being spun into thread, which is woven into sheets of cotton fabric.

The last six stages involve the manufacturing of clothes and their subsequent distribution. **Once** the fabric has been neatly trimmed, it is **then** sewn to create the desired finished garment. **Lastly**, the product goes through a final inspection, **before** the new clothes are packed into boxes and made available for sale in retail outlets.（173 words）

### スコア UP 重要語彙をチェック！

☐ **garment**（衣服）　☐ **sow**（〔種を〕まく）　☐ **harvest**（～を収穫する）
☐ **seed**（種）　☐ **reach maturity**（実になる，熟す）　☐ **raw**（加工されていない）
☐ **manually**（手で）　☐ **undergo ~**（〔特定の工程を〕経る《= go through》）
☐ **isolate**（～を分離させる）　☐ **extract**（～を抽出する）
☐ ***be* classified according to ~**（～によって分類される）　☐ **spin**（～を紡ぐ）
☐ **sew**（～を縫う）　☐ **weave**（～を織る）　☐ **neatly trim**（切って形を整える）
☐ ***be* made available for sale**（販売される）　☐ **retail outlet**（小売店）

**【エッセイ訳】**

この図は，綿の衣服が製造されるプロセスを示しています。概して，16の工程があり，原材料の栽培と加工から，綿の服の製造と販売見込みまでの過程が含まれています。

工程は綿の種を植えることから始まります。成熟すると，原綿は手作業または機械で摘み取られ，それから工場に送られ，そこでさらに加工されます。

水が取り除かれた後，乾燥した綿は分離機に進み，種子やその他の不要な植物材料から綿繊維が分離されます。抽出された繊維は，その強度と色によって分類されます。その後，紡いで糸になり，それは織られて綿織物の束になります。

最後の6つの段階には，衣服の製造とその後の流通工程が含まれています。生地がきちんと裁断されたら，それを縫って望ましい完成品が造られます。最後に，その製品は最終検査を受け，その後出来上がった服が箱に詰められ，小売店で販売が可能な状態になります。

## 必勝攻略レクチャー

ダイヤグラムの基本は，順序を表す cohesive devices の適切な運用と，図表に書かれた語彙を変化させることです。以下のレクチャーで詳しく見ていきましょう。

## スコアUPポイントをチェック！

### ① 高度な文法項目の幅広い運用

・関係副詞：a factory **where** it undergoes〔2パラグラフ〕
・on doing（～するとすぐに）の用法：**On** reach**ing** maturity,〔2パラグラフ〕
・, before（そしてその後～）の用法：**, before** being spun〔3パラグラフ〕
**, before** the new clothes are〔4パラグラフ〕
・関係代名詞《非制限用法》：thread**, which** is woven into〔3パラグラフ〕

### ② 表現の幅広い言い換え＋表現の補足

図中の語は次のように言い換えられていたり，プラスアルファで表現が追加されています（そのまま使われている箇所は除く）。変化をしっかり分析しておきましょう。

| 図中 | エッセイ |
| --- | --- |
| sowing | the planting of cotton seeds |
| harvesting by hand or machine | is picked either manually or mechanically |
| drying | the water has been removed |
| separating fibre from seeds and leaves | isolates the cotton fibres from the seeds and other unnecessary plant material |
| sorting fibres by strength and colour | is classified according to its strength and colour |
| spinning と yarn | spun into thread |
| weaving と fabric | woven into sheets of cotton fabric |
| cutting | neatly trimmed |
| finished product | the desired finished garment |
| packaging | packed into boxes |
| shop | made available for sale in retail outlets |

**ダイヤグラムの図中の語は「品詞の変化」「類語言い換え」「補足表現の追加」の3つを意識して運用せよ!!**

## (6) Two graphs 難易度 ★★★★☆ 【制限時間 22 分】

***The graph below shows the number of international students who enrolled in Australian education institutions between 2004 and 2018. The table shows the percentages of international students who enrolled in four different educational sectors over the same period.***

***Summarise the information by selecting and reporting the main features, and make comparisons where relevant.***

Write at least 150 words.

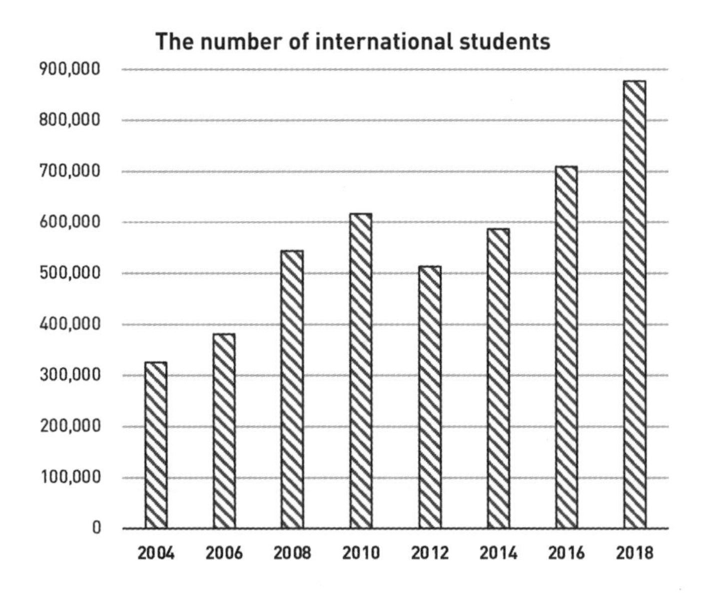


**The percentages of enrolment**

| | 2004 | 2018 |
|---|---|---|
| Higher Education | 50.5% | 45.4% |
| Vocational Education | 14% | 27.9% |
| English language schools | 19.3% | 17.8% |
| School Education | 8.4% | 3.1% |
| Others | 7.8% | 5.8% |

* International Student Enrolments in Australia 1994-2018 より一部抜粋

### ワンポイント・ティップ

このような複数グラフの場合は，まず 2 種類のグラフに比較できる関連性があるかを分析してください。ポイントは「**単位**」に着目することです。ここでは Bar chart は「留学生数」，Table は「割合」で書かれているため，比較することはできません。よって，1 つ目のボディパラグラフに Bar graph の描写，2 つ目のボディパラグラフに Table を書けばよいでしょう。

▼第4章

## 8.0 以上に UP するための Model essay

＊太字は重要 Cohesive devices（結束語）

The bar chart illustrates international student enrolment figures in Australia spanning from 2004 to 2018 at two-year intervals while the table shows the type of education for which these students enrolled in those two years. **Overall**, international student numbers clearly and dramatically increased during that period given, and significant variations in the preferred types of studies taken are evident.

Starting at 320,000 in 2004, enrolment of foreign students then climbed dramatically for the next six years, reaching over 600,000 in 2010. **However**, a sharp decline of roughly 20% was recorded for 2012, which took numbers to below the 2008 total. Returning to growth in 2014, at nearly 600,000, overall figures then rose consistently to about 880,000 by 2018, an increase of approximately 270% during the period in question.

**Turning to** the types of institution at which international students enrolled, the most noticeable difference is perhaps an increase in vocational studies. Enrolments for this type of study nearly doubled from 14% to 27.9%, making it the second most popular sector in 2018. **In contrast**, other sectors suffered slight decreases in student numbers. A drop of 1.5% is shown for students taking English language courses, **whereas** reductions of around 5% are apparent at both schools and in tertiary education.

(207 words)

### スコア UP 重要語彙をチェック！

- □ **student enrolment**（学生の入学者数）　□ **apparent**（明らかな）
- □ **return to growth**（再び上昇傾向に戻る）
- □ **during the period in question**（問題に示されている期間で）
- □ **markedly**（著しく）　□ **vocational**（専門技術に関した）
- □ **tertiary education**（高等教育機関《higher education の言い換え》）

**【エッセイ訳】**

> 棒グラフは，2年間隔で2004年から2018年までのオーストラリアへの留学生入学者数を，一方表はこれらの学生がこの2つの年に入学した教育機関の種類を示しています。概して，留学生数は期間中に明らかに劇的に増加し，そして好まれる学業形態の種類に大きな変化があるのは明らかです。
> 留学生の入学者数は，2004年の32万人から始まり，その後6年間で劇的に増加し，2010年には60万人を超えました。しかし，2012年には約20%急激に減少し，2008年の合計を下回りました。2014年に60万人近くまで増加傾向に戻ると，全体の数値は2018年までに継続的に約88万人に増えました。これは当該の期間中に約270%増加したことになります。
> 留学生が入学した機関の種類に目を向けてみると，おそらく最も顕著な違いは，専門技術学校における増加です。この種の機関への入学は，14%から27.9%にほぼ倍増し，2018年に2番目に人気のある機関になりました。対照的に，他の機関では入学率がわずかに減少しました。英語学校に在籍する学生は1.5%の減少が見られ，初等・中等教育学校と高等教育の両方で約5%の減少が見られます。

第4章

## 必勝攻略レクチャー

まずは棒グラフを描写した1つ目のボディパラグラフからです。このグラフは比較対象がないため，年代ごとの数値変化を描写します。ただし年度ごとに1つ1つ比較するのではなく，大きな特徴ごとに分類します。つまりここでは，モデルアンサーにあるように「**2004年～2010年までの上昇**」「**2010年～2012年での減少**」「**2014年～2018年までの再上昇**」の3つに区切り描写すればよいでしょう。

次にTableは増減ごとに比較・分類します。唯一上昇しているのはVocational Educationで，最も数値変化の大きい部門なのでここから始めます。その他の区分はすべて減少しているので，これらをグループ分けし，モデルエッセイのようにin contrast, whereasを用いれば比較の精度がアップします。

## スコアUPポイントをチェック！

**① 分詞構文の効果的な運用 ⇒ and ～ の繰り返しを減らすことができます。**

・2パラグラフ：**Starting** at 320,000 ／, **reaching** over 600,000 ／
**Returning** to growth in 2014,

・3パラグラフ：, **making** it the second most popular sector

**②《前置詞＋関係代名詞》の用法**

これは3章のGrammatical range and accuracyの項目で紹介したスコアUPに

つながる用法です。1パラグラフ目の，the type of education for which these students enrolledと，3パラグラフ目のat which international students enrolledの2か所です。それぞれ，本来enrol forとenrol atにあるforとatが前に出てきた形です。

**③ 数値の具体化**

➤ これは（4）のBar graphで紹介した，数値を同格的に言い換える描写方法です。2パラグラフ目の最後に“an increase of approximately 270% during the period in question.”（示されている期間で約270%の増加）と書かれています。これは2004年～2018年の伸び率を表したもので（約32,000⇒約88,000）で，素早い正確な計算が必要ですが，入れると表現力がUPします。

**各グラフに関連性がない場合は，パラグラフを分けて別々に描写せよ!!**

以上でTask 1のすべてのレクチャーは終了です。お疲れさまでした。スコアアップにつながるポイントや，構成，そして文法，語彙を含めた表現方法はご理解いただけましたか？　チャレンジングな部分が多かったと思いますが，特に練習問題や実践問題は何度も繰り返し，Task 1のポイントを少しずつ吸収していきましょう。

では次はいよいよTask 2です。こちらもなかなかタフですが，基本から着実に学習し，少しずつ一緒に学習していきましょう！

# 【Task 2】
# 5.5→6.5→7.5へとスコアUP！
# 必勝法＆トレーニング

# 第5章
# 【Task 2】5.5→6.5→7.5へとスコアUP！必勝法＆トレーニング

Task 2 は，与えられたテーマに対して 250 ワード以上を書き上げることが求められます。スコア全体の**3分の2を占めるため**，Task 2 の準備と対策が目標スコア達成の大きな鍵を握ります。ここでは**Task 2 で出題される問題を頻度別に分け**，**「テーマ別語彙と背景知識」「タイプ別エッセイの攻略法」「実践トレーニング」**の**3段階アプローチで対策**を行います。では初めに，Task 2 攻略に必要な英語力以外の3つの重要な要素を確認しておきましょう。

## 1. 背景知識（Background knowledge）

➤ 専門分野の基礎知識を付け，それらを効果的にアウトプットする力が求められます。そしてそれと同時に，諸問題に対する**自身の見解を持つこと**もハイスコアをゲットする上で重要なポイントと言えます。また，各分野で使われる**分野別語彙**の習得もスコア UP に不可欠な要素と言えます。

## 2. 文章構成力（Essay writing）

➤ Task 1 とは異なる形式やルールに従いエッセイを書かなければいけません。また，日本語的発想にもとづく大学入試レベルの緩い英作文ではなく，IELTS にふさわしい（セミ）アカデミックな文章の流れを構築し，常に読み手を意識したわかりやすい英文を書くことが重要です。

## 3. 問題パターン分析（Analysis of common essay types）

➤ 出題されるエッセイタイプを把握し，各タイプの特徴と，それに適した書き方をマスターすることが大切です。いくら語彙や文法が正しくとも，問われていることに適切に答えていなかったり，主題から逸脱してしまうと，スコアダウンにつながります。本書では問題タイプごとのテクニックと最新の傾向を踏まえ，Task 2 を攻略していきます。

以上が Task 2 攻略において基本となる3要素です。それでは，まず1の**背景知識**を付けていただくために，出題頻度の高い分野のレクチャーから始めていきます。それでは早速まいりましょう！

## Task 2　頻出 10 テーマを攻略！

Task 2 攻略のポイントは「**出題頻度の高いテーマを集中的に行うこと**」です。ただし，公式問題集やインターネット上の問題をひたすらこなすのは非効率で，これは過去の出題頻度を考慮しておらず，マイナーな問題も多く含まれるからです。ここでは過去 10 年間に出題された問題と，公式問題集を中心としたケンブリッジ大学出版が出している関連書籍の問題を含めたデータベースから分析したテーマを厳選して取り上げます。Task 2 でおさえておくべきテーマは次の 10 分野です。

**頻出 10 テーマ**

1. **Education**（教育）
2. **Environment**（環境）
3. **Media**（メディア）
4. **Modern life**（現代生活）
5. **Business and economy**（ビジネスと経済）
6. **Science and technology**（サイエンス・テクノロジー）
7. **Philosophy of life**（人生哲学）
8. **Social issues**（社会問題）
9. **Arts and entertainment**（芸術と娯楽）
10. **Gender**（ジェンダー）

この 10 分野に焦点を絞り，出題頻度の高いトピックを厳選して取り上げます。ちなみに IELTS は世界で行われるため，次のような sensitive（デリケート）かつ controversial（議論の激しい）なテーマは出題されませんので，対策は不要です。

**death**（死）／ **euthanasia**（安楽死）／ **politics**（政治）／
**war**（戦争）／ **religion**（宗教）／ **organ transplant**（臓器移植）／
**abortion**（中絶）／ **same-sex marriage**（同性婚）など

ここからこの 10 テーマで必要とされる基礎的な背景知識とテーマ別語彙を取り上げていきます。特に語彙の評価基準でハイスコアを取るためには，難解な語彙を使うことではなく「**テーマ別語彙の適切な運用**」が鍵となります。初めて知ることや，見たこともない表現が多く，難しく感じるかもしれません。しかし，何度も触れることで少しずつ身につけていきましょう！

## 1. Education（教育）

### ◉ 3大重要トピック

➤ 次の3つは理由や具体例を含めて必ずアイデアを考えておきましょう！

**1. 小学校から大学までは，すべて無償にするべきか否か**
**2. 子供の成長過程で，親と学校どちらの影響が大きいか**
**3. サイエンス系科目と，人文科学系科目のどちらが大切か**

### ❖ ワンポイント・レクチャー

「**教育**」は一般的に**幼児教育**（**nursery [early childhood] education**），**初等教育**（**primary education**），**中等教育**（**secondary education**），**高等教育**（**higher [tertiary] education**）の4つに分類されます。中でも**高等教育**関連がIELTSでは重要です。例えば，「**大学進学は政府により資金援助されるべきか否か**」「**大学生は学業以外の課外活動に取り組むべきか**」，または「**政府は高等教育か職業訓練教育**（**vocational education and training**）**のどちらに費用を使うべきか**」といったテーマが主となります。また,「**大学での対面授業は将来不要になるか**」といった遠隔学習（**remote learning**）についてのメリットとデメリットも考えておきましょう。

次に，特定の教科に関連したトピックも重要です。「**音楽や芸術などのアート系科目は必須科目**（**compulsory subjects**）**にするべきか**」「**歴史は科目として学ぶ意味があるか否か**」はその代表例です。特に**サイエンス，数学，歴史，芸術を学ぶことで得られるメリット**についてはしっかりとアイデアを準備しておきましょう。

加えて，**子育て**（**parenting**）におけるトピックもおさえておく必要があります。例えば,「**親の教育力を上げる効果的な方法は何か**」「**子供のしつけ**（**child discipline**）**は親か学校のどちらが責任を持つべきか**」，また「**親と教師ではどちらが子供の成長により大きな影響を与えるか**」といった**人格形成**（**character development**）についての出題も見られます。

この他にも「**外国語学習**」のテーマも重要で，「子供は早期から外国語を学ぶべきか」「**機械翻訳の機能改善により，外国語学習は不要になるか**」などが代表例です。加えて,「**学校での携帯電話や電子機器**（**electronic devices**）**の使用を禁止すべきか**」といった校則に関するテーマについても意見を持っておきましょう。

## CHECK 「教育」必須語彙 10 をマスター！

| | |
|---|---|
| **nursery education** | 名 幼児教育（≒ pre-school [early childhood] education）<br>関連表現として，creche《英》／ day care center《米》（託児所）や childminder（親の留守中に自宅で子供の面倒を見る人）も要チェック！ |
| **pre-schooler** | 名 就学前児童<br>子供の発達段階は newborn（新生児）→ infant（乳児）→ toddler（よちよち歩きの小児）→ pre-schooler → schoolchild（学童）となる。 |
| **discipline** | 名 ①しつけ　②学術分野（= field of study）<br>a lack of discipline in the home（家庭でのしつけ不足）<br>a wide range of academic disciplines（幅広い学術分野） |
| **parenting** | 名 子育て<br>improve parenting skills（子育てスキルを改善する）<br>juggle work and parenting（仕事と子育てを両立する） |
| **bullying** | 名 いじめ　関 bully（～をいじめる，いじめっ子）<br>teasing（からかい），name calling（悪口），physical assault（身体的暴力），cyberbullying（ネット上のいじめ）などが代表例。 |
| **literacy and numeracy** | 名 読み書き能力と計算能力<br>関 illiterate and innumerate（読み書きと計算ができない）<br>関 literacy rate（識字率）／ develop cultural literacy（教養を高める） |
| **extracurricular activity** | 名 課外活動<br>take part in extracurricular activities like sports and volunteering（スポーツやボランティアなど課外活動に参加する） |
| **take a gap year** | 動 ギャップイヤーを取る<br>高校卒業後，直接大学に進学せず 1 年間働いたり，ボランティアなどを行ったりしてさまざまな経験を積むこと。 |
| **academic skills** | 名 アカデミックスキル<br>critical thinking（クリティカルシンキング），problem-solving（問題解決能力），reasoning（推論）などが代表例。 |
| **emotional maturity** | 名 心理的発達<br>関 intellectual [social] maturity（知性［社会性］の発達）<br>関 independent thinking（自立的思考） |

## 2. Environment（環境）

### ◉ 3大重要トピック

➤ 次の3つは理由や具体例を含めて必ずアイデアを考えておきましょう！

**1. 交通渋滞の原因と，効果的な対処法**
**2. 代替エネルギー利用のメリットとデメリットとは**
**3. 世界中で動植物が減少しているが，その原因と効果的な対策**

### ❖ ワンポイント・レクチャー

一般的に，**環境**は **the natural environment**（**自然環境**）と **the human-made environment**（**人工環境**）の2つに分類されますが，IELTS で重要な項目は前者です。特に環境問題に対するその**原因と解決策**（**cause and solution**），あるいは**原因と影響**（**cause and effect**）について問われる出題頻度が高い傾向にあります。

まず**地球温暖化**（**global warming**）は必須で，主な原因は，産業活動における**化石燃料燃焼**（**combustion of fossil fuels**）や，**二酸化炭素排出**（**carbon emissions**）量の増加によって**温室効果**（**greenhouse effect**）が引き起こされるからです。また，**農地拡大や土地開発を目的とした森林伐採**（**deforestation for agriculture and land development**）も温暖化の原因であり，この結果**自然災害**（**natural disasters**）や**異常気象**（**extreme weather**）をはじめとする，**気候変動**（**climate change**）を誘発することになります。

最後にこういった問題に対する「**対処法**」や「**解決策**」を考えていきましょう。地球温暖化対策としては，まずは**エネルギーの運用管理**（**energy management**）が重要で，産業活動におけるエネルギー利用の節約や**効率性の向上**（**improve energy efficiency**）が鍵となります。次に，太陽光，風力に代表される**代替エネルギー**（**alternative energy sources**）の活用が挙げられます。同様に，二酸化炭素削減の一環として**環境に優しい車両**（**environmentally-friendly vehicles**）の積極的な導入，または車の使用を抑制する方法として，公共交通機関や道路網をはじめとする**交通インフラの改善**（**improvement of transport infrastructure**）や，**自転車専用道路の設置**（**creation of cycle lanes**）などが考えられます。他にもごみ問題への対策法も出題頻度が高いので，リサイクル以外の対策法を考えておきましょう。

## CHECK 「環境」必須語彙 10 をマスター！

| | |
|---|---|
| **biodiversity** | 名 生物的多様性（= biological diversity）<br>prevent the loss of biodiversity（生物多様性の喪失を防ぐ）<br>efforts to conserve biodiversity（生物多様性を守る取り組み） |
| **endangered species** | 名 絶滅危惧種<br>the illegal trades in endangered species（絶滅危惧種の違法取引）<br>関 flora and fauna（動植物）<br>関 invasion of alien species（外来種の侵入） |
| **fossil fuels** | 名 化石燃料<br>oil（石油），coal（石炭），natural gas（天然ガス）は具体例として書けるようにしておきましょう。 |
| **greenhouse gas emissions** | 名 温室効果ガス（の）排出<br>curb greenhouse gas emissions（温室効果ガスの排出を抑制する）<br>関 vehicle exhaust emissions（排気ガス） |
| **renewable energy source** | 名 再生可能エネルギー<br>sun，wind，tidal wave（潮力），biomass（バイオマス），hydro power（水力），geothermal energy（地熱）は書けるようにしておこう。 |
| **water pollution** | 名 水質汚染（≒ water contamination）<br>他にも，air pollution（大気汚染），soil pollution（土壌汚染），noise pollution（騒音公害），light pollution（光害）も要チェック！ |
| **waste disposal method** | 名 ゴミ処理方法<br>recycling 以外では，incineration（焼却），landfilling（埋め立て），dumping（投棄），composting（堆肥化）などが主な処理方法。 |
| **poaching** | 名 密猟（= illegal hunting）<br>特に medicine や cosmetics に使われる rhino（サイ）の角や，装飾（ornament）に使われる象牙（ivory）が標的となる。 |
| **wildlife conservation** | 名 野生生物保護（= conservation efforts）<br>動物園や保護団体が行う habitat restoration（生息環境の修復），captive breeding（人工繁殖），repopulation（再増殖）は重要ワード。 |
| **livestock farming** | 名 家畜農業<br>overgrazing（過度な放牧）により desertification（砂漠化）が進行し，land degradation（土壌劣化）につながる。 |

## 3. Media（メディア）

### ◎ 3大重要トピック

➤ 次の３つは理由や具体例を含めて必ずアイデアを考えておきましょう！

1. 広告のメリットとデメリット
2. テレビやコンピューターゲームが子供に与える影響
3. ソーシャルメディアがコミュニケーションに与える影響

### ❖ ワンポイント・レクチャー

メディアで最も重要なテーマは，**広告**（**advertising**）に関するトピックです。「**広告が社会や個人に与えるよい影響と悪い影響は何か**」は必須で，これと関連した「**広告は子供に悪影響であるか否か**」といった子供への影響を問う問題は毎年出題されています。また「**有名人が広告を通じて製品をアピールすることはよいことか否か**」も準備が必要です。

次に**インターネットやテレビ，新聞などの情報媒体**についての出題もよく見られます。「**テレビ［新聞］などの媒体は信頼性の高い情報源である，という意見にどの程度賛成か反対か**」，またこれと関連して「**新聞や本などの紙媒体はデジタル化**（**digitisation**）**により不要になるか**」といった**デジタルトランスフォーメーション**（**digital transformation**）に関する出題も見られます。同じく，「**図書館はインターネットの影響で将来不要になるか**」は，スピーキングの Part 3 でも出題される重要トピックのひとつです。この他にも「**暴力シーンを含むテレビ番組や，映画，ゲームは禁止されるべきか否か**」も意見をまとめておきましょう。

最後に，**ソーシャルメディア**に関するテーマも見ていきましょう。「**ソーシャルメディアが，対面でのやり取り**（**face-to-face interaction**）**に取って代わることは，メリットとデメリットどちらが大きいか**」は非常にメジャーなトピックのひとつです。この他にも**歴史上の人物**（**historical figures**）**よりも歌手や映画俳優などの有名人を手本**（**role model**）**にする若者が多いがこれはなぜか，またよい傾向か**」，そしてさらにはスピーキングの Part 3 でも出題される「**有名であることのメリットとデメリットとは**」も一緒にアイデアを準備しておきましょう。

## CHECK＞「メディア」必須語彙 10 をマスター！

| | |
|---|---|
| **confidential** | 形 機密の（secret の強調＋フォーマルな語）<br>the leakage of confidential information（機密情報の漏洩）<br>関 confidentiality（機密，守秘義務） |
| **impulse buying** | 名 衝動買い<br>関 make an impulse purchase（衝動買いする）<br>関 buy in bulk（大量買いする） |
| **consumer spending** | 名 消費支出<br>consumer を使った重要表現として，consumer confidence（消費者の信頼），consumer behaviour（消費者行動）も要チェック。 |
| **media attention** | 名 メディアの注目<br>attract [garner] media attention（メディアの注目を集める）<br>become the centre of media attention（メディアの注目の的となる） |
| **online platform** | 名 ネット上のサービス基盤<br>インターネットを通じ，サービスの提供や交流を行う土台のこと。Google, Twitter, YouTube, Amazon などが代表例。 |
| **current affairs** | 名 時事問題<br>politics（政治）や economics（経済）などを中心とした social issues（社会問題）のこと。 |
| **invasion of privacy** | 名 プライバシーの侵害<br>動詞で invade *one's* privacy としても使われる。<br>関 protect personal privacy（個人のプライバシーを守る） |
| **censorship** | 名 検閲<br>increase censorship of online content<br>（ネットコンテンツの検閲を強化する） |
| **intellectual property** | 名 知的財産<br>protect intellectual property rights（知的財産権を守る）<br>関 patent（特許）⇒ obtain a patent for ~（～の特許を得る） |
| **copyright** | 名 著作権<br>copyright infringement（ネット上での著作権侵害）<br>関 piracy（著作権侵害：海賊版を作って売る犯罪行為）<br>関 trade mark（商標）⇒ register a trade mark（商標登録する） |

## 4. Modern life（現代生活）

### ◎ 3大重要トピック

➤ 次の3つは理由や具体例を含めて必ずアイデアを考えておきましょう！

**1. グローバル化による社会への影響**
**2. 近年の生活スタイルの変化はよい傾向か否か**
**3. 政府は病気の予防か治療のどちらに予算を費やすべきか**

### ❖ ワンポイント・レクチャー

このテーマにおける重要項目は「**健康**」と「**生活の変化**」です。前者については，前提として健康は**身体的健康**（**physical health**）と**精神衛生**（**mental health**）の2つに分類されることを知っておいてください。この「**健康**」のテーマでまずおさえるべきトピックは「**健康維持と増進は個人か，政府の責任か**」です。よって，「**個人でできる健康管理の方法**」と「**政府が行うべき国民への健康保障活動**」の2点については考えを整理しておきましょう。次に健康問題に関するトピックも必須で，例えば「**肥満**（**obesity**）**や運動不足の人が増えている原因とその対策は何か**」は準備が必要です。また「**医療研究への資金援助は国民，政府，企業のいずれが行うべきか**」というトリッキーな問題もここ数年で出題されています。

次に「**生活の変化**」については，まず「**家族の構造**」（**family structure**）や暮らし方についてのテーマが重要です。「**近年一人暮らしの人が増え，旧来の核家族**（**extended family**）**が減っているが，それはなぜか**」は準備しておきましょう。次にグローバル化に伴う生活への影響も重要です。例えば，「**外国に移住する場合，現地の文化と言語を学ぶことは必須であるか否か**」「**他国の文化を学ぶには現地に行くのが最善の方法である，という意見にどの程度賛成か反対か**」といった異文化コミュニケーション（**intercultural communication**）に関連した出題も見られます。

これらの他にも，**異なる分野との混同**でよく出題されます。例えば環境と関連した「**現代は，物をすぐに買い換える使い捨て社会**（**a throwaway society**）**であるがこれはなぜか，社会に与える影響は何か**」や，「**建築**」に関連した「**多くの都市で建築基準が緩くなり，さまざまな種類やデザインの建築物が増えているがメリットとデメリットのどちらが大きいか**」もあわせておさえておきましょう。

## CHECK 「現代生活」必須語彙 10 選

| | |
|---|---|
| **infrastructure** | 名 インフラ，社会基盤<br>電気，水道，道路，鉄道，学校，病院など社会生活の基盤のこと。<br>improve transport infrastructure（交通インフラを改善する） |
| **the cost of living** | 名 生活費（≒ living costs）<br>reduce the cost of living（生活費を減らす）<br>関 raise the standard of living（生活水準を高める） |
| **household** | 名 世帯，家族　形 家庭の<br>children in single-parent households（一人親世帯の子ども）<br>support for low income households（低所得世帯への経済支援） |
| **family planning** | 名 家族計画（子供を何人作るかという意味）<br>contraception and family planning（避妊と家族計画）<br>➤人口増加の解決策を問われたらこの 2 つを答えよう。 |
| **sugary** | 形 砂糖を多く含んだ　関 fatty（脂肪分の多い），processed（加工された）<br>introduce a tax on sugary drinks and junk food<br>（砂糖の多い飲み物やジャンクフードへの税を導入する） |
| **intake** | 名 ①摂取量　②定員，採用人数<br>reduce the intake of salt, sugar and saturated fat<br>（塩分，糖分，飽和脂肪酸の摂取量を減らす） |
| **childhood obesity** | 名 小児肥満<br>この他にも overeating（過食）, diabetes（糖尿病）, cancer（がん）,<br>heart disease（心臓病）などの語彙は使えるようにしておきましょう。 |
| **cardiovascular** | 形 循環器の（= cardio）<br>cardiovascular disease [exercise]（循環器疾患［有酸素運動］）<br>関 respiratory disease（呼吸器系疾患） |
| **cross-cultural awareness** | 名 異文化理解（= cross-cultural understanding）<br>raise [heighten] cross-cultural awareness（異文化理解を高める）<br>関 cultural diversity（文化的多様性 ≒ multiculturalism） |
| **integrate into** | 動 ～に溶け込む<br>integrate into society [communities]（社会 [ 地域 ] に溶け込む）<br>関 cultural and language barriers（文化と言語の壁），a breakdown in communication（コミュニケーションの断絶） |

## 5. Business and economy（仕事とビジネス）

### ◎ 3大重要トピック

➤ 次の3つは理由や具体例を含めて必ずアイデアを考えておきましょう！

**1. 若年層と中年層ではどちらがリーダーに向いているか**
**2. 国際観光の発展におけるメリットとデメリット**
**3. 研修や会議がオンラインで行われることのメリットとデメリット**

### ❖ ワンポイント・レクチャー

まず「**職業選択**」については，「**経済的安定（job security）か，やりがい（job satisfaction）のどちらが重要か**」は必須テーマです。次に，「**ずっと同じ会社で働く方がよいか，転職により複数の会社で働く方がよいか**」，加えて「**フリーランス（self-employed）か，特定の会社に雇用される方がよいか**」，といった働き方に関したテーマの出題も見られます。また，近年高まる傾向として**リモートワーク（remote work）**のメリットとデメリットについては考えを整理しておいてください。

次に**ビジネス関係**では**企業の社会的責任（Corporate Social Responsibility: CSR）**のテーマが重要です。これは企業が利益を上げること以外に行う社会貢献活動のことを指し，この取り組みの重要性について問われることがあります。次に，「**学歴よりも実用的なスキルの高さ重視で採用する企業が増えていることはよい傾向か**」もよく出題されます。この他にも「**重要なリーダーの資質（leadership qualities）とは何か**」，などの**リーダーシップ論**についての出題もあります。**柔軟性（flexibility），立ち直る力（resilience），臨機応変性（resourcefulness）**などの具体例は挙げられるようにしておいてください。

最後に**経済と関連したテーマ**も出題されます。特に重要な産業は**観光産業（tourism）**で，「**国際観光（global [international] tourism）の発展におけるメリットとデメリットは何か**」「**観光産業に力を入れている国が増えている理由は何か，それはよい傾向か否か**」は必ず考えておいてください。次に「**輸入品の増加は国内の経済によい影響か悪い影響のどちらが大きいか**」「**経済発展のメリットとデメリットはどちらが大きいか**」といった経済関連のテーマも準備しておきましょう。

## CHECK 「ビジネスと経済」必須語彙 10 をマスター！

| | |
|---|---|
| **productivity** | 名 生産性<br>enhance productivity and efficiency（生産性と効率性を高める）<br>関 a productive workforce（生産性の高い従業員） |
| **remote working** | 名 リモートワーク（= teleworking）<br>a shift to remote working（リモートワークへの転換）<br>関 through video conferencing（ビデオ会議を通して） |
| **work-life balance** | 名 ワークライフバランス<br>maintain a healthy work-life balance<br>（健全なワークライフバランスを保つ） |
| **revenue** | 名〔国や企業の〕収入<br>a major source of revenue（主な収入源）<br>boost revenue from tourism（観光産業からの収入を増やす） |
| **employee benefits** | 名 福利厚生<br>給与以外の特典のことで，pension（年金），childcare support（子育て支援），annual paid leave（年次有給休暇）などがある。 |
| **emerging markets** | 名 新興市場（≒ fastest growing markets）<br>China, India, Brazil, Malaysia などの成長著しい市場のこと。<br>invest in emerging markets（新興市場に投資する） |
| **workforce** | 名 従業員全体（= labour force）<br>enter [join] the workforce（就労する，社会に出る）<br>reduce the size of the workforce（従業員を削減する） |
| **CSR** | 名 企業の社会的責任（= corporate social responsibility）<br>具体的に，charity（慈善活動），job creation（雇用の創出），fair trade（公正取引），environmental protection initiatives（環境保全活動）などの例を挙げればスコア UP！ |
| **turnover** | 名 ①売上高　②離職率<br>suffer a fall in turnover（売上が落ち込む）<br>reduce staff turnover（離職率を下げる）<br>関 retention of skilled staff（技術の高い従業員の**定着**，**維持**） |
| **emotional intelligence** | 名 感情的知能，心の知能指数<br>EQ とも呼ばれ，自己や他者の感情を理解し，人間関係を構築する知能で，リーダーの資質のひとつ。empathy（共感性），self-awareness（自己認識），relationship management（人間関係管理力）が代表例。 |

## 6. Science and technology（サイエンス・テクノロジー）

### ◉３大重要トピック

➤ 次の３つは理由や具体例を含めて必ずアイデアを考えておきましょう！

**1. オンラインショッピングのメリットとデメリット**
**2. ロボットや AI の導入によるメリットとデメリット**
**3. 宇宙探索に資金を投入することにどの程度賛成か，反対か**

### ❖ワンポイント・レクチャー

近年の出題で圧倒的に多いのが，**テクノロジー**に関連したトピックで，背景知識は必須です。昨今では AI をはじめとする**ロボットの実用化**（**the practical application of robotics**）がさまざまな業界で進んでいます。特に，**単純作業**（**manual labour**）を機械化することで作業を効率化し，生産性を高めようとする動きが高まっています。例えば，スーパーでの**セルフレジ**（**self-checkouts**）や倉庫内で商品の運搬を行う**倉庫ロボット**（**warehouse robots**）がその代表例です。これらの導入は，人手不足に悩む業種にとっては恩恵をもたらします。まず，医療業界においては**手術ロボット**（**surgical robots**）や高齢者の会話の相手となる**ソーシャルロボット**（**social robots**）が，また，運送業や農業ではドローンや**自律走行車**（**autonomous vehicles**）も取り入れられつつあります。

次に**インターネット関連**の出題も非常に多く，**オンラインショッピング**や**遠隔学習**（**remote learning**）のメリットとデメリットはそれぞれおさえておく必要があります。特に，教育と関連した「**教師は将来ロボットやコンピュータに取って代わられるか**」という問いや，学校でのインターネット使用の利点と欠点については，考えを整理しておきましょう。

最後に**サイエンス**に関しては，**宇宙探索**（**space exploration**）に**お金を費やすことには意味があるのか**」，また**遺伝子工学**（**genetic engineering**）に関連した**遺伝子組み換え食品［作物］**（**genetically-modified food [crops]**）の是非，さらには**動物実験**（**animal testing**）**の是非**に対して意見を求められることもあります。加えて「**科学研究**（**scientific research**）**の資金援助は政府か企業のどちらがすべきか**」といったトリッキーな問題も時々出題されます。

## CHECK 「サイエンス・テクノロジー」必須語彙 10 をマスター！

| | |
|---|---|
| **autonomous car** | 名 自律走行車（≒ driverless [self-driving] cars）<br>乗物全体を指す場合は autonomous vehicles と言う。<br>関 autonomous military [delivery] robots 自律型軍事 [ 配達 ] ロボ |
| **VR** | 名 バーチャルリアリティー（= Virtual Reality）<br>地理的な制約がないのが最大のメリット。娯楽だけでなく，教育や医療など幅広い分野で用いられている。 |
| **CCTV camera** | 名 監視カメラ（= security camera / surveillance camera）<br>install CCTV cameras to improve security<br>（安全性向上のため監視カメラを設置する） |
| **facial recognition system** | 名 自動顔認識<br>セキュリティ強化や犯罪防止に使われている。<br>関 voice [fingerprint] recognition（声［指紋］認証） |
| **scientific breakthrough** | 名 科学的大進歩（≒ scientific discovery）<br>代表例として，DNA, genome editing（ゲノム編集），cloning（クローニング），artificial intelligence（AI）などがある。 |
| **digital divide** | 名 デジタル格差<br>bridge the digital divide（デジタル格差を埋める）<br>create a digital divide（デジタル格差を生み出す） |
| **satellite communications** | 名 衛星通信<br>人工衛星（artificial satellites）による地球全体での通信機能のこと。<br>関 GPS（Global Positioning system）（衛星測位システム） |
| **space exploration** | 名 宇宙探索（= space research [programmes]）<br>関 extra-terrestrial life（地球外生命体）<br>関 send a spacecraft to Mars（火星に宇宙船を送る） |
| **animal testing** | 名 動物実験（= animal experiment［experimentation］）<br>conduct animal testing for medical research<br>（医療研究のために動物実験を行う）<br>主に治療法，新薬，化粧品などの安全性を確認するために行われる。 |
| **genetic engineering** | 名 遺伝子工学<br>famine（飢餓）や food shortage（食料不足）の解決策を問われたら，**「遺伝子工学の発展」**をアイデアで入れよう。<br>関 genetic modification（遺伝子組み換え） |

## 7. Philosophy of life（人生哲学）

### ◉ 3大重要トピック

➤ 次の3つは理由や具体例を含めて必ずアイデアを考えておきましょう！

**1. 現代の生活は昔よりも幸せか**
**2. 仕事をする目的は，お金を稼ぐこと以外に何があるか**
**3. 幸せな社会を作るためにはどういった活動が効果的か**

### ❖ ワンポイント・レクチャー

「**人生哲学**」に関する質問，いわゆる **philosophical question** は IELTS 独特のテーマと言えます。しかしながら，日本の教育では自分の人生について考え，意見を述べる機会は極めて少ないため多くの受験者が苦戦する分野です。公式問題集 Vol. 14 には「**不幸な状況を受け入れるべきか，あるいは解決するように努めるべきか**」といった問題が掲載されています。特に，「**幸せの定義**」については自分の意見をまとめておくことが大切で，加えて「**将来人々の生活の質は向上するか，幸福度は上がるか**」といった未来予測のトピックも考えをまとめておいてください。

まず**成功哲学**（**laws of success**）に関するテーマを見ていきましょう。「**成功するためにはリスクを取ること**（**risk taking**）**は必要か**」「**成功するには努力と強い意志，あるいはお金と外見**（**appearance**）**のどちらが重要か**」「**人生の成功は生まれた環境によって決まるか否か**」，さらには「**最終的な結果と，それに至るまでのプロセスのどちらが重要だと思うか**」といったトピックは IELTS が好む人生哲学問題なので，自身の考えを明確に持っておくことが不可欠です。

この他にも，**人生設計**（**life plan**）に関する出題も時々見られます。「**将来の計画を立てるよりも，今を生きることに注力すべきである，という意見にどの程度賛成か反対か**」は近年出題されています。また，**人生観**（**outlook on life**）に関連した「**昔の考え方や生き方は現代には通用しない，という意見にどの程度賛成か反対か**」といったトピック，そして最後に，教育テーマと関連した**教科としての哲学**についての出題も見られます。「**歴史や哲学は，学校で学ぶ意味があるか否か**」という問いに対するアイデアの準備をしておきましょう。

## CHECK 「人生哲学」必須語彙 10 をマスター！

| | |
|---|---|
| **self-esteem** | 名 自尊心（= self-worth）<br>boost *one's* self-esteem and confidence（自尊心と自信を高める）<br>関 hold ~ in high esteem（～を崇拝する） |
| **status quo** | 名 現状<br>challenge the status quo（現状に疑いを持つ）<br>change, maintain, return to などの動詞ともよく結びつく。 |
| **dilemma** | 名 ジレンマ，板挟み<br>face the dilemma of whether to *do* ...（*do* すべきか否かで迷う）<br>pose an ethical dilemma（倫理的ジレンマをもたらす） |
| **social justice** | 名 社会的正義<br>すべての人に平等な権利や機会が与えられるべきである，という考え。<br>関 human rights（人権） |
| **ethics** | 名 道徳（= moral values [principles]）<br>break [follow] the code of ethics（倫理規定を破る［に従う］）<br>関 make ethical decisions（倫理的な決定を下す） |
| **moral responsibility** | 名 道徳的責任，善悪の区別ができる思考（= moral duty）<br>develop a sense of social and moral responsibility<br>（社会的，道徳的責任感を養う） |
| **life lesson** | 名 人生の教訓<br>learn important [valuable] life lessons from historical figures<br>（歴史上の人物から重要な［貴重な］人生の教訓を学ぶ） |
| **philanthropy** | 名（富裕層から貧しい人たちへの）寄付，慈善活動<br>関 philanthropist（慈善活動家）/ philanthropic（慈善活動の）<br>関 make charitable donations to ~（～に寄付を行う） |
| **cultural heritage** | 名 文化遺産（≒ cultural legacy）<br>the preservation and restoration of cultural heritage<br>（文化遺産の保存と修復） |
| **well-being** | 名 幸福<br>「経済的幸福」(financial well-being)，「身体的幸福」(physical well-being)，「精神的幸福」(psychological well-being) の３つがすべてそろって幸せを感じることができる。 |

第5章

## 8. Social issues（社会問題）

### ◉３大重要トピック

➤ 次の３つは理由や具体例を含めて必ずアイデアを考えておきましょう！

**1. 犯罪が起こる原因と，その効果的な対策**
**2. 世界で貧富の差が広がっている理由と，その解決法**
**3. 世界中で寿命が延びていることによる社会への影響**

### ❖ワンポイント・レクチャー

まず頻度の高い問題として**都市化**（**urbanisation**）が挙げられます。郊外や田舎から**人が都市部へ移住し**（**rural-urban migration**），人口の増加が起こります。これにより**交通渋滞**（**traffic congestion**），**エネルギー不足**（**energy shortage**），**騒音**（**noise pollution**）などの環境問題が起こり，犯罪の増加による治安の低下も懸念材料のひとつです。また，これと関連した**人口過多**（**overpopulation**）によって引き起こされる問題とその解決策についても考えておきましょう。

次におさえておくテーマは**少子高齢化**（**declining birth rate and ageing population**）で，特に高齢化に関しては日本のみならず，ヨーロッパをはじめとする先進国で深刻です。この高齢化によってもたらされるデメリットについてはしっかりとアイデアをまとめておいてください。これと関連して，「**退職後の生活は個人の責任か，あるいは政府が責任を持つべきか**」といったトピックも近年出題されています。

３つ目のIELTS特有の重要トピックとして「**犯罪**」に関するテーマが挙げられます。「**反社会的行為**（**anti-social behaviour**）**が増えている原因とその対策は**」「**服役**（**prison sentence**）**が最も犯罪防止に効果的である，という意見にどの程度賛成か反対か**」，といった犯罪防止についての出題が見られます。

最後に世界規模で問題となっている，**貧困**（**poverty**）**や貧富の格差の拡大**（**a growing income gap**）**の解決策**について問われることもよくあります。加えて，「**発展途上国に対して資金援助**（**financial support**）**以外の効果的な支援とは何か**」「**貧困地域の教育機会**（**access to education**）**改善の方策は何がよいか**」といった**国際援助**（**foreign aid**）に関するテーマもあわせて考えておきましょう。

## CHECK 「社会問題」必須語彙 10 をマスター！

| | |
|---|---|
| **income disparity** | 名 収入格差（= income gap [inequality]）<br>a growing income disparity（広がる収入格差）<br>address the disparity（格差の解決に取り組む） |
| **racial discrimination** | 名 人種差別（≒ racism）<br>関 age [gender] discrimination（年齢［性別］による差別）<br>discrimination は eliminate や tackle などの動詞と相性がよい。 |
| **concentration of wealth** | 名 富の集中（≒ unequal distribution of wealth）<br>所得格差や貧困の大きな原因のひとつ。<br>reduce the concentration of wealth（富の集中を軽減する） |
| **urban sprawl** | 名 都市のスプロール化<br>都市開発により，郊外へも無秩序，無計画に都市化が進むこと。<br>関 densely populated areas（人口密集地域） |
| **social security** | 名 社会保障<br>pensioners（年金受給者），low-income families（低所得世帯），the unemployed（失業者）などへの支援のこと。 |
| **labour shortage** | 名 人材不足（= staff shortage / understaffing）<br>face a severe labour shortage（深刻な人材不足に直面する）<br>関 alleviate the shortage of doctors（医師不足を解消する） |
| **poverty** | 名 貧困<br>live below the poverty line（厳しい貧困下で生活する）<br>escape the cycle of poverty（貧困サイクルから抜け出す）<br>関 starvation（餓死），famine（食糧危機） |
| **punishment** | 名 刑罰（≒ penalty）<br>impose a harsher punishment on ~（～により厳しい刑罰を課す）<br>fine（罰金），community service（奉仕活動），jail sentence（投獄刑），life imprisonment（終身刑）など刑の種類は要チェック！ |
| **anti-social behaviour** | 名 反社会的行為<br>具体的に，graffiti（落書き），vandalism（破壊行為），drinking in public（路上飲酒），littering（ポイ捨て），intimidation（威嚇）などの市民の生活に支障をきたす迷惑行為のこと。 |
| **criminal activity** | 名 犯罪行為（= crime / a criminal offence）<br>theft（窃盗），robbery（強盗），fraud（詐欺），murder（殺人），child abuse（児童虐待），tax evasion（脱税），drug smuggling（麻薬の密輸）などの例は挙げられるようにしておこう。 |

▼第5章

## 9. Arts and entertainment（芸術と娯楽）

### ◎３大重要トピック

➤ 次の３つは理由や具体例を含めて必ずアイデアを考えておきましょう！

**1. 音楽や文学などの芸術科目は必要か否か**
**2. 政府は芸術への資金援助を行うべきか否か**
**3. 芸術や娯楽作品がデジタル化されることのメリットとデメリット**

### ❖ワンポイント・レクチャー

まず芸術で絶対におさえておくべきトピックは「**政府は芸術活動の資金援助をすべきか**」という**芸術活動への資金援助**（**arts funding**）で毎年出題されています。同じく，博物館や美術館（**art gallery**）などの芸術施設に関連したトピックも重要で，例えば「**博物館や歴史名所に，現地の人でなく主に観光客が訪れるのはなぜか**」「**博物館は，娯楽か教育のどちらの役割を担うべきか**」「**博物館や美術館の展示物はインターネット上で閲覧できるので存在する意味がない，という意見についてどの程度賛成か，反対か**」等が挙げられます。

次に **entertainment** について見ていきましょう。IELTS で問われる代表的な娯楽テーマは「**映画**」「**テレビ**」「**スポーツ**」の３つです。まず映画については，「**自国の映画よりも海外の映画の人気が高いことはよい傾向か**」という**映画製作**（**film production / filmmaking**）についてのトピックが多く，テレビについては，「**テレビは子供に悪影響なので親は観賞を禁止，制限するべきか**」はアイデアを準備しておきましょう。一方でスポーツについては「**子供にとって団体スポーツか個人スポーツのどちらをする方が有益か**」や「**オリンピックやワールドカップなどのスポーツの国際大会**（**international sporting events**）**開催のメリット・デメリット**」も重要テーマで，スピーキング Part 3 でも出題されるトピックです。

この他の出題としては，「**劇やコンサートはテレビやインターネットで観ることができるので，会場に行く必要はないという意見にどの程度賛成か反対か**」「**多くの若者がショッピングを娯楽のひとつとして考えているがこれはよい傾向か否か**」，さらには教育と関連した「**音楽を学ぶことは子供にとってどのようなメリットがあるか**」もアイデアと意見をまとめておきましょう。

## CHECK 「芸術と娯楽」必須語彙 10 をマスター！

| | |
|---|---|
| **artwork** | 名 芸術作品（= works of art）<br>house an extensive collection of artworks<br>（幅広い芸術作品を所蔵している） |
| **the creative industries** | 名 創造産業<br>fashion, gaming, music, publishing, film をはじめとした，作品やサービスを新たに作り上げる産業，業界の総称。 |
| **arts funding** | 名 芸術活動への資金援助<br>関 government support [funding / subsidies] for the arts<br>（芸術活動への政府による資金援助） |
| **culinary** | 形 料理に関する<br>develop *one's* culinary skills（料理の腕前をつける）<br>関 food science（食品科学） |
| **aesthetic** | 形 美に関する<br>enhance the aesthetic appeal（美的魅力を高める）<br>aesthetic medicine（美容医学：美容整形を学ぶ学問） |
| **artistic** | 形 芸術に関する<br>academic and artistic achievements（勉学と芸術での達成）<br>develop children's artistic skills（子供の芸術スキルを伸ばす） |
| **innate ability** | 名 生まれ持った能力（= inborn ability [talent]）<br>*one's* innate mathematical ability（生まれ持った数学の能力）<br>関 musically talented（音楽の才能に恵まれている） |
| **pursuit** | 名 力を入れる活動，趣味（hobby や pastime の固い語）<br>academic [intellectual] pursuits（学術的［知的］活動，趣味）<br>engage in artistic pursuits（芸術活動にたずさわる） |
| **individuality** | 名 個性<br>foster [develop] children's creativity, self-expression and individuality（子供の想像力，表現力，個性の発達を促す） |
| **motor skills** | 名 運動能力<br>improve children's motor skills<br>（子供の運動能力を向上させる）<br>関 develop *one's* reflexes [coordination]（運動神経を伸ばす） |

▼第5章

## 10. Gender（ジェンダー）

### ◉ 3 大重要トピック

➤ 次の３つは理由や具体例を含めて必ずアイデアを考えておきましょう！

1. 近年男女の役割が変わりつつあるが，それはなぜか
2. 女性が軍事活動に従事することにどの程度賛成か反対か
3. 指導者やリーダーはなぜ男性が多いのか，それはよい構造か否か

### ❖ ワンポイント・レクチャー

**ジェンダー研究**（**gender studies**）は近年広がりを見せている分野で，英米圏の大学でもコースが増えてきています。そして，このジェンダーにおける出題もIELTS独特のテーマと言えます。まずおさえておくべきテーマは**性別の役割**（**gender role**）の変化です。「**夫婦間における親の役割の変化はよい傾向か否か**」はほぼ毎年出題されています。加えて，「**フルタイムで共働きの場合は家事を分担するのは当然であるか否か**」といったトピックもここ数年で出題されています。

次に**男女の特性や社会での地位**などに関するテーマの出題も時々見られます。例えば，「**女性は警察**（**the police force**）**や軍隊**（**the military force**）**での職業は不向きである，という意見にどの程度賛成か反対**」か，というかなりトリッキーなトピックが出題されたこともあります。次にビジネスと関連した「**多くの会社では女性よりも男性の経営陣や管理職**（**managerial position**）**の割合が高いがなぜか，またよい傾向か否か**」，さらには「**男性より女性が指導者に就く方が，世界は平和になる，という意見にどの程度賛成か反対か**」といった歴史的考察も必要とされるようなリーダーシップ論に関する出題も見られます。

この他の出題頻度の高いトピックは教育と関連した「**女性は人文科学科目**（**humanities**）**を，男性は理系科目を好む傾向にあるがそれはなぜか**」は必須トピックのひとつです。また，エンターテインメントと関連した「**近年女子スポーツの人気が高まっているがなぜか**」，さらには「**男性は女性よりも生まれつき競争心**（**competitiveness**）**が高いか否か**」といった特性の違いを問う出題もありました。よって，男女の身体的，性格上の違いや適性を理解し，意見を発信できるように準備しておきましょう。

## CHECK 「ジェンダーの違い」必須語彙 10 をマスター！

| | |
|---|---|
| **stereotype** | 名 ステレオタイプ，（不当な）凝り固まった考え<br>break the stereotype（ステレオタイプを取り払う）<br>関 stereotypical image of ~（～に対する凝り固まった観念） |
| **join the military** | 動 入隊する（= participate in the armed forces）<br>関 engage in military action（軍事活動にたずさわる）<br>関 use military force（軍事力を行使する） |
| **suffrage** | 名 選挙権（= the right to vote）<br>campaign for women's suffrage and equal rights<br>（女性の選挙権と平等権獲得のために運動を行う） |
| **equal rights movement** | 名 男女平等の権利運動<br>関 feminism（フェミニズム：男女が同等の機会や権利を与えられるべきであるという考え）<br>関 male chauvinism（男性優位主義）/ sexism（性差別） |
| **gender inequality** | 名 男女不平等 ( ≒ gender discrimination)<br>address gender inequality（男女不平等解決に取り組む）<br>関 gender pay gap（性別間での給与格差）<br>関 a male-dominated industry（男性中心の業界） |
| **glass ceiling** | 名 グラスシーリング<br>特に女性の昇進の妨げとなる目に見えない障壁のこと。<br>break the glass ceiling（グラスシーリングを取り払う） |
| **aptitude** | 名（生まれ持った）能力，適正（= suitability）<br>have an aptitude for technical subjects such as maths and science（数学やサイエンスなどの技術系科目に適した能力がある） |
| **breadwinner** | 名 大黒柱，稼ぎ手<br>assume the role of the breadwinner（大黒柱の役割を担う）<br>関 share childcare and housework（育児と家事を分担する） |
| **parental leave** | 名 育児休暇<br>take parental leave（育児休暇を取る）<br>関 maternity [paternity] leave（女性［男性］の育児休暇） |
| **female representation in parliament** | 名 女性の国政参加（= female participation in politics）<br>日本は先進国の中でもおよそ 10%〔2022 年〕と極めて低い。<br>関 participate in politics（国政に参加する） |

## Task 2　エッセイの構成をマスター！

ここからはエッセイの書き方と構成について見ていきましょう。Task 1と同じように，**構成**（**organisation / structure**）の重要性，特に**パラグラフごとに分けて書くこと**（**paragraphing**）は不可欠です。まずは全体の構成の概要から見ていきましょう。

| 項目 | 概要 |
|---|---|
| **Introduction**<br>（イントロダクション：導入） | エッセイの主題と，それに対する自分のスタンスと根拠を簡潔に書きます。 |
| **Body**（ボディ：本論） | イントロで述べた内容を具体例を挙げながら詳細に書いていきます。複数で構成します。 |
| **Conclusion**<br>（コンクリュージョン：結論） | ボディの内容を軽く要約し，イントロで書いた自分のスタンスをもう一度述べます。 |

必ずこの構成と内容で書いてください。では次に分量について見ていきます。Task 2は250語以上書くことが条件ですが，Task 1同様**多く書けばスコアが上がるというわけでもありません**。むしろ**270～300語程度で，無駄のない引き締まった文章を書く**方が重要です。では理想的な割合と語数を示した下の図を見ていきましょう。

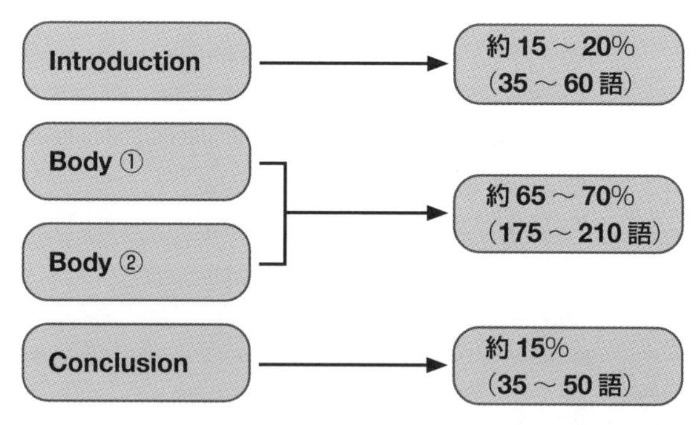


＊Bodyは3～4つで展開することもあります。

このように普段からシンプルかつスリムに書くことを意識してください。では各項目の本題に入る前に，例題で実際のエッセイをご覧いただき，大まかな流れをつかんでいただきましょう。こちらの問題を取り上げます。

## Sample question

***Recent developments in technology have greatly changed our ways of life in a positive way.***

***To what extent do you agree or disagree with this statement?***

Write at least 250 words.

## Model essay をチェック　＊太字は重要 Cohesive devices（結束語）

It is often pointed out that technological advancements over the past several decades have significantly improved the lives of many people across the globe. I mostly agree with this claim **because** widespread use of various technologies has benefited society as a whole in terms of efficiency in production and shopping.

**Admittedly**, despite its evident assets, there are several drawbacks to recent technological progress. One such negative point is the increased exposure to cybercrime. Internet users, especially teenagers and computer-illiterate adults, are likely to fall victim to identity theft, fraud or hacking when they inadvertently access harmful websites or download virus-infected data. These potential risks can not only cause a significant financial loss among users, **but** may **also** result in an invasion of privacy.

**Aside from** these flaws, **however**, one major example of progress in technology is enhanced efficiency in production for various industries. In the manufacturing sector, **for instance**, extensive automation and the introduction of industrial robots have enormously contributed to increased output of quality products with greater speed and precision than those created by human workers. These improvements have not only boosted overall productivity, **but also** helped many companies cut labour costs. **Another** benefit is the increased availability of online shopping. This method has enhanced the quality of people's lives, especially for those who have more difficulty shopping in person, such as rural residents, families with young children and the elderly with limited mobility. They can order almost anything they need, from groceries to household items regardless of location, family circumstances or physical capabilities.

**In conclusion**, it is true that internet users may possibly be exposed to some internet-related crime. However, I would argue that technological development has brought considerable benefits, including improved industrial efficiency and access to online stores.（290 words）

## スコアUP重要語彙をチェック！

□ **admittedly**（確かに）　□ **exposure to ~**（～にさらされること）
□ **computer-illiterate**（コンピュータにうとい）　□ **fall victim to ~**（～の被害者となる）
□ **inadvertently**（うっかりと）　□ **extensive automation**（大幅な自動化）
□ **boost productivity**（生産性を高める）
□ **limited mobility**（移動の自由が制限されていること）
□ **family circumstances**（家庭の事情）

**【日本語訳】**

過去数十年にわたるテクノロジーの進歩により，世界中の多くの人々の生活が大幅に改善されたとよく指摘されます。さまざまな技術の普及は，生産や買い物の効率性の面で社会全体に恩恵をもたらしているので，私はこの主張にほぼ同意します。

明らかな利点があるのは確かですが，最近の技術進歩にはいくつかの欠点があります。そのマイナス点のひとつは，サイバー犯罪への露出の増加です。インターネットユーザー，特に10代の若者やコンピュータに精通していない成人は，うっかりと有害なサイトにアクセスしたり，ウイルスに感染したデータをダウンロードしたりすると，個人情報の盗難，詐欺，ハッキングの被害に遭う可能性があります。これらの潜在的なリスクは，利用者に重大な経済的損失をもたらすだけでなく，プライバシーの侵害にもつながる可能性があります。

しかし，これらの欠点は別として，技術進歩のひとつの主要な例は，さまざまな産業における生産効率の向上です。例えば，製造業では，大規模な自動化と産業用ロボットの導入により，人間の労働者が造ったものよりも，高速かつ正確に高品質の製品の生産量が増加することに大きく貢献しています。これらの改善は，全体的な生産性を向上させるだけでなく，多くの企業が人件費を削減するのにも役立っています。もうひとつの利点は，オンラインショッピングの利用性が向上することです。この方法は，特に農村部の住民，小さな子供連れの家族，身体の不自由な高齢者など，直接買い物をするのが難しい人々の生活の質を向上させました。場所，家族の状況，または身体能力に関係なく，食料品から家庭用品まで，必要なほとんどすべてのものを注文することができます。

結論として，インターネットユーザーはインターネット関連の犯罪にさらされる可能性があるのは確かです。しかしながら，技術開発は産業効率の向上やオンラインストアへのアクセスなど，かなりのメリットをもたらしたと強く思います。

全体像はつかんでいただけましたか？　ここまで書ける必要はありませんが，現時点ではざっくりとした構成を理解できれば十分です。ではここからは，エッセイの構成と作り方を詳しく見ていきましょう。

## イントロダクションはこう書くべし！

イントロの役割は「**テーマの内容と自身のスタンス**」を伝えることです。わかりやすく言うと，「**何についてのエッセイで，あなたはどう考えるの？**」ということを読み手に伝える大切な部分です。ここで重要なポイントは「**簡潔に書く**」ということです。つまり，できるだけ早くイントロを仕上げ，勝負となるボディパラグラフに時間を費やせるようにすることが効果的な戦略です。IELTS のイントロは次の 2 つの要素で構成します。

- **General statement**（ジェネラルステイトメント）
  背景，つまりエッセイのテーマを読者に伝える文です。IELTS では設問文を同じ表現をできるだけ使わずに言い換えます。それ以外の情報は不要です。

- **Thesis statement**（シーセスステイトメント）
  自身のスタンスについて述べます。例えば「概ね賛成だ」「前者の意見の方を指示する」などを明確にし，その理由を簡単に書きます。

これ以外の情報や，ドラマチックなインパクトなども一切不要です。また，**いくら洗練されたイントロを作ってもスコアアップにはつながりません**ので，簡潔さを心がけてください。では先ほどの Sample question を取り上げて一緒に見ていきましょう。

下線部①が設問文の言い換え（General statement），下線部②が自身のスタンスと意見（Thesis statement）を述べた文です。まずは読んで意味を理解してください。

① It is often pointed out that technological advancements over the past several decades have significantly improved the lives of many people across the globe. ② I mostly agree with this claim because widespread use of various technologies has benefited society as a whole in terms of efficiency in production and shopping. (50 words)

問題タイプにより若干構成は異なりますが，基本的にはこの① General statement ⇒ ② Thesis statement の流れが原則です。特にこの①言い換え（パラフレーズ）は文意を正確にくみ取り，文脈に合わせて適切な類語を選択する力が求められます。

## ボディはこう書くべし！

ボディの構成に関しては，各エッセイタイプごとに後ほど詳しく見ていきます。ここでは論理的な意見の展開方法について考えます。まずは最重要キーワードのひとつである **Argument**（**論証**）について学習していきます。これを理解せずしてIELTSをはじめとしてアカデミックなエッセイを書くことはできないので，留学前に必ず身につけておくべき項目です。まずは基本から見ていきましょう。

### Argumentとは？

**Argument**（**アーギュメント，論証**）とは「**読み手や聞き手を納得させるための，論理的な話の組み立て，構成**」という意味です。ではまず手始めに，次の「都会か，田舎での生活どちらの方がよいと思うか？」という問いに対するアーギュメントを日本語でご覧ください。

> ①都会での生活よりも田舎の生活の方がよい。②なぜなら，都市部よりも住環境がいいからだ。③例えば，交通量や産業活動が少ないため，空気がきれいで，騒音もほとんどない。また，人が少ないことから，犯罪件数が低く治安もよいため，安心で快適な生活を送ることができる。

話の流れは，下線部①で自分の意見を述べており，これを **claim**（**自分のスタンス，主張**）と言います。次に下線部②は **reason**（**理由**），そして下線部③は②の理由を裏付けるための **evidence**（**根拠，具体例**）となっていますね。この３つの組み合わせと話の展開方法が **argument** です。図で表すと以下のようになります。

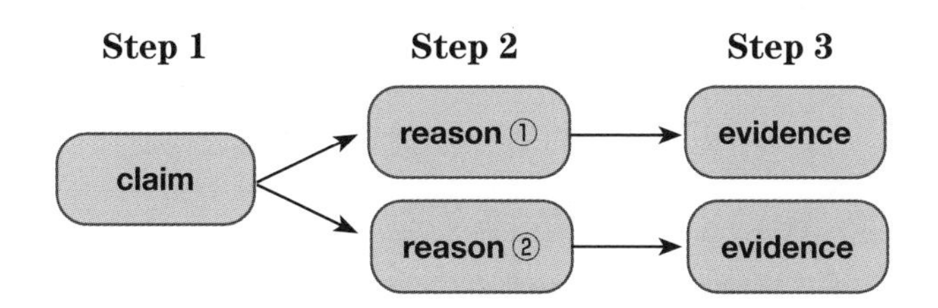

これはIELTSのTask 2仕様に簡略化したものですが，一般的なアカデミックなエッセイでも概ねこれが標準です。ではさらに具体的に解説していきます。

まず**Step 1**ではテーマに対して**自身のスタンス**（**claim**）を述べます（例：～にはおおむね賛成だ）。これは先ほど触れた**Thesis statementと同じ**です。次に**Step 2**ではなぜそのようなスタンスを取るのか，という**理由**（**reason**）を述べます。ここではざっくりとした抽象的な内容で構いません。最後に**Step 3**で理由をサポートする**根拠や具体例**（**evidence**）を提示します。つまり，イントロダクションで**claim**を述べて自身のスタンスをはっきりと伝え，ボディでこの**Step 2 + Step 3を書くことになります**。これは，アカデミック・ライティングのルールの項目で述べた**General to specific**（**抽象から具体**）の流れと同じです。ちなみに，理由1つに対して，**evidenceは2つで構成するとアーギュメントが強くなります**。加えて**evidence**の内容は，説得力を高めるため，個人的な事例ではなく**fact**（**事実**）を中心に提示します。次のような例が考えられます。

**1. 歴史上の事実**（historical fact）
例）アメリカは1776年にイギリスから独立した。

**2. 統計上のデータ**（statistical data）
例）世界の人口は2000～2020年の間で約17億人増加した。

**3. 一般的に認識されていること**（popular beliefs）
例）親の言動や考え方は子供の成長に影響を与える。

**4. 科学的に証明されている事実**（scientific fact）
例）ビタミンC不足は，免疫機能の低下や慢性疲労を引き起こす。

**5. 実際に実施されていること**（action / policy / law / campaign など）
例）デンマークでは，医療費や出産費が無料である。

**6. その他の一般常識，事実，時事ニュース**（マイナーなものは除く）
例）ヨーロッパは44の国で構成されている。

よって，当てはまるケースが限定的な次のような個人の例は書いてはいけません。

・（×）高校生の時に～だったので
・（×）地元の駅の近くでは…だ
・（×）今いる大学［職場］では～である
・（×）クラスメート［同僚］の多くは…なので

アカデミックなコンテクストでは，こういった**個人的なエピソード**（**anecdotal evidence**）を用いて主張することはナンセンスです。ただし一方では，IELTSでは一般的なアカデミックエッセイのような引用は不要です（例：～大学の…教授が2020年に発表した研究によると～）。では，先ほどの都市での生活と田舎での生活の例を用いて，英語に訳すと次のように書くことができます。

> ① Country life is better than city life for several reasons. ② Firstly, rural areas usually ensure a better living environment than urban areas. ③ ア For example, they have cleaner air and water and lower carbon emissions due to less traffic and industry, which is beneficial to health. イ Also, relatively low crime rates can be found in the countryside due mainly to lower population density* and commercial activities, which provides greater security for the residents.
>
> *** population density**：人口密度

①が claim，②が reason，③はアとイの2つの evidence を提示することで reason をサポートしていますね。自然な論理展開の流れはつかんでいただけましたか？　これはスピーキングの Part 3（ディスカッション）でもこの構成方法で話を展開すればよいので応用が可能です。では最後にコンクリュージョンを見ていきましょう。

## 結論部はこう書くべし！

一般的なアカデミックエッセイや論文では，コンクリュージョンで予測や提案を述べることもあります。しかしながら，IELTS のエッセイでは先に述べたように**ボディの内容を軽く要約し，イントロで書いた自分の立場をもう一度述べるだけ**です。では先ほどのモデルエッセイ（p. 266）のコンクリュージョンを引用して見ていきましょう。

> ① **In conclusion**, ② it is true that internet users may possibly be exposed to some internet-related crime. ③ However, I would argue that technological development has brought considerable benefits, including improved industrial efficiency and access to online stores.

①は In conclusion（結論として）という副詞で始まっています。他にもさまざまな表現がありますが，これ以外は不要です。続けて②は 2 つ目のボディパラグラフで述べたデメリットに関する内容をまとめた 1 文です。最後に③は However, I would argue that のようにもう一度自分のスタンスを明確にし（restatement），2 つ目のボディパラグラフで述べたメリットに関する内容を要約しているのがおわかりいただけると思います。よって，これ以外の**補足情報や，ボディに書かれていない新情報は書いてはいけません**。加えて，時間が足りずに，結論部が書けない，または未完成だとスコアに大きく影響するのでタイムマネジメントに注意しましょう。

以上でエッセイの構成についてのレクチャーは終了です。お疲れさまでした。エッセイの大まかな全体的な流れは理解していただけましたか？　ではここからは Task 2 で重要な 4 つのポイントを確認しておきましょう。

## 【Task 2】4つのワンランクUPポイントをチェック！

### 【ポイント①】— 使い古されたテンプレートは使わない！

国内外のIELTSのサイトを見ていると，テンプレート（減点されないための暗記表現）がいろいろと紹介されています。特にイントロダクションの設問文で述べる際に使われるケースが多く見られます。例えば次のような表現がその一例です。

1. Nowadays, ～ is a highly controversial [debatable] issue around the world.
2. ～ has generated heated [fierce] debate [discussion] about whether ....
3. It is an undeniable fact that ～ has been a focus of attention in recent years.
4. This topic is a complicated issue, and there are both pros and cons to this issue.

こういった情報は，試験官も研修を受けているので見ればすぐにわかります。また，前後の文脈とマッチしていなかったり，テンプレートの箇所だけ洗練されていると，その個所だけ浮きがちです。ちなみに，このように丸暗記（Memorised）とみなされると，その部分は文字数にカウントされません。ですので，このような無意味な表現は使わず，**日頃の積み重ねで培った英語力**でエッセイを仕上げましょう！

▼第5章

### 【ポイント②】— 具体化する習慣をつけよ！

「アカデミック・ライティングのルール」の章でも触れましたが，設問に抽象的な表現がある場合は，具体的に書く必要があります。次の問題の下線部に注目してください。

> *People today have <u>a better quality of life</u> than <u>those in the past.</u>*
>
> *To what extent do you agree or disagree with this statement?*

ここでは，a better quality of lifeとは一体どんな生活なのか，those in the pastはいつの時代の人なのか，を具体的に書く必要があります。このように**IELTSは抽象的な表現を具体化，自分の言葉で定義化させる問題を好む傾向にあり**，どこまで深く掘り下げられるかがポイントです。そしてここで効果的なアプローチが，**分野を絞り込むこと**です。ではa better quality of lifeを具体化するために，例としていくつか分野を考えてみましょう。

| 教育 | サイエンス | テクノロジー | 芸術・娯楽 |
|---|---|---|---|
| ビジネス | 環境 | 法律 | 国際関係論 |

例えば，「テクノロジー」であれば，**AIやロボットの普及**により，生活の質はどんな場面で，どんな影響があり良くなったか，悪くなったか，といったように掘り下げればアイデアが思い浮かびやすくなります。加えて，**抽象的な表現は，自分の言葉で具体的に例を交えながら定義して説明する習慣**をつけてください。これにより，スピーキングも含め発信力がアップします。例えば，特に抽象的な「culture って何？」「globalisation って何？」「economic growth って何？」のように問われた場合にしっかりと説明できる力のことです。よって，常に**訳語を超えた描写力を意識した学習**を心がけましょう！

## 【ポイント③】— 各ボディの最後でまとめの1文は基本的に不要！

よく各ボディパラグラフの最後に，Therefore, ～. や For these reasons, .... のようにパラグラフの内容をまとめているケースが見受けられますが，基本的に不要です（ただし，前述の内容を表現豊かに効果的にパラフレーズしている場合は，例外としてOKです）。これは **restatement**（**言い直し，要約**）と言い，読み手にパラグラフの内容を再度伝えるために，それまで書いた内容を要約する手法で，大学（院）で書くような3000～10000語レベルのエッセイや論文では字数が多いため必要ですが，IELTSのような1パラグラフ100語前後の短いエッセイでは不要で，**restatement は結論部で書くだけ**で十分です。

## 【ポイント④】— Counterargument を入れよ！

**counterargument** とは「**反論**」を意味し，argument の説得力を高める方法です。自身の見解を述べる際は，常に読み手からの反論や指摘，いわゆる「**つっこみを意識すること**」が大切です。つまり，一方的に「～だ」と主張するばかりでなく，「…の可能性もあるが」「確かに…という事例もあるが」のように，**例外や異なるケースを予測することが隙のないアーギュメントを作るポイント**です。まずは counterargument がない，一方的なアーギュメントから見ていきましょう。

(a) Urban life is unhealthy and stressful.
（都会での生活は不健康でストレスが多い）

ではこれに counterargument を加えた，(b) と (c) の文をご覧ください。

(b) **<u>Although living in the city can be exciting,</u>** urban life is unhealthy and stressful.

(c) **<u>Living in the city can be exciting; however,</u>** urban life is unhealthy and stressful.

(a) はマイナス面だけの主張に対して，(b) と (c) は although や however を用いて「都会に住むことは刺激的**だが**」という形でプラス面を述べています。このように反論を述べることで，自身の主張がより際立ちます。よって，考えを主張する場合は，**常に反対意見を考えながら話を展開する**マインドが大切です。次の表現は counterargument を述べる際に有効なので覚えておきましょう。

➤ while / nevertheless / despite / however / unlike / although / this may be the case but ~

ちなみに，counterargument はこのように**文単位**で書くこともありますし，counterargument だけの**パラグラフ**をひとつ作って書く場合もあります。また，目安として 6.0 までが目標ならそれほど気にする必要はありませんが，6.5 以上を目指す人は，可能な限りエッセイ内に 1 文入れることを意識してみてください。

以上で Task 2 の概要と頻出分野についてのレクチャーは終了です。次は 5 つのエッセイの種類について見ていきます。基礎固めもラストスパートです。続けてまいりましょう。

## 【Task 2】5つの頻出エッセイパターンを徹底攻略！

ここからはエッセイタイプごとの特徴と攻略法を取り上げます。まずは各エッセイの概要と，公式問題集関連，過去問（特に直近3年間）の頻度分析に基づく本書オリジナルの重要度とあわせて見ていきましょう。Task 2では主に以下の5つのタイプが出題されます。

| エッセイタイプ | 重要度 |
|---|---|
| **1. Discussion**（ディスカッション型）<br>➤ 提示された2つの意見を議論させる。<br>指示文例：Discuss both these views and give your own opinion. | ★★★★☆ |
| **2. Agree / disagree**（賛成・反対型）<br>➤ どの程度賛成か反対かを述べる。<br>指示文例：To what extent do you agree or disagree? | ★★★★★ |
| **3. Advantages / disadvantages**（メリット・デメリット型）<br>➤ メリットとデメリットを比較する。<br>指示文例：Do the advantages outweigh the disadvantages? | ★★★★☆ |
| **4. Positive / negative**（ポジ・ネガ型）<br>➤ 特定の事象がよいか悪いかを考える。<br>指示文例：Do you think this is a positive or negative change? | ★★★☆☆ |
| **5. Two-question**（ツークエスチョン型）<br>➤ 2つの異なる設問に答える。<br>指示文例：Why is this the case?<br>What could be done to improve this situation? | ★★★★☆ |

ではここから各エッセイタイプの内容と，**イントロダクションのフォーマット**の解説を行います。Task 2はボディでいかに**具体的かつ論理的にアーギュメントを展開できるかが鍵**となるため，イントロダクションはできるだけ素早く仕上げ，ボディに時間を費やすことが大切です。そのためには，**不自然な丸暗記と思われない，かつ減点されない一定のフォーマット**（**ひな型**）を知っておくことが大切です。まずは1のDiscussionエッセイからです。張り切ってまいりましょう！

## 1. Discussion エッセイ

➤ **提示された2つの意見を議論させ，**自己の見解を交えて書くエッセイです。

### Sample question

> ***Some people believe that zoos are cruel and morally wrong because they only keep animals in captivity. Others think that zoos play a variety of important roles aside from entertaining the public.***
>
> ***Discuss both these views and give your own opinion.***

***morally wrong**：道徳に反する，**in captivity**：檻（おり）に入れられて

### キーポイントをチェック！

**① 必ず2つの意見について触れること**

"Discuss both these views"と指示文にあるように，両方の意見に触れてください。書く内容は「そのように主張する人たちは，どういった理由や根拠でそう考えるのか」という観点でとらえると書きやすくなります。

**② 自分の意見を述べること**

"give your own opinion"と指示文にあるように，意見を述べる必要があります。これは「どちらの見解を支持するか，どちら寄りか」という意味で，「イントロダクション」と「コンクリュージョン」で明確に述べます。ただし，「両方を支持する」や「両方同じ程度重要である」と書くことも可能です。

**③ できるだけ均等な分量で書くこと**

2つの意見に対しては，**似たような分量で**書いてください。支持する意見の方が若干多くなっても構いませんが，一方だけ極端に少ないとDiscussが不十分とみなされ，Task response（タスクの達成度）が下がるので注意しましょう。

**④ 支持する方の意見を後に書くこと**

1つ目のボディパラグラフでは支持しない方の意見を，そして**2つ目のボディで支持する方の意見について**述べてください。その方が2つ目の意見が強調され，より論理的な文章構成となります。

では上記のSample questionを用いて，イントロダクションの例と作り方を見ていきましょう。

**【イントロ例】** ①がGeneral statement　②と③がThesis statement

> ① **Some argue** that zoos cause pain and suffering to animals due to the enclosed and unnatural environment. **Others maintain** that zoos have many important roles to play other than exhibiting animals.
> ② Personally, I support the latter idea ③ because of the social responsibilities of zoos, including conservation and educational activities.
>
> ***enclosed**：閉ざされた

> ①動物園は閉鎖された不自然な環境のため，動物に痛みや苦痛を与えると主張する人がいます。一方，動物の展示以外に，動物園が担う意義のある役割はいくつかあると主張する人もいます。②個人的には後者の考え方を支持します。③これは，動物園は保護，教育活動といった社会的責任を担っているからです。

まず①の下線部は設問文の言い換えで，ここは類語置き換えや品詞の変化などによりパラフレーズします。discussionエッセイの場合，“Some (people) ~. Others ....”で始まっていることがほとんどなので，この後に来る動詞を上記のようにargueやmaintainに置き換えます。この他にも，**assert**，**claim**，**believe**などが使えます。

②は設問文give your own opinion.に対する自身のスタンスです。前の意見を支持する場合は**the former**，後者の場合は例のように**the latter**としてください。ideaはassertionやclaimでも構いません（opinionは指示文にあるので避ける)。

③は②で述べたスタンスの理由を軽く述べます。このbecause of以下は主となる理由なので，これをボディで詳しく書きます。つまりこの問題では，「研究，保護，教育活動」の内容をボディで書くことになります。また，この③の箇所は，because [as] SV.のように節で書いても構いませんし，この他にもconsidering [in view of] ~（~を考慮すると)，またはin terms of ~（~の観点から）なども使えます。

また，この②，③の書き方として，次のように**while**や**although**を使うことも可能です。

**While [Although] I partly accept the former idea,** I believe that zoos assume important social responsibilities, including conservation and educational activities.

「前者の考えに賛同できる部分はあるが」と**譲歩**の意味を作ることができます。

**【ここに注意】⚠**

次のような Thesis statement は中身がないので避けてください。

［△］In this essay, I [This essay] will discuss both sides of the views and give my opinion.

discuss することは指示文から明らかなので，冗長です。よって，上記の②，③のようにスタンスと理由を明確にしてください。

## 2. Agree / disagree エッセイ

➤ 示された意見に「どの程度賛成か反対か」スタンスを決めて書くエッセイです。

### Sample question

***Studying literature (e.g. novels, poems, drama) is a waste of time for most students because it provides them with nothing valuable.***

***To what extent do you agree or disagree with this statement?***

### キーポイントをチェック！

**① To what extent（どの程度）を明確にすること**

指示文に **To what extent** とあるので，単に agree, disagree かではなく**どの程度か**，を自身のスタンスによってイントロで書く必要があります。次の一覧で使用頻度の高い程度を表す副詞表現と，その程度を見ておきましょう。

（程度の数値＊は目安です）

▼第5章

| 程度を表す副詞 | 意味 | 程度 * |
|---|---|---|
| **completely / strongly** | 全く，強く | 100% |
| **mostly / largely** | 概ね | 80% |
| **partially / to some extent** | ある程度 | 50% |
| **somewhat / partly** | 少し | 30% |

**② 両方の観点について触れること**

例えば **completely agree** とすれば，100% 賛成なので異論なし，というスタンスですが，一方的に賛成の意見を述べるよりも，考えられる反論意見にも少し触れるべきです。これは先ほど p.274 で紹介した **counterargument** です。例えば，「AI の普及は社会によい影響をもたらす，という意見にどの程度賛成か反対か」と問われたとします。この場合 completely agree であっても，悪い影響も少し書く方が賢明です。つまり，completely [strongly] の場合は次のいずれかで counterargument を作ります。

・counterargument を文で入れる
⇒ ボディはすべて賛成か反対どちらか一方のパラグラフで構成します。ただし，ところどころに Although や While などを用いて counterargument を入れます。

・counterargument のパラグラフを作る
⇒ 1つ目のボディパラグラフは counterargument を書きます。そして2つ目のボディは支持する方の内容を分量を多くして書きます。

では例題を用いてイントロダクションを作ってみましょう。基本的な構成は，次のように「**①設問文の言い換え＋②自身のスタンス＋③その理由**」の3点セットです。

**【イントロ例】** ①が General statement　②と③が Thesis statement

> ① It is sometimes argued that studying literature such as novels, poems and drama is of no practical use to the majority of students. ② **I mostly disagree with this claim** ③ **because** the knowledge and skills gained from producing their own writing and studying the works of various writers can be highly applicable to the modern world.
>
> * **of no practical use**：全く役に立たない，**highly applicable to ~**：～にも非常に応用が利く

> ①小説，詩，演劇などの文学を学ぶことは，多数の学生にとって実用的ではないと言われることがあります。②私はこの主張にはほとんど反対です。③なぜなら，自分で作品を書いたり，さまざまな作家の作品を研究することで得た知識やスキルは，現代にも非常に応用が利くからです。

①は that 以下が設問文の言い換えですが，**It is sometimes argued that**（～と言われることが時々ある）という定型表現が加えられています。このように意味が逸れない範囲で補足することも可能です。この他にも，**It is often pointed out that ....**（よく指摘されることであるが…），**It is generally believed that ....**（一般的に思われていることだが…）なども使えるので，文脈に合わせて活用しましょう。

次に②ですが，先ほど表で紹介した mostly を用い，I **mostly disagree with** this claim（この主張にはおおむね反対です）のように程度とスタンスを明確にしています。

③は mostly disagree の理由です。そしてこの because 以下にボディで詳しく書く内容を書きます。先ほどの discussion エッセイ同様に，because of [due to] や in view of [considering] などの前置詞表現を用いて，句で書いても構いません。

また，この②，③の書き方として，次のように **while** や **although** を使うことも可能です。

> **While [Although] I partially agree with this claim,** I believe active engagement in a variety of tasks like creative writing and drama can develop their creativity, imagination and self-expression.
>
> * **active engagement in ~**：～に積極的に関わること

このように「この意見にはある程度賛成できるが」と**譲歩**し，I believe 以下で理由を含めた自身の主張を述べています。

**【ここに注意】⚠**

次のような Thesis statement は中身がないので避けてください。

［△］I strongly agree with this claim for the following three reasons.

エッセイの全体像が曖昧なので，例のようにボディで書く内容を軽く述べてください。

## 3. Advantages / disadvantages エッセイ

➤ 特定の物事についての「**メリットとデメリット**」について書くエッセイです。

### Sample question

> ***Foreign products are becoming more widely available to consumers around the world today.***
>
> ***Do the advantages of this trend outweigh the disadvantages?***

### キーポイントをチェック！

**▶ メリットとデメリットを両方述べること**

指示文にある **outweigh** とは「**比較**」を暗示する語です。つまり「メリットとデメリットのどちらが多いか比較しなさい」という意味なので，どちらか一方しか書かれていなければ採点基準の Task Response（TR）に影響します。また，両面のアイデアを考えておけば，別の形で出題された場合にも応用が可能です。このoutweigh エッセイのボディは，次の３つのタイプのいずれかを選んでください。

| スタンス | ボディで書く内容 |
| --- | --- |
| **1. メリットがデメリットを上回る** | ・ボディ①：デメリットを１つ<br>・ボディ②：メリットを２つ |
| **2. デメリットがメリットを上回る** | ・ボディ①：メリットを１つ<br>・ボディ②：デメリットを２つ |
| **3. デメリットとメリットが同じ** | ・ボディ①：メリットを２つ<br>・ボディ②：デメリットを２つ |

では例題を用いてイントロを作ってみます。以下は上記のスタンス２（デメリットがメリットを上回る）で書いた例です。

**【イントロ例】** ①が General statement　②③が Thesis statement

> ① The world has seen an increased availability of imported consumer goods over the last few decades. ② In my opinion, the drawbacks of this change are greater than the benefits ③ in view of the loss of cultural diversity and local employment.

> ① 過去数十年で，世界中で輸入品がますます入手しやすくなりました。②私の意見では，③文化の多様性と地元の雇用の喪失を考えると，②この変化の悪影響は恩恵よりも多いと思います。

①は設問文の言い換えで，これは先ほどの Agree / disagree エッセイと同じです。そしてポイントは②の書き方です。まず **In my opinion** で始め，この次に，メリットとデメリットのどちらが大きいかを明確にします。そして，③はボディで述べる理由をはじめとした内容を簡潔に書きます。ここはこれまでと同じように because, due to, considering など，書きたい内容に応じて変えてください。特に，②でスタンスを明確にすることが大切なので，自身のスタンスに合わせて次のフォーマットを活用すると効率的にミスなく書くことができます。

**▶「メリットがデメリットを上回る」とする場合（スタンス 1）**

In my opinion, the ァ [**benefits / advantages**] are greater than the ィ [**drawbacks / disadvantages**]

**▶「デメリットがメリットを上回る」とする場合（スタンス 2）**

In my opinion, the ァ [**drawbacks / disadvantages**] are greater than the ィ [**benefits / advantages**]

➤ 共にアとイは**設問文で使われていない語を選びます**。つまり，設問で advantages と disadvantages が使われていれば，benefits と drawbacks を選択する，ということです。

また，スタンス 3 の場合は，次のように書きます。

▶「デメリットとメリットが同じ」とする場合（スタンス 3）

In my opinion, this ァ **change** [**development** / **trend** / **system** / **approach**] has both ィ [**benefits** / **advantages**] and ゥ [**drawbacks** / **disadvantages**] in equal measure.*

*** in equal measure**：同等に

まずアは前文の内容によって適切な名詞を選択します。もし思い浮かばない，または曖昧な場合は this has のように省略しても構いません。イとウは設問文で書かれていない方を選びます。このスタンス３で書く場合は，スタンス１，２と異なり，理由などは書く必要はありません。

## 4. Positive / negative エッセイをマスター！

➤ 提示された変化や出来事が「**ポジティブかネガティブ**」かを書くエッセイです。

### Sample question

***Nowadays more women are in managerial or leadership positions in companies than in the past.***

***Do you think this is a positive or negative trend?***

### キーポイントをチェック！

▶ **どちらか一方だけで OK**！

先ほどの 3. advantages/disadvantages エッセイと似ていますが，大きな違いは「**比較する必要はない**」ということです。つまり「ポジティブと考える」，「ネガティブと考える」のように，**一方の意見で展開するだけ**で構いません。ただし，「ポジティブな面もネガティブな面ある」のように**両面に触れることも可能**で，こちらはより深く議論を展開することができます。では上記の例でイントロを作ってみましょう。

**【イントロ例】** ①が General statement　②③が Thesis statement

> ① A growing number of women today assume the role of managers or leaders in business compared to those several decades ago. ② **I consider this change to be positive** ③ in view of progress in gender equality and potential improvement in productivity, as well as in the quality of products and services.
>
> * **assume the role of ~**：～の役割を担う，**gender equality**：男女平等

> ① 今日では，数十年前と比較して，ビジネスで管理職またはリーダーの役割を担う女性が増えています。②これはよい変化だと考えます。③男女共同参画の進歩と，生産性，商品やサービスの質の向上を考慮すると。

①は設問文の言い換えです。次に②はポジティブか，ネガティブかと問われているので，それに対するスタンス，そして③はその理由を簡潔に述べています。②はネガティブと考える場合は，上記の **positive を negative に変えて**ください。また，this change の箇所は先ほどの同様に，development / trend / system 等前の内容を要約した head noun を選びます。難しい場合は this のみでも構いません。

▼第5章

## 5. Two-question エッセイをマスター！

➤ 2つの問いに答えるエッセイです。最も頻度が高いタイプは，特定の問題に対して「**原因，または理由と解決策**」を問う **cause and solution**，同じく問題に対して「**原因または理由とその影響，結果**」を問う **cause and effect** のエッセイです。

### Sample question 1（cause and solution）

> ***Traffic congestion is one of the most serious problems in cities and towns all over the world today.***
>
> ***Why is this the case?***
> ***What are effective solutions for this problem?***

### Sample question 2（cause and effect）

***The world's population is growing at an ever-increasing rate.***

***Why is this happening?***
***What negative effects will this trend have on society?***

また，次のような混合問題も時々出題されます。

### Sample question 3（その他のパターン）

***Nowadays, more and more people are moving in search of a better life to a country where the official language is different from theirs.***

***Do you think this is a positive or negative trend?***
***What practical problems could occur other than those related to language?***

#### キーポイントをチェック！

**▶ 2つずつ書くこと**！

cause and solution は「**原因／理由**」と「**解決策**」を2つずつ，同じく cause and effect も「**原因／理由**」と「**影響**」も2つずつ書いてください。1つだと，説得力が低く，内容が冗長になりがちです。また，3つだと内容が異なるアイデアを出すのも難しく，文字数も増えてしまいます。よって，普段の学習でも**2つアイデアを考える習慣**をつけてください。

上記の Sample question 1と2を用いてイントロを作ってみましょう。

【イントロ例】①が General statement　②③が Thesis statement

### ▶ Sample question 1

> ① Increasing traffic volume is a significant challenge facing many parts of the globe today. ② **In my opinion, this is primarily caused by** a high concentration of vehicles and poor transport infrastructure. ③ **I believe some effective solutions include** imposing charges on vehicles and improving public transport links.
>
> * **high concentration of ~**：～の激しい集中，**transport infrastructure**：交通インフラ

> ①交通量の増加は，今日，世界中の多くの地域が直面している大きな問題です。②私の意見では，これは主に車両の激しい集中と，交通インフラの乏しさが原因です。③効果的な解決策は，車両への課金や，公共交通機関の接続の改善だと思います。

①は設問文の言い換えです。次に②は原因を，③は対処法が示されています。**この②と③の赤色の太字になっている箇所は丸暗記して**使ってください。

---

### ▶ Sample question 2

> ① The global population is increasing at a faster pace than ever before. ② **In my opinion, this is primarily caused by** poor family planning and rising life expectancy. ③ **I believe some potential effects include** a lack of resources and further strain on infrastructure.
>
> * **family planning**：計画的に子供を作ること，**strain**：圧迫

> ①世界の人口は，かつてないほど速いペースで増加しています。②私の意見では，これは子作り計画の不十分さや平均寿命の伸びが原因です。③これは結果的に，資源の不足や，インフラへの更なる負担といった影響が考えられます。

①は設問文の言い換えで，②は Sample question 1 と同じフォーマットです。そして③がポイントです。この問題のように未来への影響を問われた場合は potential を付け，焦点が現在に当たっている場合 potential は不要です。次に，結果や影響でなく「どんな問題」かを問われた場合は I believe **the (potential) problems** include ~. のように書きます。

**【ここに注意】⚠**

次のような Thesis statement は中身がないので書いてはいけません。

［✕］This essay will explain the reasons for this problem and present solutions.

［✕］There are several reasons [causes] for this, and I will offer solutions in this essay.

➤ 両方とも抽象的，かつ，理由や解決策を述べることは設問から明白なので内容がありません。しっかりとボディで書く内容を要約して述べてください。

では最後に Sample question 3 の書き方も見ておきましょう。この場合も，設問文の言い換えと，問われていることに対して簡単に答えます。

---

### ▶ Sample question 3

① At present, increasing numbers of citizens are relocating to a country where the official language is different from their own in pursuit of a better living standard. ② Personally, I consider this trend to be desirable in view of the positive contribution that immigrants could make to the local economy. ③ The potential problems they may face are limited access to public services and unequal treatment in a work or school setting.

* **relocate to ~**：～に移住する，**in pursuit of ~**：～を求め，**setting**（特定の）状況

①現在，生活の改善を求めて，公用語が自国とは異なる国に移住する人が増えています。②個人的には，移民が地域経済にプラスの貢献をすることができるという観点から，この傾向は望ましいと思います。③彼らが直面する可能性のある問題は，公共サービスへの利用が限られてしまうことと，職場や学校での不平等な扱いを受けることです。

①は設問文の言い換えで，②と③は質問に対する端的な回答です。この内容をボディで書くことになります。この問題のように cause and solution と cause and effect 以外のエッセイタイプは，さまざまな質問形式が考えられるので，上記のように臨機応変に回答してください。

では最後に，ボディの構成を確認しておきましょう。

| エッセイタイプ | ボディで書く内容 |
|---|---|
| **Cause and solution [effect]**<br>(右の２つのどちらかを選んでください) | ・ボディ①：原因［理由］を２つ<br>・ボディ②：解決策［影響］を２つ |
| | ・ボディ①：１つ目の原因［理由］と解決策［影響］<br>・ボディ②：２つ目の原因［理由］と解決策［影響］ |
| **その他の Two question エッセイ** | ・ボディ①：１つ目の問いに対する応答<br>・ボディ②：２つ目の問いに対する応答 |

## この表現をマスターしてワンランク UP！

> **➤ at the individual [national / local / international] level**
>
> （個人［国家／地方／世界］レベルで）

これらは，solution（解決策）を述べる際に，動作主，つまり**「誰が行うのか」**を明確にする際に役立ちます。ですので，主体を書いてクリアにする方がよい場合は活用してください。次の例で用法を確認しておきましょう。

例 1）**At the individual level**, regular exercise helps lower the risk of heart disease.

（個人レベルでは，定期的な運動により，心臓病のリスクを下げるのに役立つ）

⇒ 健康を保つための方法を述べる場合

例 2）**At the government level**, making the shift to renewable energy sources is arguably the most effective approach to reduce the consumption of natural resources.

（国レベルでは，再生可能エネルギーに移行することが，天然資源の消費を減らすうえで，おそらく最も効果的な方法である）

⇒ 天然資源減少に対する解決策を述べる場合

以上で５種類のエッセイに関するレクチャーは終了です。お疲れさまでした。各エッセイの特徴，イントロの書き方と，そしてエッセイの構成はご理解いただけましたか？　何度も復習して少しずつ型を定着させていってくださいね。

では最後に，これまでの学習の集大成として実践問題にチャレンジしましょう！

## ちょっとブレイク　スコアUP必須語彙【番外編】

### ○ 政府関連の表現をマスターせよ!!

何かの解決策を書くときに「**政府は～すべきだ**」と表現する機会が多くあります。そのためには，主に**政府が行う活動や施策を表す表現とアイデア**を持っておくことが大切です。ここではそういった場面で使える表現をマスターしておきましょう！

**① 実施・規則系**　▶特定の施策やルールを導入する際に使います。

1. **take drastic measures against ~**（～に対して抜本的な対策を取る）
2. **create new legislation [a new law]**（新しい法律を作成する）
3. **make ~ a legal requirement [obligation]**（～を法的義務とする）
4. **implement a new system [policy]**（新しい制度［方針］を実施する）
5. **launch a public awareness campaign**（世間の関心を高める運動を開始する）

**② 罰則・禁止系**　▶ペナルティや禁止を課す際に役立ちます。

1. **restrict [limit] access to ~**（～の利用を制限する）
2. **tighten restrictions on ~**（～の規制を強化する）
3. **impose [institute] a (total) ban on ~**（～を〔完全に〕禁止する）
4. **impose a tax [charges / penalties] on ~**（～に税金［料金／罰則］を課す）
5. **prohibit [limit] the use [sales] of ~**（～の使用［販売］を禁止［制限］する）

**③ 経済支援系・その他**　▶金銭的な支援を実施する際に使います。

1. **allocate (more) funds to ~**（〔より多くの〕資金を～に割り当てる）
2. **provide financial support [assistance] for [to] ~**（～に経済支援をする）
3. **incorporate [integrate] ~ into school curriculum**（～を教育課程に組み込む）
4. **provide food vouchers [free school meals / affordable housing]**
（食料引換券［無料の給食／手頃な住宅］を提供する）
5. **invest in transport [health / digital] infrastructure**
（交通［医療／デジタル］インフラに投資する）

## 実践問題にチャレンジ！

ここからはこれまで取り上げた分野と重要問題を中心に実践問題にトライしていただきます。実力試しで何も見ずに38分以内でチャレンジしても構いませんし，あるいは，各問題にはヒントとなる「**ワンポイントティップ！**」がついているのでそれを読んでからでも構いません。それでも難しい方は「**教養UP！ 必勝攻略レクチャー**」で背景知識をつけてからトライしてみてください。それでは早速まいりましょう！

### （1）Advertisement　難易度★★☆☆☆　【制限時間38分】

***Advertisements cause more harm than benefits both to individuals and society.***

***To what extent do you agree or disagree with this statement?***

Give reasons for your answer and include any relevant examples from your own knowledge or experience.

Write at least 250 words.

▼第5章

#### ワンポイント・ティップ

このトピックは賛成，反対どちらの方向からも書きやすい問題です。まずはスタンスを決め，メリットとデメリットを考えましょう。1番のメリットは消費が増えることで「**売り上げが伸び，収益が上がること**」です。同時に消費増により，商品価格が下がるので消費者にとってのメリットもあります。2つ目は，新製品の情報が拡散することで消費者の選択肢や，流行についての知識が増えます。

一方デメリットは，**誤解を招くこと**です。すべての情報が正しいとは限りませんし，また情報量が多すぎても消費者に混乱を与えます。また，誇大広告により衝動買いを促してしまうこと，また，広告により子供に悪影響を与えることがあります。このような観点から情報を精査して書きやすい方向で書くとよいでしょう。

## 教養UP！　必勝攻略レクチャー

毎年出題されている**広告の是非**に関するトピックで，準備は必須です。最大のメリットは，マーケットシェアの拡大により**収益増加**（**sales increase**）につながることです。これにより政府も**税収**（**tax revenues**）が増え，雇用も生まれ，経済全体が活性化します。また，売り上げが上がることで，企業の更なる発展と，**ブランドの認知度を構築する**（**build brand recognition**）することができる点も大きなメリットのひとつです。次に，消費者にとってのメリットを考えてみましょう。消費が増えるということは，物流が活発になり**大量生産**（**mass production**）により商品価格が下がります。それと同時に，さまざまな最新の情報を得ることができ，選択肢も増えることから自身の関心やニーズに合った商品やサービスを購入することができます。ちなみに，近年の広告の変化としては，新聞，ポスター，**ビラ**（**flyer**），**屋外の広告掲示**（**billboard**）などの従来の広告媒体の使用から，デジタル広告に移行しています。また，ソーシャルメディアやYouTubeなどにおけるオンライン広告は**幅広い視聴者にリーチできる**（**can reach a wider audience**）点で優れています。ただし，テレビによる広告の影響力は依然として高く，これはオンラインの広告に比べ，費用や権利の面で利用のハードルが高いためです。

次にデメリットについて見ていきましょう。まず一つ目は**衝動買い**（**impulse buying**）です。すべての情報が正しいとは限らず，**誤解を生むような**（**misleading**），または**欺くような**（**deceptive**）情報も含まれており，**誇大宣伝**（**media hype**）に惑わされてしまいがちです。特に，**美容化粧品**（**beauty products**）や**ダイエット商品**（**weight loss products**）などはモデルなどの有名人を起用してその効果を誇張しがちです。これらに加え，**ブランド品**（**designer goods**）も衝動買いで浪費してしまうと，**クレジットカードの借金**（**credit card debt**）が増えてしまうリスクもあります。この他のデメリットとして，子供や若者に悪影響を与える可能性もあります。特におもちゃや，ファーストフードをはじめとするコマーシャルが行う**子供を対象にした販促キャンペーン**（**advertising campaigns aimed at children**）はその一例です。子供は現実と広告の内容の区別がつかずすべてを信じ込みがちなため，判断能力を鈍らせてしまいます。よって，親も子供がテレビをはじめとする**映像を見る時間を制限する**（**limit screen time**），または学校や家庭での**デジタルリテラシー教育**（**digital literacy education**）の提供が重要であると言えます。

## 8.0 以上に UP するための Model essay

＊太字は重要 Cohesive devices（結束語）

It is sometimes argued that the disadvantages of advertisements outweigh the advantages, particularly when considering the impacts they might have on both individuals and society as a whole. **While** there is some truth to this claim, I believe that advertising generally benefits society in terms of economic development and information dissemination.

**One of the negative sides of** advertising is impulse buying, which is often prompted by tempting TV and internet advertisements. Lacking the ability to evaluate the value and quality of a product accurately, many consumers may purchase unwanted items on impulse, which can lead to overspending and increased credit card debt.

**On the other hand**, one major benefit of advertising is its contribution to the economic growth of a country. To garner public interest in their products, many companies employ famous athletes or film stars to emphasise their unique qualities or effectiveness, which can influence consumer behaviour and greatly stimulate consumption. This marketing strategy can be highly effective in boosting sales and potentially creating new markets.

**Another** positive aspect of advertisements is the provision of up-to-date information about goods and services to consumers. Advertised products often reflect general trends or public interests in fashion, health, food, and other consumer preferences. Thus, advertisements of products **not only** helps consumers become familiar with the characteristics of the merchandise advertised, **but also** guides them towards making sensible purchasing decisions based on genuine need.

**In conclusion**, **while** advertisements sometimes encourage unnecessary purchases, they also help drive product sales and provide consumers with useful information about new products and market trends. **Therefore**, I believe that advertising brings more benefits than harm.

（267 words）

### ◆ スコア UP 重要語彙をチェック

□ **information dissemination**（情報の拡散，普及）　□ **impulse buying**（衝動買い）
□ **prompt**（～を促す）　□ **tempting**（引き付けられる）　□ **overspending**（過剰な支出）
□ **credit card debt**（クレジットカードの負債）
□ **garner public interest**（世間の関心を集める）　□ **merchandise**（商品）
□ **purchasing decision**（購入の決定）　□ **genuine**（心からの）

**【エッセイ訳】**

広告は，特に個人と社会全体への影響を考えた場合，メリットよりもデメリットの方が大きいと言われることがあります。私はこの主張に賛同する部分もありますが，広告は一般的に，経済発展と情報普及の観点から社会に利益をもたらすと考えます。

広告のマイナス面の一つは，衝動買いです。これは，魅力的なテレビ広告やインターネット広告によって促されることがよくあります。製品の価値と品質を判断する能力に乏しいことから，衝動的に不要な商品を購入してしまう消費者が多く，これは過剰な支出や，クレジットカードの負債の増加につながる可能性があります。

その一方で，広告の主な利点は国の経済成長への貢献です。自社製品に対する世間の関心を集めるために，多くの企業は有名なアスリートを雇ったり，映画スターを活用して製品独自の品質や効果を強調したりすることがあり，これは，消費者行動に影響を与え，消費を大きく促す可能性があります。このマーケティング戦略は，売り上げを伸ばし，潜在的に新しい市場を創出するのに非常に効果的です。

広告のもう一つのよい側面は，商品やサービスについての最新情報が得られることです。宣伝されている商品は，ファッション，健康，食品，その他の消費者の好み対する世間の傾向や人々の関心を反映していることがよくあります。このことから，商品の広告は，消費者が商品の特性をよく知るのに役立つだけでなく，本当の必要性に応じて適切な購入決定ができるようになります。

結論として，広告は不必要な購入を促す場合がありますが，製品の販売を促進し，消費者に新商品や市場動向についての有益な情報を提供する手助けとなります。したがって，広告は消費者に悪影響よりも好影響をもたらすと強く思います。

▼第5章

### スコア UP ポイントと解説をチェック！

#### ① 分野別語彙の効果的な運用

次の語彙はメディア，特に広告のテーマにおける頻出語彙なので要チェックです。

・2 パラグラフ：impulse buying / overspending / credit card debt

・3 パラグラフ：garner public interest / consumer behaviour / marketing strategy / boost sales / create new markets / merchandise / purchasing decisions

**② 分詞構文と not only *A* but also *B* の適切な運用**

・2パラグラフ：Lacking the ability to ~ ⇒ 主語である many people が省略された形の分詞構文。接続詞を補って書くと，**Since many people** lack the ability to ~, **they** may purchase .... となる。

・3パラグラフ：**not only** helps consumers ~ **but also** guides them ...

**③ 関係代名詞の非制限用法**

・2パラグラフ：~ on impulse**, which** can lead to ...

⇒ 関係代名詞を使わずに書くと，on impulse**, and this** can lead to ... となります。

・3パラグラフ：~ effectiveness**, which** can influence ...

⇒ 関係代名詞を使わずに書くと，effectiveness**, and this** can influence ... となります。

**④ hedging の効果的な運用**

これは2章のアカデミック・ライティングのルールで触れた語気緩和の用法で（p. 23 参照），**断定を避けるため**に有効です。特に2パラグラフで多く使われており以下がその例です。

・impulse buying, which is **often** prompted by attractive TV or internet advertisements.

➤ 毎回ではないが，「そういうケースが多い」と語気を緩和

・**many** young people **may** purchase unneeded items on impulse, which **can** lead to overspending and increased credit card debt.

➤ 「衝動的に不要な物を買い**かねない**若者**が多く**，過剰な支出や，クレジットカードの負債につながる**こともある**」と「そうならない人もいる」という例外を想定したアーギュメント。

**分野別語彙の運用が鍵！**
**テーマに沿った語彙を使えば確実にスコアUP!!**

それでは以下のサンプルエッセイを読み，特に下線部に着目しながらどこを改善するべきか一緒に考えていきましょう。

**サンプルエッセイ**

Some people say that we are surrounded by advertising, and this has negative impacts on society and individuals. I partly accept this idea because advertisements are a powerful medium which increases the sales. However, advertisements cause problems like unnecessary purchases and a negative influence on children.

On the one hand, advertising has an impact on sales. ① Companies promote their products like smartphones or computers through TV commercials, websites and other online media in order to increase sales and ② do better than their rivals. ③ In this way, many people can gain new and accurate information about the functions, designs and prices of particular products.

④ Having said that, there are some problems caused by advertising. Firstly, people spend their money on goods that they do not really need. This is mainly because advertisements sometimes contain information that can cause misunderstanding or catchphrases that ⑤ emphasise the value of their products. This can cause many people to buy unnecessary products such as clothing, beauty products and food. ⑥ Consequently, there will be more customer complaints about the quality and prices of products and this damages the reputation of companies. Secondly, advertisements can be harmful to children. Lacking the ability to judge the reliability and accuracy of information, children tend to believe almost everything they see in TV or on the internet. ⑦ For instance, when children see cartoon characters eat fast food on TV, they feel like eating it and become overweight or obese.

In conclusion, it may be true that advertising helps businesses achieve high sales. However, I believe that people can buy goods that go against their real needs if they lack an ability to evaluate the items and children can become unhealthy. (279 words)

**【評価】TR（タスクへの応答）／CC（論理性と結束性）／LR（語法）／GR（文法）**

*TA=Task Achievement　　CC=Coherence and Cohesion
LR=Lexical Resource　　GR=Grammatical Range and Accuracy

| TR | CC | LR | GR | Overall |
|---|---|---|---|---|
| 6.0 | 7.0 | 7.0 | 7.0 | 6.5 |
| 総評 | 全体的にミスも少なく，よく書けています。特にTRの改善が必要で，LRに関しても，peopleが多く散見されます。ここではより意味が明確なconsumersやcustomersなどを使うべきです。 | | | |

ではこのエッセイをさらにワンランクUPさせるための改善方法を詳しく見ていきましょう。

**改善点・コメント**

① この後ろにsmartphonesやcomputersとあるので，**Tech companies**とします。

② do betterは話し言葉なので，ライティングに適したoutperform（～に勝る，しのぐ）に変えます。また，rivalは日本語の「ライバル」と少し異なりネガティブな意味で使われるので（例：political rivals〔政治上の敵〕），「競争相手」という意味のcompetitorsが適切です。よって，この表現は**outperform competitors**とします。

③ ここは間違いではありませんが，次のように無生物主語を用いて引き締めるとフォーマル感が増し，GRのスコアがアップします。

> These forms of advertising help provide a target audience with accurate and up-to-date information on their products including function, design and price.
> （これらの形式の広告は，機能，デザイン，価格など，製品に関する正確で最新の情報を対象の視聴者に提供するのに役立ちます）

④ having said that（とは言うものの）は少しインフォーマルなので，**Nevertheless**や**Despite the advantage mentioned above**に変えましょう。

⑤ 広告はemphasiseするのは普通なので，ネガティブな意味を含む**exaggerate**（～を誇張する）や**overemphasise**（～を強調しすぎる）が適切です。

⑥ これは**主張が逸脱している**例です。Firstly 以下で「本当に必要でないものにお金を費やす」とあるので，これ以降はお金の不要な使い道に関する情報でないといけません。しかしながら，この文は「クレームが増え，会社の評判を汚す」と無関係な内容になっています。このように話が逸れると TR が大幅に下がるので，**書いた英文が前後としっかりリンクしているか**毎回確認するようにしましょう。

⑦「子供が，テレビでアニメキャラクターがファーストフードを食べるのを観ると，食べたくなって太りすぎたり肥満になる」は非論理的で言葉足らずです。ここは，難易度は高めですが，次のように表現を補いリライトすると非常によくなります。

For instance, cartoon or fictional characters are often used to advertise unhealthy snacks or sugary drinks. These appealing adverts may tempt susceptible children and young teenagers into buying such products and encourage unhealthy eating habits, which can put them at a higher risk of becoming overweight or obese.

* **advert**：《英略式》広告（= advertisement），**tempt** ***A*** **into** ***do*****ing**：A が *do* したい気分にさせる，**susceptible**：感受性の高い

（例えば，漫画や架空のキャラクターは，不健康なスナックや甘い飲み物を宣伝するのによく使用されます。これらの魅力的な広告は，影響を受けやすい子供や 10 代前半の若者の製品の購入を促し，そして不健康な食習慣を助長し，太りすぎや肥満になるリスクを高める可能性があります）

## (2) Ageing population 難易度★★★☆☆ 【制限時間 38 分】

***The proportion of elderly people is increasing in many countries.***

***Do you think this will be a positive or negative change?***

Give reasons for your answer and include any relevant examples from your own knowledge or experience.

Write at least 250 words.

### ワンポイント・ティップ

このように**高齢化社会**の影響を問われた場合は，ネガティブな傾向でアーギュメントを展開する方が圧倒的に書きやすくなります。まず，高齢者が増えるということは，年金や医療費などの**社会保障費**が増えるので，国の財政が圧迫されます。これにより，教育，交通，子育て支援などその他の公共サービスに割り当てられる費用が減るため，生活の質が下がってしまいます。また，若者，いわゆる労働人口が減り，高齢者が増えるということは，**税収が減る**ことも国にとっては大きな打撃です。他にも，高齢者が増えると消費も減ることから**経済力の低下**も当然起こりえます。

メリットとしては，長年の実務経験で培われた**専門知識やスキル**や，社員育成のノウハウも持ち合わせています。よって，後進の指導をはじめとした人材育成教育を担ってもらうことで労働力の向上は期待できます。また，高齢者と言っても生産性の高い労働力であれば，企業や社会にとっても有益です。加えて，所得が比較的高い高齢者は，個人消費も高いため経済にはプラスとなり得る，という観点も考えられます。

## 教養UP！　必勝攻略レクチャー

世界の**平均寿命**（**the average life expectancy**）は2020年に73歳を超え，1970年の58歳と比べると，50年間で15歳も寿命が延びていることになります。これに伴い各国の**年齢構成**（**age structure**）にも変化が起こり，高齢者人口の増加と労働人口の減少は，先進国で深刻な問題となりつつあります。2020年の高齢者人口の割合は日本が28.7%で断トツ世界一，次いでイタリア，フィンランド，ギリシャなどでも約22%と高い数値となっています。デメリットの要素が大きいためマイナス面から考えていきましょう。一番の問題は，**社会福祉**（**social welfare**）の費用増大です。特に，**医療**（**health care**），**年金**（**pensions**），**介護**（**nursing care**）への支出が増えるため，国の財政が圧迫され，**財政赤字**（**budget deficits**）に陥ります。加えて，教育や交通といった他の公共サービスへの割り当てが減り，市民の生活の質が低下することも懸念事項です。2つ目は，労働人口が減り，各業種で労

**働力不足**（**labour shortages**）が起こり，生産性が低下します。この結果，若者の納税の負担が増え，政府の税収が減り，最終的には**経済力の低下**（**economic decline**）につながります。

一方で，メリットもあり，そのひとつが**高齢労働者の専門知識を活用**すること（**capitalise on the expertise of older workers**）です。生産性の向上や若手の育成につながり，また，若い人よりも退職の可能性が低いため，会社にとっては雇用コストを抑えることも可能です。また，退職後は収入が減少するため，消費が鈍ると考えられますが，若者よりも**購買力**（**purchasing power**）が高く，テクノロジーに強い高齢者もいることから，オンラインショップの需要も増えています。さらに，老後が長くなることで余暇の時間が増えるため，特に娯楽産業にとっては好影響と言えます。この他，ボランティア活動への参加により，地域への貢献が高まります。

また，もし高齢化の対策を問われた場合は，**移民の受け入れを促進し**（**encourage immigration**），労働人口を増やすこと，そして**ロボットや自動化の利用を強化する**（**increase the use of robotics and automation**）ことで人材不足解消につながる，といった観点で答えるとよいでしょう。加えて，企業が**定年退職年齢を 70 歳まで引き上げる**（**raise the retirement age to 70**）のように書くことも可能です。

## 8.0 以上に UP するための Model essay

＊太字は重要 Cohesive devices（結束語）

With a growing proportion of elderly people, significant demographic changes have been recorded in many parts of the world today. I consider this trend to be undesirable in view of potential welfare crises and labour shortages.

Those who regard an ageing population as a positive phenomenon would cite elderly citizens' potentially useful contributions to society that can benefit both businesses and communities. Productivity can be improved through the sharing of wisdom and experience within the organisation, while economic opportunities could be created through older people's growing spending and earning power.

**Nevertheless**, the drawbacks of an ageing society outweigh the benefits. **A case in point** is a significant financial burden of welfare on a country. With a rapidly increasing need for welfare, governments will be required to allocate more fund for pensions and healthcare for the elderly. This ballooning expenditure would ultimately make a dent on the national budget for other important public services such as education and transport, thereby affecting the quality of people's lives.

**Another** challenge may be chronic labour shortages. **While** the healthcare sector will require a larger workforce to meet the increased demand, the shrinking working population will leave many industries such as manufacturing and construction further understaffed. **Although** such shortages can be partially alleviated by increasing foreign workforce and robotisation, a considerable investment will be required for their vocational training and technological development.

**In conclusion**, **although** some economic benefits are possible, population ageing is set to pose serious challenges for many countries: additional spending on welfare and a dearth of skilled workers. **Therefore**, I believe that a growing elderly population is a negative societal change.

（269 words）

## ◆スコアUP重要語彙をチェック

□ **demographic**（人口統計に関する）　□ **welfare crisis**（社会福祉の危機）
□ **a huge financial burden on ~**（～への多大な経済負担）
□ **cite**（～を例に挙げる）　□ **spending and earning power**（消費力と収益力）
□ **allocate *A* to *B***（A を B に配分する《= apportion》）
□ **pensions and nursing care**（年金と介護）　□ **balloon**（膨らむ）
□ **make a dent on ~**（～を減らす）　□ **chronic**（慢性的な）　□ **shrink**（縮小する）
□ **alleviate**（～を軽減する）　□ **robotisation**（ロボット化）
□ **vocational training**（職業訓練）　□ **be set to *do***（do する見込みがある）
□ **a dearth of ~**（～の不足《= a lack of》）

**【エッセイ訳】**

高齢者人口の割合が増加するにつれ，今日，世界の多くの地域で大幅な人口動態の変化が記録されています。将来的な社会福祉の危機や人手不足を考えると，この傾向は望ましくないと思います。

人口の高齢化を良い現象と考える人は，企業と地域社会の両方にとって恩恵となる高齢者の有用な社会貢献の可能性を例に挙げるでしょう。組織内で知恵や経験を共有することで生産性を向上させることができ，また，経済上の機会が高齢者の消費力と収益力の増大によって生み出される可能性があります。

それにもかかわらず，高齢化社会はメリットよりもデメリットの方が大きいと思います。その好例は，国の福祉に対する莫大な財政負担です。急激に高まる医療サービスへのニーズにより，政府はさらに多くの公的資金を高齢者のための年金と医療介護に割り当てる必要があります。この膨れ上がる費用により，最終的には教育や交通などの他の重要な公共サービスに割り当てられる国家予算の割合が減り，その結果人々の生活の質に影響を与えます。

もうひとつの問題は，慢性的な労働力不足だと思われます。医療業界は需要の増加に対応するためにより多くの労働力を必要としますが，労働人口の減少により，製造業や建設業などの多くの産業で人員がさらに不足することになります。こういった労働力不足は，外国人労働者を増やしたり，ロボット化を進めることで部分的に軽減することが可能ですが，職業訓練とテクノロジーの発展のためかなりの投資が必要になります。

結論として，それなりの経済上のメリットが期待できますが，高齢化は社会保障の負担と技術のある人的資源の不足といった深刻な課題を多くの国にもたらすと予測されます。したがって，高齢化人口の増加は望ましくない社会上の変化であると強く思います。

## スコアUPポイントと解説をチェック！

### ① 幅広いパラフレーズ

特に次の表現は繰り返しを避けるために，上手くパラフレーズされています。

・**高齢者人口**：elderly people / elderly citizens / older people / the elderly
・**労働力不足**：labour shortages / understaffed《形容詞》/
　a dearth of skilled workers
・**（公）金，費用**：public money / expenditure / national budget / investment

これらの言い換えは高得点ゲットに重要な必須パラフレーズなので，しっかりとマスターしておきましょう！

### ② head noun の効果的な運用

これは3章（p. 71）で紹介したhead nounの用法です。3パラグラフの **This ballooning expenditure**（これらの膨らむ支出）の箇所です。前述の内容を《**指示代名詞＋形容詞＋名詞**》で引っ張る上級者向けのcohesionスコアUPポイントです。

### ③ メリットとデメリットの対比

2パラグラフはメリット，3～4パラグラフはデメリット，の構成でデメリットが強調されるように説得力が高いアーギュメントができています。このように対比させることで，一方だけ触れるよりも，はるかに力強い主張が可能です。また，conclusionでは，economic benefitsの可能性は少しは考えられますが，それよりもデメリットの方が深刻であると論を締めくくっている点に着眼してください。

### ④ counterargument（反論）の提示

3パラグラフの **Although** such shortages ~ の箇所（～ではあるが）です。これはワンランクUPポイントで紹介したcounterargumentの用法で，これにより後続するa considerable investment ~ の部分の主張が強調され説得力が増します。

**メリットとデメリットの対比を意識し，アーギュメントの説得力を高めよ！**

## サンプルエッセイ

The percentage of elderly people is rapidly growing around the world today. Overall, I believe that this is a negative change because governments have to spend more money on healthcare and young people have to pay more taxes, though this will also bring some benefits.

① It is true that ② elderly people can contribute to society in many aspects. Firstly, they have many ideas about life and can advise young people about their life plans. For example, real life experience of older people can be a model for young people when they choose whether they should marry or what career they should pursue in the future. Therefore, ② older people will make a positive contribution to many young people.

③ Governments will have to cover rising costs for healthcare. To be more specific, they have to spend more money on looking after elderly people, so the cost for medical care will greatly increase. ④ As a result, this will affect the quality of life of young people's lives in the future. ⑤ In my country, this problem will become more serious. Second, there will be labour shortages. ⑥ Industries like construction and manufacturing is very demanding for older people because of their poor physical conditions. Therefore, they are likely to choose other industries that are more suitable for their abilities.

In conclusion, although elderly people are helpful in the future in some way, if the proportion of elderly people further increases in the future, this will have a negative impact on society as a whole.（251 words）

## 【評価】TR（タスクへの応答）／CC（論理性と結束性）／LR（語法）／GR（文法）

| TR | CC | LR | GR | Overall |
|---|---|---|---|---|
| 6.0 | 5.0 | 7.0 | 7.0 | 6.5 |

| 総評 | まず，文法や語法に関してはそれほど大きなミスは見当たりませんが，話の展開方法と，話の逸脱，論理性，そして一貫性に改善が必要です。特に修正が必要な個所に焦点を当てて詳しく見ていきましょう。 |
|---|---|

改善点・コメント

① これはパラグラフ全体の問題で，唐突にIt is true that ~. と始まると，読み手は一体そのパラグラフが何について書かれているのかがつかめません。ここはポジティブな内容なので，**On the positive side**（**よい面としては**），it is true that ~. のように最初にsignpostを書くことでcohesionが改善されます。同じく，次のパラグラフの最初にも，**On the negative side**, governments ~. と書くと数段よくなります。

② 論理性，いわゆる**coherence**に関わる問題です。contribute to society in many aspects.（多くの面で社会に貢献する）となっていますが，Firstly以下は「若者に将来の計画に対して助言を与える」と言っているだけで，大げさで社会貢献とは言えません。ですので，**elderly people can be helpful for many young people.** と変えます。このように書いた内容が，次の文とリンクしているか，毎回しっかりと確かめましょう。

③ 何度も同じことを述べていて **"redundant"** なので，Governments will have to cover the rising costs of healthcare for elderly people. とすれば一文ですみます。

④ ここは**論理が飛躍**している例です。前文の内容から見ると，「政府は高齢者のケアに多くの費用を使う必要があるので，医療費が高騰する」⇒「その結果，将来若者の生活の質に影響を与える」となっていますが，論理的な順序が欠けています。ここは，精度を上げ少し難易度は高めですが，**This situation is expected to place a huge financial burden on younger generations due to potential tax hikes to cover the rising cost of pension and health benefits, which will significantly reduce the quality of their lives.**（高騰する年金や保険給付を補うための将来的な増税が原因で，こういった状況により若者世代には大きな金銭的負担がかかり，そして彼らの生活の質が落ちることになる）とすると，より論理性がアップします。

⑤ 採点官は，各エッセイがどこの国の受験者によって書かれたか知らないので，しっかりと**In Japan**のように明確に書くようにしてください。これはスピーキングでも同じですが，試験官や採点官は「**日本についてはほとんど知らない**」，

▼第5章

といった観点を持ち英語を発信しましょう。

⑥ ここは主題から逸れているため Task response（TR）に影響します。Secondly 以下で labour shortages（労働力不足）について述べていますが，下線部⑤は「高齢者にとって体力的に建設業や製造業はきついため，より適切な異なる職種を選ぶ」と，単に高齢者の職業選択について述べているだけで，labour shortages から焦点がずれています。こういった**内容の逸脱**は文法や語法が正確でも，大きな減点対象となるので，**具体例が主題に沿っているか**，という観点にも着目してエッセイを書きましょう。

## (3) Digitisation　難易度★★★☆☆　【制限時間 38 分】

***Nowadays, more and more information and resources related to arts and entertainment are being digitised.***

***Do the advantages of this trend outweigh the disadvantages?***

Give reasons for your answer and include any relevant examples from your own knowledge or experience.

Write at least 250 words.

### ワンポイント・ティップ

デジタルテクノロジー（**digital technology**）に関する近年出題が増えているテーマです。まず大きなメリットは，**利便性**です。場所を選ばずコンテンツを楽しむことができることができる点について具体例を挙げて書けばよいでしょう。2 つ目は，**環境保全**です。製造に必要な紙の資源や，それに伴うエネルギー使用も大幅に減ることから，環境への影響が軽減されます。

一方でデメリットは，**セキュリティーの問題**です。不正アクセスにより，企業の機密情報や知的財産が危険にさらされる可能性があります。2 つ目は**作品の価値**が薄れてしまうことです。特に無料や安価な価格で公開されてしまうと，希少性が下がることは懸念事項です。

## 教養 UP！　必勝攻略レクチャー

基礎知識として，**digitisation**（**デジタイゼーション**）と **digitalisation**（**デジタライゼーション**）の違い知っておきましょう。**digitisation** は単に「**デジタル技術を活用し，アナログからデジタル形式に変換すること**」です。例えば，紙ベースの資料を PDF 化する，カセットテープの音声を MP3 ファイルに変換する，といった変化のことです。一方 **digitalisation** は「**デジタル技術を活用し，新たなサービスや体験を生み出すビジネスへの移行**」を意味します。例えば，紙の書籍を電子書籍として販売する，映画を DVD レンタルからストリーミングサービスで販売する，といった形です。そしてこういったすべての変革を含め，生活をより快適にし，社会全体に与える大きな変化をデジタルトランスフォーメーション（**digital transformation**）と言います。

このエッセイトピックは digitisation と digitalisation の両方の要素を考えるこ

とが可能です。まずメリットですが，利便性，特に**コンテンツの利用しやすさ**（**easy access to digital content**）が挙げられえます。例えば，美術館や映画館に行かずに済むため，**場所や時間を選ばずに**（**regardless of time and location**）観賞を楽しむことができます。次に**環境の観点から考えると**（**from an environmental perspective**），紙の原料であるパルプの使用が減ることは，森林伐採の必要性もなくなります。さらには，製造に必要なエネルギーや，その過程で発生する $CO_2$ 削減にもつながります。

一方デメリットについては，**サイバー攻撃**（**cyber attacks**）に合う可能性が高いことです。これは，サイバー犯が企業のシステムに不正にアクセスし，データや**機密情報**（**confidential information**）を盗難することです。これを**知的財産の盗難**（**theft of intellectual property**）と言います。これにより**違法ダウンロード**（**illegal downloading**）や，無許可での二次使用や**複製**（**reproduction**）により**海賊版の映画や音楽**（**pirated films and music**）が出回ったりすることで，**著作権侵害**（**copyright infringement**）につながります。特に，このような海賊版をオンライン上で違法販売することは **online piracy** と呼ばれる犯罪行為です。特に，発売前に公開されてしまうと大幅な収益減少や，企業の信頼性の低下にもつながる深刻な問題です。

この他のデメリットとしては，移行に時間と費用がかかることです。新たな**デジタルインフラ構築のために莫大な投資**（**a huge investment in creating digital content and infrastructure**），加えて従業員の研修も必要になってきます。さらには，無料で公開，または利用できるようになると，**芸術的価値**（**artistic value**）を下げてしまう可能性があることもデメリットのひとつと言えます。

## 8.0 以上に UP するための Model essay

＊太字は重要 Cohesive devices（結束語）

Digital technology has transformed many aspects of people's lives in recent years, especially in the field of the arts and entertainment. **In my opinion**, the benefits of this development are more significant than the drawbacks in view of environmental impacts and access to content through the internet.

One notable disadvantage is the risk of copyright infringement. The arts and entertainment industry has been the target of cyberattacks, resulting in the theft and distribution of digital content or commercially sensitive information. **Specifically**, illegal streaming sites fraudulently obtain films, games or other digital materials, and disseminate or reproduce them ahead of the official release date. This unauthorised use of intellectual property can significantly decrease digital content makers' revenues and undermine their corporate reputation.

**Nevertheless**, digitisation brings more benefits than costs. **Firstly**, it makes a vast array of art collections more accessible to a global audience. **A case in point** is virtual tours, which are provided by a large number of museums, such as the Louvre and the British Museum. This service allows visitors to view historical artworks and artefacts through a mix of photos, videos, graphics and text without any physical or geographical limitations. **Secondly**, digitisation contributes to environmental protection. **Unlike** the production of paper-based products like newspapers and books, the creation of electronic media consumes less energy and no timber resources. This means that widespread use of digitised content can significantly mitigate environmental impacts, including deforestation and greenhouse gas emissions.

**In conclusion**, although providing artistic content online may present serious challenges for the industry such as copyright violation, increased availability through digitisation is helpful both to consumers and the environment. **Therefore**, I believe that the benefits of digital transformation are greater than the downsides.（284 words）

## ◆スコアUP重要語彙をチェック

□ **where ~ is concerned**（～に関しては） □ **commercially sensitive**（企業的機密な） □ **fraudulently**（不正に） □ **reproduce**（～を複製する） □ **undermine**（～を損ねる，傷つける） □ **corporate reputation**（企業の評判） □ **disseminate** ～（〔情報〕を広げる） □ **unauthorised**（権限のない，無許可の） □ **a vast array of ~**（幅広い～） □ **a case in point**（好例） □ **cost**（デメリット《benefitsとセットで使われる》） □ **allow ~ to *do***（～がdoすることを可能にする《= enable》） □ **physical or geographical limitations**（物理的，地理的制限） □ **timber**（木材） □ **mitigate**（～を和らげる）

**【エッセイ訳】**

近年，デジタルテクノロジーは，特に芸術や娯楽に関する人々の生活の多くの側面に変革をもたらしてきました。私の意見では，環境への影響とインターネットを介したコンテンツへのアクセスの観点から，この進歩の利点は，欠点よりも大きいと思います。

注目すべき欠点の1つは，著作権侵害のリスクです。芸術および娯楽産業はサイバー攻撃の標的となっており，その結果，デジタルコンテンツや商業的に機密性の高い情報の盗難や拡散につながってしまいます。具体的には，違法なストリーミングサイトが，映画，ゲーム，またはその他のデジタル素材を不正に入手し，正式な発売日より前にそれらを拡散，または複製します。この知的財産の不正使用は，メーカーの大幅な収益減少や，企業の評判を損なう可能性があります。

それにもかかわらず，デジタル化は悪影響よりも多くの恩恵をもたらします。第一に，世界中の聴衆が膨大な数の芸術品にアクセスしやすくなります。その好例は，ルーブル美術館や大英博物館などの多数の美術館が提供するバーチャルツアーです。このサービスにより，利用者は，物理的，地理的な制限なく，写真，ビデオ，グラフィックス，および文字の組み合わせなど，歴史的な芸術作品や遺物の閲覧が可能になります。第二に，デジタル化は環境保護の一助となります。新聞や本のような紙が原料の製品の生産とは異なり，電子メディアの製造は，エネルギー使用が少なく，木材資源を消費しません。これは，デジタルコンテンツを広く使用することで，森林破壊や温室効果ガスの排出などの環境への影響を大幅に軽減することを意味します。

結論として，芸術的なコンテンツをオンラインで提供することは，著作権侵害をはじめとする深刻な課題を業界にもたらす可能性がありますが，デジタル化による可用性の向上は，消費者と環境の両方にプラスとなります。したがって，デジタルトランスフォーメーションのメリットはデメリットよりも大きいと思います。

## スコアUPポイントと解説をチェック！

### ① head nounの適切な運用

（1）の問題でも少し触れましたが，以下はcohesionのスコアUPにつながります。

1パラグラフ：benefits of this **development** ⇒ この this development はなくても可。

2パラグラフ：This **unauthorised use** ⇒前文の「不正にコンテンツを盗まれ，複製，拡散されること」を指す（上級レベル）。

3パラグラフ：This **service** ⇒前文の「ルーブル美術館や大英博物館が提供するバーチャルツアー」を指す。

**② unlike による対比を用いた counterargument**

強いアーギュメントを作る方法として，「**対比**」が挙げられ，これは先ほど (3) で解説したcounterargumentの用法のひとつです。例えば「Aは～の点で優れている」とするだけではなく，「Bは…であるが，Aは～の点で優れている」と**対象を引用して際立たせる用法**です。ここでは紙が原料となっている製品と対比されています。

**③ 具体例の提示**

2パラグラフの museums, such as **the Louvre and the British Museum** の箇所が coherence のアップにつながります。このように個人的な例ではなく，実施されている事実を書くことが大切です。アート系に関しては，この他にも，ニューヨークの The Metropolitan Museum，ロンドンの The National Gallery などが有名です。是非，こういった施設のホームページを読み，関連語彙や背景知識をつけておきましょう。

**④ hedging の効果的な運用**

（1）で少し触れたhedgingの運用例です。2パラグラフの最後の文 This unauthorised ~ **can** significantly ... の箇所が一例で，can を入れることで「（絶対ではないが）～する可能性がある」と断定表現を避けています。また，3パラグラフの provided by **a large number of** museums は「すべてではないが多くの」，そして has the potential to mitigate environmental impacts の箇所も「**可能性がある**」と語気緩和をしています。

**Head noun に対する意識と運用力を高め，Cohesion の向上に努めよ !!**



第5章

## （4）Waste problems　難易度★★★★☆　【制限時間 38 分】

***Plastic waste is now increasing at a dangerous rate around the world.***

***Why is this happening?***
***What can governments and businesses do to reduce the amount of waste they produce?***

Give reasons for your answer and include any relevant examples from your own knowledge or experience.

Write at least 250 words.

### ワンポイント・ティップ

一番の原因はプラスチックの**需要の増加**です。製造コストが安いことや，耐久性の高さからさまざまな製品に用いられています。また，プラスチック廃棄物の処理が追い付いていないことも理由のひとつで，先進国も含めて廃棄物管理システムが十分に整備されていない状況にあります。

対策としては，プラスチックの利用や処理に対する**法の整備**です。また，企業としてはプラスチックに変わる**環境に優しい製品の開発**が挙げられます。この他にも，リサイクルの処理方法や，施設などの改善も対策のひとつです。

ちなみに，実際に世界のプラスチックごみの 9% しかリサイクルされていないというデータがあります。よって，もしリサイクル関連で解決策を書くのであれば単にリサイクルを普及させる，では説得力が低いので，どういった効果的な方法でリサイクルを活用するかを考えて書いてください。

## 教養UP！ 必勝攻略レクチャー

**廃棄物管理**（**waste management**）についてのテーマで，チャレンジングなトピックです。まずプラスチックごみ増加の一番の原因は，**プラスチックの需要拡大**（**increasing demand for plastic**）です。紙類，段ボール，ガラスなどと比較しても，**軽量で**（**lightweight**），**耐久性が高く**（**highly durable**），**用途が広く**（**versatile**），そしてその**製造コストの低さ**（**low production costs**）から，さまざまな製品の素材として使われています。しかしながら，消費に対して処理が追いついていないのが現状です。先進国は自国で処理するよりもコストが安く済むため，ほとんどのごみをアフリカや東南アジアの発展途上国に送っていますが，現地の処理体制が不十分なためゴミは増える一方です。今後は先進国でも独自の開発がより必要になることが予想されます。また，これと関連して，近年では，包装やコップなどのプラスチックに加え，携帯電話やパソコンなどの**電子廃棄物**（**e-waste: electronic waste**）が激増しており，これも発展途上国に送られており，現地に環境被害を及ぼしています。

対策は，第一に罰金や罰則を含めた**法の整備**です。特に**一度きりの使用を禁止する**（**ban single-use plastic**）ことや，処理方法に関する規定を定めることが必要です。2つ目は，環境に優しい素材である**バイオ素材**（**bio-based materials**）の普及や開発です。最も主流なのは，プラスチックの原料である原油や天然ガスを使わない植物を減少とした**生分解性プラスチック**（**biodegradable plastic**）で，自然に分解されるので処理の手間もなく，処理段階で発生する二酸化炭素の抑制にもつながります。また，食品産業では従来の使い捨てプラスチック容器から，**再利用，再補充が可能な包装**（**reusable and refillable packaging**）に変える，という包装に関連したアイデアも考えられます。この他の対策として，途上国の**リサイクル体制の改善**が挙げられます。これには先進国の資金援助が必要で，工場や機械の整備，また人員の教育が必要になります。ちなみに，従来の**機械によるリサイクル**（**mechanical recycling**）だけでは現在処理できていないのが現状です。これに変わるひとつの方法として**chemical recycling**というテクノロジーを用いたリサイクル方法があります。これに関しては，319ページで解説しています。また，アーギュメントは弱くなりますが，個人でできることを書いても構いません。例えば，マイバッグや再利用可能なボトルを使う，または**使い捨てのプラスチック製カトラリーや容器の使用を控える**（**avoid using disposable plastic cutlery and containers**）のように述べることも可能です。

## 8.0 以上に UP するための Model essay

＊太字は重要 Cohesive devices（結束語）

The amount of plastic waste is growing at an alarming rate across the globe today. **In my opinion**, this is primarily due to a growing demand for plastic-based materials and poor waste management. I believe effective solutions for this problem include legislation and the development of eco-friendly alternatives to plastics.

One major contributing factor to this increase is an escalating demand for plastic packaging and single-use disposable products. Most service and food industries favour plastics for their light weight, durability and versatility. Production of plastic materials are also less energy-intensive than other materials like cardboard, paper and glass, thus leading to overall cost reductions. **Another** reason is insufficient or virtually non-existent waste management infrastructure, including recycling facilities, especially in developing countries. The majority of plastic waste generated in developed nations is sent to destinations that mismanage plastic trash, thereby increasing the improper disposal or even the illegal dumping at landfills.

**Regarding** the countermeasures, one optimal solution is for governments to introduce regulations on plastic waste management. **Specifically**, a ban should be imposed on the use of disposable plastic items including bags, cutlery, food and beverage containers, while fines should also be applied to residents and companies that fail to sort their waste into recyclables, compostables and landfill trash. **Another** approach is to increase the use of bioplastics in food packages or bottles. **Unlike** petroleum-based raw materials, biodegradable materials are derived from plants or natural materials, which are fully recyclable, compostable, and decomposable on land or in the ocean.

**In conclusion**, surging amounts of plastic waste has occurred due to a growing demand and a lack of waste management infrastructure; **however**, this situation can be remedied through the introduction of waste management regulations and development of sustainably sourced materials for packaging.（290 words）

## ◆スコアUP重要語彙をチェック

□ **at an alarming rate**（驚異的な速さで）　□ **legislation**（法律）
□ **contributing factor**（主な要因）　□ **durability and versatility**（耐久性と広い用途）
□ **energy-intensive**（エネルギーを大量消費する）　□ **non-existent**（存在しない）
□ **optimal**（最適な）　□ **single-use**（使い捨ての《= disposable》）
□ **cutlery**（食卓用金物〔スプーン, ナイフ, フォークのこと〕）　□ **landfill**（〔ゴミ処理用の〕埋立地）
□ **petroleum**（石油）　□ **biodegradable**（生物分解される）
□ ***be* derived from ~**（～が元になっている）　□ **compostable**（堆肥可能な物質）
□ **decomposable**（自然分解可能な）　□ **remedy**（～を改善する）

**【エッセイ訳】**

今日，プラスチック廃棄物の量は世界中で驚異的な速さで増加しています。私の意見では，これはプラスチック素材の需要の高まりと，不十分な廃棄物管理が主な原因です。この問題の効果的な解決策は，法整備とプラスチックの環境に優しい代替品の開発であると強く思います。

この増加の主な要因のひとつは，プラスチック包装と使い捨て製品の需要の高まりです。ほとんどのサービスおよび食品産業は，その軽量性，耐久性，および汎用性からプラスチックを好みます。プラスチックはまた，段ボール，紙，ガラスなどの他の材料よりも製造のエネルギー消費が低いため，全体的なコスト削減につながります。もうひとつの理由は，特に発展途上国において，リサイクル施設を含む廃棄物管理のインフラが不十分，またはほとんど存在しないことです。先進国で発生するプラスチック廃棄物の大部分は，プラスチックのゴミを不当に処理する場所に送られ，その結果，不適切な処理や，埋立地への不法投棄が増えてしまいます。

対策に関して，ひとつの最適な方法は，政府がプラスチック廃棄物管理に関する規制を導入することです。具体的には，かばん，食卓用金物，食品および飲料容器などの使い捨てプラスチックの使用は禁止されるべきであり，また，廃棄物をリサイクル用ゴミ，堆肥ゴミ，埋め立てごみに分類しない住民や企業にも罰金が科せられるべきです。別の方法として，食品パッケージまたは容器においてバイオプラスチックの使用を増やすことです。石油原料の原材料とは異なり，生分解性材料は，植物または自然材料が元になっています。これらは，完全にリサイクル，堆肥，そして陸または海で分解が可能です。

結論として，需要の高まりと廃棄物管理インフラの欠如により，プラスチック廃棄物の量が急増しています。ただし，この状況は，廃棄物処理法の導入と，持続可能な素材でできた包装用素材の開発によって改善することが可能です。

## スコアUPポイントと解説をチェック！

### ① 適切なパラフレーズ

特に3パラグラフの Regarding the **countermeasures**, one optimal **solution** is の箇所と，Another **approach** is の表現がその例です。「解決策」が上手く言い換

えられています。

### ② hedging の効果的な運用

2パラグラフの **Most** service and food industries ／ **The majority of** plastic waste の2文が形容詞を用いた例です。

### ③ ハイフンを用いた表現

・1パラグラフ：plastic-**based**（プラスチック素材の）／ eco-**friendly**（環境に配慮した）

・2パラグラフ：**non**-existent（存在しない）／ energy-**intensive**（エネルギー消費の多い）

・3パラグラフ：petroleum-**based**（石油が原料の）

ハイフン表現は**文章を引き締める**役割を果たし，無駄がなく，ライティングに適した形です。例えば，1パラグラフの plastic-based materials は materials that **are based on** plastics とすることも可能ですが，関係代名詞を使うと長くなりがちです。他にも以下の表現はよく使うので一緒におさえておきましょう。

・- free（～がない）：**a traffic-free zone**（車両通行禁止区域）
・- rich（～が豊富な）：**a resource-rich country**（資源が豊富な国）
・- related（～に関連した）：**stress-related illnesses**（ストレス関連の病気）
・- effective（効果がある）：**a cost-effective approach**（費用対効果の高い方法）
・- oriented（～重視の，偏重の）：**an exam-oriented education**（テスト偏重教育）

では最後に，先ほど少し触れた chemical recycling による処理方法について述べた solution を見ておきましょう。

**Chemical recycling** is viewed as a potential solution. The process converts plastics into raw materials and produces brand new plastics through technology. This technique is capable of handling all types of plastics including low-grade soft and flexible plastics, which are difficult to treat and process through mechanical recycling.

***convert** *A* **into** *B*：AをBに変化させる，**raw materials**：原材料，**flexible plastic**：軟質プラスチック

**ハイフン表現を効果的に使い，語彙を洗練させよ！**

▼第5章

## （5）School subjects　難易度★★★★☆　【制限時間 38 分】

***Humanities subjects such as philosophy or history are of limited value in today's world. Therefore, priority should be given to teaching practical subjects like science and technology at school.***

***To what extent do you agree or disagree with this statement?***

Give reasons for your answer and include any relevant examples from your own knowledge or experience.

Write at least 250 words.

### ワンポイント・ティップ

人文科学系科目とサイエンス科目の重要性について問うトピックです。まずスタンスですが，もし 100% 賛成（completely agree）で書くと，科学とテクノロジーの利点を挙げるだけでなく，哲学と歴史はまったく役に立たない，としなければいけないためかなり無理があります。そして何よりも，liberal arts education を重視する欧米の大学教育の理念に反してしまうことも不利な要素です。よって，ある程度両方の面から考える方が書きやすく，説得力もアップします。次に，サイエンスと一口に言っても広いので，特定の科目に絞る方が書きやすいでしょう。いずれにしても上記の各科目を学ぶことで得られるメリット，つまり具体的にどのような活動を通じてどういった能力や考え方が養われるかを考えながらアーギュメントを作るようにしてください。

**教養UP！　必勝攻略レクチャー**

まずサイエンス系科目としては，**生物**（**biology**），**化学**（**chemistry**），**物理**（**physics**），**電子工学**（**electronics**）などがあり，こういった特定の科目に絞る方が考えやすくなります。例えば，**biology**であれば，**生態系**（**ecosystem**）や**食物連鎖**（**food chains**）といった**自然界**（**natural world**）について知ることができますし，**食品化学**（**food science**）であれば，**栄養**（**nutrition**）や**健康的な食事**（**healthy eating**）についての知識がつき，**料理のスキル**（**culinary skills**）も学べます。また，一般的にどの科目にも共通して身につくスキルとしては，**データ解釈［分析］**（**data interpretation [analysis]**），**リサーチ能力**（**research skills**），**問題解決能力**（**problem-solving**），**観察力**（**observation**），**実験技術**（**experimental skills**）が挙げられます。これに加え，technology，いわゆるcomputer scienceに関しては，これらも含めて，**デジタルリテラシー**（**digital literacy**），**プログラミング**（**programming**）や**情報処理**（**data processing**）などの基礎的な知識やスキルもつけることができます。説得力を高めるためには，こういったスキルが**将来的にどのような場面で役に立つか**，という例を挙げれば効果的です。

一方哲学と歴史ですが，この2つの科目は非常に密接に結びついています。西洋では，**哲学や道徳**（**philosophy and ethics**）をカリキュラムに取り入れている学校も多く**religious studies**とも呼ばれています。また，中等教育では，religion, philosophy, ethicsの3科目（RPE）を総合的に学ぶ形で教育課程に組み込まれているケースもあります。まず**philosophy**の根本的な考え方は「**現実や物事，人間の存在の本質に疑問を持ち，探求すること**」です。身につくスキルとしては**知性に関係のないスキル**（**non-cognitive skills**），いわゆる人間関係構築に必要な**ソフトスキル**（**soft skills**）を学ぶことができます。また，**論証力**（**reasoning**）や**クリティカルシンキング**（**critical thinking**）が養われることも大きなメリットです。加えて，**哲学者**（**philosophers**）から，**哲学的思考**（**philosophical thinking**）や**古訓**（**古人の教訓**）（**ancient teachings**）を学ぶこともできます。一方歴史に関しては，過去の歴史上の出来事から失敗や争いなどの教訓を学ぶことができ，歴史的根拠に基づいた判断ができる能力がつきます。また，哲学とも共通しますが，歴史上の人物から生き方や考え方などの**人生の教訓**（**life lessons**）を学ぶことができ，これらの考え方は**現代にも幅広く応用が可能**（**widely applicable to the modern world**）です。

## 8.0 以上に UP するための Model essay

＊太字は重要 Cohesive devices（結束語）

Some people argue that knowledge and skills acquired by studying humanities subjects such as philosophy and history are of little value in modern times, and thus, more emphasis should be given to learning science and technology. However, I largely disagree with this idea **because** moral and life lessons learnt from humanities study are applicable to today's society and conducive to mental and character development.

Science and technology are undoubtedly important academic subjects as they equip students with the knowledge and skills necessary for success in today's high-tech society. In chemistry, **for instance**, students learn how to observe empirical data and develop problem-solving and analytical skills. **In the same vein**, computer science classes help learners to become digitally literate through the development of ICT skills, familiarising them with the digital world.

**On the other hand**, philosophical and historical studies that cover ethics and human rights can provide a moral compass for every student. Active engagement in these classes can help them develop into mature and well-rounded individuals who can demonstrate ethical behaviours and attitudes: showing respect and consideration for others and challenging unreasonable laws and conventions. **Similarly**, students can learn valuable life lessons from analysing the lives of historical figures, particularly those who made significant contributions to the betterment of humanity through charity and welfare work. They may serve as positive role models for learners, thus contributing to their character development.

**In conclusion**, studying humanities can develop students' character, awarness, and moral principles that are relevant and useful to the modern world. **Therefore**, I believe that humanities should be given the same importance as science and technology in school curriculum.（269 words）

### ◆スコアUP重要語彙をチェック

□ **moral and life lessons**（倫理観と人生の教訓）　□ **applicable**（関連性のある，応用可能な）
□ ***be* conducive to ~**（～の助けとなる）　□ **equip *A* with *B***（A に B を身につけさせる）
□ **empirical data**（実験データ）　□ **in the same vein**（同様に）
□ **digitally literate**（コンピュータに強い）　□ **familiarise *A* with *B***（A に B を精通させる）
□ **moral compass**（倫理基準）　□ **well-rounded**（円熟した）
□ **serve as positive role models**（よいロールモデルとなる）
□ **character development**（人格形成）　□ **moral principles**（倫理観）

**【エッセイ訳】**

人文科学科目を学ぶことで得た知識や技術は，現代社会ではほとんど役に立たないので，サイエンスとテクノロジーの学習にもっと重点を置くべきである，と言われることがあります。しかしながら，私はこの考えに概ね反対です。なぜなら，哲学と歴史を勉強することで得た倫理観と人生の教訓は，現代社会に関連しており，精神的，人間的成長にも役立つからです。

サイエンスとテクノロジーは，言うまでもなく重要な学術科目です。これはそれらを学ぶことで，今日のハイテク社会で成功するために必要な知識やスキルを生徒が身につけられるからです。例えば化学では，実験データの観察方法を習得したり，問題解決力と分析力を養うことができるからです。同様に，コンピュータサイエンスのクラスは，ICT スキルを養うことで学習者がデジタルリテラシーを身につけるのに役立ち，デジタルの世界に対して詳しくなることがができます。

一方，倫理と人権を網羅する哲学的および歴史学習は，すべての生徒に道徳的な指針を示すことができます。これらの科目を積極的に学ぶことで，他者に敬意と思いやりを示し，かつ議論の余地があり，理不尽な法律や慣習に疑いを持つなど，倫理的な行動や態度を示すことができる成熟かつ円熟した人に成長することができます。同様に，学生は歴史上の人物，特に慈善活動や福祉活動を通じて社会発展に多大な貢献をした人々の生き方を分析することにより，有益な人生の教訓を学ぶことができます。彼らは学習者のよきロールモデルとしてプラスとなり，その結果，よりよい人格形成につながります。

結論として，人文科学を学ぶことは，生徒の人格と自覚を高め，現代社会に関連性があり有益な道徳観を養うことができます。したがって，人文科学は学校のカリキュラムにおいてサイエンス，テクノロジーと同じように重要視されるべきだと私は強く思います。

### スコアUPポイントと解説をチェック！

#### ① 教科ごとで身につくスキルの具体的な説明

ボディパラグラフでは，以下のように各教科を学ぶことで得られるスキルが具体的に書かれています。これで説得力が高まり，coherence のスコア UP につながります。

**chemistry**：実験データを観測する力がつく。情報を理論的に分析することで，問題解決力や，分析力が磨かれる。

**computer science**：ICT スキルを磨くことで，コンピュータに詳しくなる。

**philosophy**：道徳観が養われる。倫理的な行動がとれ，一人前で，知識欲の高い大人になる。同時に，他者に敬意や思いやりを持って接し，そして今ある考え方や慣習に疑いを持つこともできる。

**history**：歴史上の人物から人生の教訓が学べ，よりよい人格形成につながる。

ちなみに，歴史を学ぶメリットとしては次のようなアーギュメントで書くことも可能です。

> Students can become historically literate citizens by examining past events from a critical point of view. Such events include: the rise and fall of empires; the collapse of civilisations; the development of human rights; and scientific discoveries that changed the world. Analysing the causes and effects of these events can develop students' problem-solving skills and enable them to make rational judgements based on historical evidence.
>
> * **historically literate**：歴史に精通した，**empire** 皇帝，**collapse**：崩壊，**rational**：合理的な

上記の教科を含め，次の教科を学ぶことのメリットはライティング，スピーキング共に重要なのでアイデアを準備しておきましょう。

➤ science / maths / philosophy / history / art

**② 無生物主語の運用**

3パラグラフ2行目の **Active engagement ~.** の文です。この文を接続詞を用いて書くと，If students actively engage in these topics, they can develop into ~. となります。これでも構いませんが，会話調になりがちなので，無生物主語を使うことでよりフォーマルでライティングに適した形に変わります。

**各科目を学ぶことで得られるスキルや能力は，分類してまとめておくべし!!**

## (6) Success in life 難易度★★★★★ 【制限時間 38 分】

***Some argue that success in life is determined by where a person is born and how he or she grows up. Others believe that these factors have no effect on personal success.***

***Discuss both these views and give your own opinion.***

Give reasons for your answer and include any relevant examples from your own knowledge or experience.

Write at least 250 words.

### ワンポイント・ティップ

人生哲学トピックで，知識だけでなく，論理的なアーギュメントが必要な難問です。前提として「**人生の成功とは何か**」を自分で考え定義化してみてください。まず「生まれ育った環境によって決まる」というスタンスの場合のキーワードは「**教育**」です。つまり基礎教育を受けることができない環境に生まれると，読み書きや計算能力を身につけることができず，将来学業や仕事における成功の可能性が低くなります。

一方「生まれ育った環境以外に成功する要素がある」と言いたい場合は，具体的な事例を出す必要があります。つまり，環境に左右されないような成功事例を考えてそれを詳しく書くようにしてください。

この問題は Discussion エッセイなので，通常どちらか支持する方の意見をイントロで書きますが，このトピックは両方の意見に賛同する，とすることも可能です。その場合は，育ちとその後の人生における努力は**同じくらい重要である**（***be* equally important**）とイントロで述べてアーギュメントを展開します。ボディでは，それぞれの重要性について例を挙げながら証明していけばよいでしょう。

第5章

## 教養UP！　必勝攻略レクチャー

生まれた環境によって大きく左右されるのは**貧困地域や戦争地域に生まれた場合**です。まず基礎知識として，貧困は**相対的貧困**（**relative poverty**）と**絶対的貧困**（**absolute [extreme] poverty**）に分類されます。前者は，国の**平均世帯所得**（**the median income**）の60%を下回る所得で生活している状態を指します。これは先進国でも見られ，生活に必要な最低限の衣食住は何とかあるが，それ以上の生活はできない状況を言います。一方後者は，衣食住に加え，教育，治安，衛生，交通，情報などあらゆるインフラが不足している貧困を指します。アフリカや東南アジアの発展途上国では絶対的貧困地域が多く，教育機会が限られており，農作業や炭坑での労働等の**児童労働**（**child labour**）を強いられます。この結果成人しても**基礎的な読み書き能力や計算能力**（**basic literacy and numeracy**）が欠けているため，安定した職につけず貧困から抜け出せない人生が続きます。このような状況を**貧困サイクル**（**the cycle of poverty**）と言います。同じく戦争地域に生まれた場合も，幼少時代を**難民キャンプ**（**refugee camps**）で過ごすと，教育を受けることができません。この他にも，階級制度があるイギリスや，カースト制度が根強く残るインドのような国で最下層に生まれると，そこから抜け出すのは非常に困難です。さらに，幼少期に**虐待**（**child abuse**）や**育児放棄**（**child neglect**）を受けた場合は，精神衛生に大きな影響を与えるため，後の人生を左右することが考えられます。

一方，生まれた環境以外で決まる要素は，**考え方やその後の努力**です。モデルアンサーのように，逆境からでも成功に至った経緯を具体的に書けば説得力が上がります。この他の事例では，**生まれ持った知性**（**innate intelligence**）によって成功することもあり，いわゆる**天才児**（**prodigy**）のケースです。これは学業に加え，音楽やスポーツの才能も含まれます。次に，国や自治体による支援を受けることも人生を変えるきっかけになります。例えば，**職業訓練**（**vocational training**）や**メンタリング**（**mentoring**）を受けたり，奨学金制度を利用する方法があります。**経済的に困窮した家庭の子供**（**children from low socioeconomic background**）はこのような無償で提供される公的サービスの活用が成功への道を切り開く方法と言えます。いずれにせよ，**バックグラウンドに関係なく誰もが平等に教育や訓練，安定した職業機会や恩恵を享受できる社会**（**a society where the opportunities and benefits of education, training and stable employment can be offered equally to and shared by all regardless of background**）が創造されるべきであると言えます。

## 8.0 以上に UP するための Model essay

＊太字は重要 Cohesive devices（結束語）

Some believe that a person's place of birth or family circumstances play a pivotal role in his or her future prosperity. Others oppose this view, arguing that one's tenacious efforts can overcome hardship to achieve success. **Personally**, I believe that both upbringing and continuous efforts are equally important in view of their potential impacts on success in life.

**On the one hand**, factors such as a positive mindset and tenacity make a difference. **For instance**, prominent historical figures such as Abraham Lincoln and Henry Ford were born and raised in poor farming families but achieved success in their careers. **Although** entirely self-taught, Lincoln was admitted to the bar in his 20s, and later became the President of the United States. Determined to produce affordable cars for the masses, Ford introduced the assembly line that enabled mass production of automobiles, which brought him fame and fortune. It is reasonable to suggest, **therefore**, that these two figures are the embodiment of success regardless of family backgrounds.

**On the other hand**, instances where the place of birth can significantly affect someone's life are found in poverty-stricken areas. With access to formal education severely limited, many children are unable to acquire basic literacy or numeracy, which hinders the possibility of obtaining high-skilled, well-paying jobs later in life. **Additionally**, children born in war-ravaged countries are also usually deprived of educational opportunities, with priority given to survival over schooling. Child refugees and others seeking asylum may face significant delays in receiving education, or they may even spend their entire childhood in refugee camps, which limits them to menial or unskilled jobs upon reaching adulthood.

**In conclusion**, although success can be achieved to some degree through individual efforts and determination, it is also often governed by the place of birth or family environment. **Therefore**, I believe that both a person's home environment and unflagging efforts play equally important roles in achieving future success.（320 words）

## ◆スコア UP 重要語彙をチェック

□ **play a pivotal role**（非常に重要な役割を果たす）　□ **tenacious efforts**（たゆまぬ努力）
□ **upbringing**（育ち）　□ **tenacity**（粘り強さ，不屈の精神）　□ **prominent**（有名な）
□ **self-taught**（独学の）　□ ***be* admitted to the bar**（法曹界に入る）
□ **the assembly line**（工場の組み立てライン）　□ **mass production**（大量生産）
□ **embodiment**（具現化〔したもの，人〕）　□ **poverty-stricken**（貧困に苦しんでいる）
□ **hinder**（阻む）　□ **war-ravaged**（戦争で荒廃した）　□ **seek asylum**（亡命を求める）
□ **menial**（単調な）　□ **govern**（～を決定づける）　□ **unflagging efforts**（たゆまぬ努力）

**【エッセイ訳】**

出生地や家庭の状況が，人生において非常に重要な役割を持つと考える人がいる一方，この見解に反対する人もおり，たゆまぬ努力により苦難を乗り越えて成功を成し遂げることができると主張するものもいます。個人的には，人生での成功への潜在的影響を考慮して，育ちとたゆまぬ努力の双方が等しく重要であると強く思います。

一方で，前向きな思考や精神力といった要因は，大きな影響を与えることがあります。例えば，エイブラハムリンカーンやヘンリーフォードといった著名な歴史上の人物は，貧しい農家で生まれ育ちましたが，仕事で成功を収めました。完全に独学でしたが，リンカーンは20代で法曹界に入り，後にアメリカ合衆国の大統領になりました。大衆のために手頃な車を製造するという強い意志で，フォードは，大量生産を可能にした組み立てラインを導入することで，名声と富を築きました。よって，この2人は，家庭環境に関係なく成功の具体化であると提起するのは合理的です。

一方，出生地が人生に大きな影響を与えるケースは貧困地域に見られます。公式な教育を受ける機会が極めて限られており，多くの子供たちは基本的な識字能力や計算能力を習得できず，大人になっても高い技術が必要かつ，高賃金の職に就く可能性を妨げます。さらに，戦争で荒廃した国で生まれた子供たちも教育の機会がなく，学校教育よりも生存が優先されています。難民や亡命を求める子供たちは，教育を受ける機会が大幅に遅れる可能性があります。あるいは，幼少期をずっと難民キャンプで過ごし，その結果成人に達しても，単調で誰にでもできるような仕事に選択肢が限られてしまいます。

結論として，成功は個人の努力と意志の強さによってある程度達成することができますが，出生地や家庭環境によってもまた左右されることがよくあります。したがって，私は人の家庭環境とたゆまぬ努力の双方が、等しく将来の成功を達成する際に重要な役割を果たすと強く思います。

このモデルエッセイは，「**両方の要素が重要である**」という主張で展開したエッセイです。特に重要なポイントを確認しておきましょう。

## スコア UP ポイントと解説をチェック！

### ① 説得力のあるアーギュメント

まず，イントロで「**育ち**」と「**たゆまぬ努力**」の両方が重要であることを述べた後で，それぞれの重要性を例に挙げながら証明しています。第2段落（前向きな思考とたゆまぬ努力が重要）では，2人の**歴史上の人物**が貧困家庭から成功した事例が書かれています。一方，第3段落（生まれや育ちが重要）では，貧困地域や戦争地域で生まれた場合の例と，なぜ不利かが明確に記されています。このように強い主張をするためには，説得力のある的確な具体例を挙げるための**教養**や**背景知識力**をUPさせることが必須です。

**② 分詞構文の運用**

**· 2パラグラフ：《主語省略＋接続詞》の追加**

**Although entirely self-taught**, Lincoln was ~. の箇所で，従属節の主語が省略されています。Entirely self-taught, が本来の主語省略の形ですが，分詞構文の意味を明確にするために although が入っています。

**· 3パラグラフ：付帯状況の with**

**With** access to formal education severely limited（正規教育を受ける機会が極めて限られているため）の箇所で，with *A B*（AがBの状態で）の用法です。接続詞を使うと，**Since [As]** access to formal education **is** severely limited, となります。これに加えて，7行目の **with** priority given to survival over schooling（学校に通うことよりも生きることが優先されるため）の箇所も同じで，ここも書き換えると **because [as]** priority is given to survival over schooling となります。この2文は，それぞれ **being が省略**されていると考えてください。

**接続詞の多用を避け，分詞構文，特に付帯状況 with の運用を心がけよ !!**

▼第5章

# 第6章

# 【Task 2】のレパートリーを増やす背景知識力UP &キーアイデア・トレーニング

# 第6章
# 【Task 2】のレパートリーを増やす背景知識力UP & キーアイデア・トレーニング

IELTS のライティング Task 2 の問題は，教育問題・子育て・ジェンダー・ビジネス・人生哲学・テクノロジー・環境問題・メディア・アートと多岐に渡っていますが，世の中について，人生いかに生きるかについて深く考えさせて，awareness を高める問題が中心となっています。そこで，社会情勢の現状を述べるイントロや見識を述べるボディを含めて，優れた Task 2 のエッセイを書くには，普段から，そういった問題について背景知識を身につけたり，人と話し合ったり，真剣に考えたりしてエッセイを書くトレーニングをしておく必要があります。

そこで，このセクションでは，Task 2 のスコアを効果的に UP するために，背景知識を身につけながら，キーポイント（キーアイデア）やそのサポートを作る練習をしたいと思います。まずは「教育・子育て」に関するトピックからです。

## A. 教育・子育て

世界の子供人口約 21 億の 7 分の 1 が小中学教育も受けられないという現状の中，先進国では**大学進学率**（**college enrolment rates**）が 100%を超えるアメリカ（男 75%・女 102%），オーストラリア（男 94%・女 133%），韓国（男 105%・女 83%）のような国が見受けられ，**教育格差**（**an educational divide**）は世界の深刻な問題となっています。さらに，コロナによって 10 億人以上の生徒に**学校閉鎖**（**school closure**）などの打撃を与え，先進国でも**オンライン授業**（**online classes**）をめぐる**デジタル格差**（**a digital divide**）による教育格差や，休校による給食停止による**栄養格差**（**nutritional divide**）の問題にまで広まっています。

こういった中，**全教育機関に対する公的支出の GDP 比率**（**the ratio of public spending on all levels of education to GDP**）は，アメリカ 4.1%，韓国 3.8%，フィンランド 5.1%，イギリス 4.2%，フランス 4.5%で，日本は 2.9%とかなり低くなっています。そして，GDP に対する**高等教育への直接公共支出の割合**（**the ratio of direct public spending on higher education**）は，1.7%のフィンランド，スウェーデン，アメリカの 1.4%以上，加盟 OECD 加盟国 29 か国の平均が 1.0%

対して，日本は僅か0.5%でしかありません。

また，日本の高等教育進学率は男65%・女61%で，女性の場合は，イランの63%，アルジェリアの64%よりも低くなっています。事実，先進国，途上国，イスラム圏を含めて世界のほとんどの国では，女子の方が男子よりも大学進学率が高く，その差は，アルゼンチン（Argentina）45%，アイスランド（Iceland）40%，豪州（Australia）37%，米国（US）27%，アルジェリア（Algeria）26%，キューバ（Cuba）19%，タイ（Thailand）17%，フィンランド（Finland）15%，ロシア（Russia）14%，中国（China）10%となっています。これは，世界で**男女平等（gender equality）**の機運が高まる中，日本の**男性優位主義の意識の根強さ（deep-rooted male chauvinism）**を物語っています。

また，こういった教育における**gender gap**が是正されても，日本のような国では，**gender roles（男女の役割分担）**，**gender stereotype（男女をめぐる固定観念）**がいまだ残っています。そして，それが男女の**ambition gap（野心ギャップ）**を生み出し，職場での**gender discrimination（性差別）**，**gender favouritism（性別によるひいき）**の原因にもなっています。こういった現状を踏まえて，**gender empowerment（女性の積極的な政治経済界，意思決定への参加）**を促し，**gender relationship（男女の関係）**を見直し，**gender bias and prejudice（性差に関する偏見）**をなくすための教育を推進していく必要があります。

それから，今問題となっているのが「**非認知能力（non-cognitive ability）**」，特に**EQ（emotional intelligence〔感情的知性・心の知能指数〕）**の重要性です。現代の教育では，**競争社会（competitive educational environment）**の中で，1に**academic ability（学力）**，つまり**cognitive ability（認知能力）**，次に**athletic ability（運動能力）**や**artistic ability（芸術的能力）**が重要視されています。しかし，**人間関係をうまく維持する能力（interpersonal skills）**，**相手の感情を理解したり同情したりする力（empathy and sympathy）**，**感情をコントローしたり，やり抜く力（emotional self-control and grit [perseverance]）**の重要性が，世界各国の教育現場で高まっています。

IELTSのエッセイを書くときは，こう言ったことを踏まえて理想の教育や子育てやジェンダーに関する見識をまとめておきましょう。それでは1つ目のトピックです。

## 教育・子育て① Reading & artistic activities vs. athletic activities
（読書＆アートかスポーツか）

***Some people say that children can benefit more from reading and artistic activities (e.g. music, drawing) than athletic activities.***

***To what extent do you agree or disagree with this opinion?***

（子供たちは運動活動よりも読書や芸術活動〔音楽，絵など〕からより多くの利益を得ることができるという人がいるが，この意見にどの程度賛成か，反対か）

アート＆読書とスポーツのどちらが子供にプラスになるかを判断する問題で，これは比較的簡単なトピックと言えます。まず，人間の能力は大きく，

**1. academic abilities**（学力・知力）
**2. athletic abilities**（運動能力・体力）
**3. artistic abilities**（芸術的能力）
**4. EQ**（emotional intelligence：対人関係能力やくじけない心など）

に分かれます。これらを「知勇仁忍」と呼ぶ人もいるでしょうが，このうち読書とアートは1，3，4を伸ばし，スポーツは2，4を伸ばします。

4の**EQ**は，読書による**疑似体験**（**vicarious experience**）によって**共感力**（**empathy**）を高めたり，スポーツによって**根性や自制心，協調性を鍛えたり**（**develop perseverance, self-discipline, and a team spirit**）やアートによって**感性**（**sensitivity**）を高めることによって，**empathy**，**sympathy**を高めることができるので，いずれも効果的にやれば伸ばすことができます。また，創造性の重要性を唱えたベストセラー"**Whole New Mind**"の著者，ダニエル・ピンクの言う**scientific creativity のみに頼り，ものを売るMBAの時代から物の持つ美しさ**（**aesthetic appeal**）**や芸術性**（**artistic creativity**）**も重視するMFA**（**the Master of Fine Arts**）**の時代に移行**する中，ビジネスでもアートの持つ**付加価値**（**added value**）がマーケティングにおいて重要であることを述べればさらにアーギュメントが強くなります。

よって，人間の能力の分類をイントロに使い，読書とアートの方がmore beneficialとすればいいのですが，これもスポーツも体を鍛え，EQを伸ばし，要は比率の問題なので，strongly agreeではなく，**partly agree ぐらいにして，前述のスポーツのよさも少し書く方が，両方の意見を述べてから自分の意見を述べる**

**タイプの問題に対応できて有効**です。

**Agree**（賛成）

1. Reading will develop children's intellectual abilities as well as empathy and sympathy through vicarious experiences.
（読書は，類似体験を通じて，子どもたちの知的能力や相手を思いやる気持ちを育む）
2. Artistic activities will develop children's artistic sensitivity and creativity as well as emotional intelligence.
（芸術活動は，子供の芸術的感受性と創造性，そしてEQを育む）

## 教育・子育て② Importance of literature
（文学の重要性）

***Studying literature, such as novels and poems, is a waste of time for students because it gives them nothing valuable.***

***To what extent do you agree or disagree?***

（小説や詩などの文学を学ぶことは，学生にとって価値のあるものを何も与えないため，時間の無駄であるという意見に，どの程度賛成か反対か）

▼第6章

まず，こういった**a waste of time**は**no good**，**not useful at all**と同じ，**categorical statement**（**断定的発言**）と言われるもので，**never**，**always**，**no**を**伴う文は説得力が弱く，避けるべき**ものです。よってこのトピックだけではなく他のトピックでも要注意です。この場合，当然**strongly disagree**で，その理由は前のトピックで述べたもの以外にも，**It will develop students' linguistic abilities.**（**生徒の言語能力を高める**）や**It will broaden their cultural horizons and cultural literacy.**（**生徒の視野を広げ，教養を高める**）などがあります。

## 教育・子育て③ Influences on children: schoolteachers vs. parents
(子どもの成長に対する教師・親の影響)

***Schoolteachers have more influence on children's social and intellectual development than their parents.***

***To what extent do you agree or disagree with this statement?***

(学校の先生は，両親よりも子供の社会的および知的発達に大きな影響を与えるという意見にどの程度賛成または反対か)

まず，親と違って学校の教師は，teaching professionals なので，子供の**学力**(**academic abilities**) をより効果的に高めます。また，家のような親子だけがいる場所と違って，学校といういろいろな種類の人間がいる社会で，基本的に公平さを要求される教師のほうが，子供の**社会性** (**sociability**) を伸ばしやすいことは明白です。よって以下のようなキーアイデアとなります。

**Strongly agree**（強く賛成）

1. School teachers, who are professional educators, can develop children's academic abilities far more effectively than their parents.
   (教えるプロである学校の教師は，両親よりもはるかに効果的に子供の学力を伸ばすことができる)
2. School teachers, who are expected to be impartial to all students, can develop children's social skills more effectively in educational settings similar to real society.
   (すべての生徒に公平であることが期待される学校の教師は，実際の社会に似た教育環境で，子供の社会的スキルをより効果的に発達させることができる)

## 教育・子育て④ Experiences of small children and teenagers
（就学前の経験と十代の経験，どちらの影響が強いか）

***Some people believe that the experiences children have before entering primary school will greatly influence their future. Others argue that the experiences they gain when they are teenagers have much more influence.***

***Discuss both views and give your own opinions.***

（小学校に入学する前の子供たちの経験が彼らの将来に大きな影響を与えると考える人もいるし，十代の時に得る経験ははるかに多くの影響力を持っていると主張する人もいる。両方の見解について論じ，あなた自身の意見を述べなさい）

これは小学校に入るまでの経験と十代の経験の人生への影響力の比較トピックです。前者の意見をサポートする場合は，次の Christopher Nave の調査結果が参考になるでしょう。**幼児期のコアパーソナリティ（最も基本的な自己）の発達が彼らの将来に深い影響（the profound influence of core personality (=*one's* most basic self) development during early childhood on their future）**を与えます。私たちの性格は，幼少期から最盛期を過ぎた後まで，人生を通してほとんど同じままで，小学1年生の性格を見れば，その子が成人した時の行動がかなり予測できる（"Personalities stay largely the same throughout our lives, from early childhood to senior years, according to a new study. The results show personality traits observed in children as young as first graders are a strong predictor of adult behaviour."）ということが研究からわかっています。

この core personality の5つのファクター，**agreeableness（愛想のよさ）**，**openness（新しいものへの受容性）**，**extraversion（外向性）**，**neuroticism（精神不安度）**，**and conscientiousness（勤勉さ・思慮深さ）**は，幼少期にほとんど決まり，25歳でほぼすべて確定すると言われています。

次に，親との**関わり（interaction）**が強く，**接触時間（exposure）**が長い幼少期は親や家庭環境の影響が最も強く，親の躾や性格や人生に対する姿勢が大きく子供の行動体系・性癖に影響を与えると言われています。

これに対して10代での経験に関しては，**友人，学校，メディアの影響（influence of friends, schools, and the media）**が親の影響よりも大きくなる時期で，幼少期と違って**論理的思考（logical thinking and manipulation）**ができるようになる大人への，**精神発達の重要な段階（the critical stage of mental development）**とも言えるので，その時の経験が，**人生観**（*one's* **outlook on life /** *one's* **philosophy of life**）や**価値観の形成**（**values formation**）により大きな影響を与える可能性が高いというとらえ方です。

この２つを論じた後，自分の直感を述べるわけですが，実際は，**意識の層の問題で，小さいときの経験記憶は意識の深いところで潜在意識的に行動に影響を与え，10 代の経験は意識の浅いところで影響を与えているので，どちらのスタンスでも書くことができます。**

ちなみに，これと関連した **parenting course**（**子育て講座**）の価値を問う変則のトピックが出た場合はどうしますか。

> ***The best way to improve the family life of children is for parents to take a course where they can learn how to raise a child well.***
>
> ***To what extent do you agree or disagree with this statement?"***
>
> （子供の家庭生活を改善する最善の方法は，親が子供を上手に育てる方法を学ぶことができるコースを受講することである，という意見にどの程度賛成か反対か）

これは欧米でよくある parenting course を前向きにとらえ，その道の expert のガイダンスを受けることの大きなメリットを書くのが楽なやり方です。**the key ingredients of successful parenting**（**成功する子育ての重要な要因**）は，**mutual understanding, love, and respect, empathetic listening, becoming a role model**（**相互理解，愛，尊敬，親身になって話を聞くこと，ロールモデルになること**）などいろいろありますが，**アプローチのコツを教えてくれるプロのトレーニングが有益**であることを述べるのが得策です。

## 教育・子育て⑤ The importance of education in prison
（刑務所での教育の重要性）

> ***Studies show that the average education level of prisoners is generally low. The best way to prevent them from committing a crime again is to provide them with education while they are in prison.***
>
> ***To what extent do you agree or disagree with this statement?***
>
> （囚人の平均的な教育レベルは一般的に低いという研究結果がある。囚人の再犯を防ぐ最善の方法は，彼らが刑務所にいる間に，彼らに教育を提供することである，という意見にどの程度賛成または反対か）

このトピックについて考えて自分の意見をまとめてみてください。背景知識としては，教育レベルと犯罪率とは関係があり，日本の受刑者の場合も，男女とも，学**歴の低い層ほど刑務所入所率が高く**（**The rate of imprisonment is inversely proportional to the level of education.**），特に男性では，高卒は大卒の5倍，小・中卒は32倍と言われています。こういった中，**社会的弱者**（**socially disadvantaged people**）であることの多い凶悪犯罪者でも，**教育や治療**（**therapy**）**を重視する方が再犯率**（**recidivism rate ／ rates of reoffending**）**を低下させる**という認識が世界で高まっています。これらの情報は効果的なイントロ作るのに使えます。

次にボディでは，刑務所での教育が**moral education [character development]**（**道徳教育［人格育成］**）と**skill development education**（**技能育成教育**）の2つになり，それぞれ**社会復帰**（**rehabilitation**）につながることを述べます。ちなみに，塀がないことで知られるノルウェーの刑務所の再犯率は世界最低の20％で，**再犯**（**repeat offence**）を防ぐために，入所している間に**犯した罪の重さへの反省を促し，社会生活に適応できる能力を身につけさせ**（**heighten their awareness of the seriousness of their crime and rehabilitate them**）ようとしています。 また，日本の刑事施設では，受刑者に**規律ある生活態度と職業的技能を身につけさせ**（**acquire a disciplined life and professional skills**），**社会復帰**（**social reintegration**）を促進し，社会復帰に支障がありそうな受刑者には，社会生活の基礎となる小中学校の，さらなる学力向上が有益と見なされる受刑者には高校・大学教育指導を行っています。こういった情報をサポートにすれば非常に情報豊かな内容のエッセイになります。

こういった背景知識をもとに，このトピックに関しては，賛成の方がベターであることがわかりますが，特に**hard-core criminals**（**根っからの悪**）を更生させるのは困難です。しかも**multicultural prisons**（**多文化が共存する刑務所**）では，**religious diversity**（**宗教的な多様性**）のために**moral education**（**道徳教育**）がやりにくい反面があるので，**generally agree として**，**障害も書きながら論を進めていくのがベター**です。いずれにしても**cultural enrichment activities**（**教養を高める活動**）や**athletic activities**（**スポーツ**）によって，前述の**noncognitive ability [EQ (emotional intelligence)]**（**非認知能力［心の知能指数］**）をより高める**holistic education**（**全人的教育**）が必要です。

## B. ジェンダー

ジェンダーは，IELTSエッセイで頻出分野のひとつで，家庭・ビジネス・政治・学術などさまざまな視点からジェンダーを絡めた問題が多数出題されています。OECDによって作られた**ジェンダー指数**（**SIGI [Social Institutions and Gender Index]**）によると，北欧やヨーロッパの多くの国々，オーストラリア，カナダなどは**gender inequality**（**男女不平等**）が最も低くなっています。しかし，世界全体としては，性差別は根強く，女性の3人に1人は夫の暴力は仕方がないと見なし，2人に1人は男の方が女より政治家に向いていると見なしています。そして，教育に関する**gender gap**は2030年頃までに解消されるが，経済参画とビジネス機会に関しては，今のペースでは解消までに数段長くかかる可能性があると言われています。こういった現実を踏まえて，まずは家庭生活や仕事への取り組み方の見地からジェンダー問題から見ていきましょう。

### ジェンダー① Lifestyle change
（生活スタイルの変化）

***In many places today, people's lifestyles have changed in various ways, and this has affected family relationships.***

***How have people's lifestyles changed?***
***Do the advantages of those changes outweigh the disadvantages?***

（今日の多くの場所で，人々のライフスタイルはさまざまな方法で変化しており，これは家族関係に影響を与えている。人々のライフスタイルはどのように変わってきたか。またその変化のメリットはデメリットに勝るか）

このトピックの場合，まずlifestyleが最近どのように変わったかを書く必要があります。すると，**女性の社会進出**（**women's growing participation in paid work / female empowerment / women's career advancement**）と，それに伴う，**専業主婦の減少と共稼ぎカップルの増加**（**decreasing numbers of full-time homemakers and increasing numbers of working couples**）があります。次に**仕事と家庭のバランスをとる必要性が高まったこと**（**an increasing need for a work-life balance**）があります。これらによってどんな変化が起こったでしょうか？

それは，**child-rearing**（**子育て**）を含めて，**housework sharing**（**家事の分担**）や，

男性が以前よりも **family-oriented**（**家庭的**）になり，**自宅での父親像の存在は子供の発育にいい影響を与えています**（**The presence of a father figure at home has a positive influence on children's mental development.**）。また，女性はより **economically independent** になり，**gender equality** が進むことになりました。**These changes have blurred the distinction between traditional gender roles, contributing to the elimination of gender stereotypes and gender biases.**（**これらの変化は，伝統的なジェンダーの役割の区別を曖昧にし，ジェンダーの固定観念や偏見の排除に貢献する**）という明らかな利点が生んでいます。

このトピックは次のトピックとほぼ同じですが，そのようになった背景を問う部分の解答として次のようになります。

## ジェンダー② Parenting and gender
（子育てとジェンダー）

***These days more and more fathers stay at home and take care of their children, while more and more mothers go out to work.***

***Why could this be?***

***Do you think this is a positive or a negative trend?***

（最近，家にいて子供の世話をする父親が増え，仕事に出かける母親が増えている。そうなった要因は何か。これはよい傾向か悪い傾向か）

考えられる理由としては，次のものが挙げられます。

1. **A growing tendency towards gender equality**（男女平等の高まり）：ジェンダーに対する社会的**価値観の変化**（**paradigm shift**）が起こっています。
2. **A need for mothers' income to the family budget under economic stagnation**（不況下で家計への母親の収入が必要），**A desire to enjoy a higher standard of living**（よりよい生活水準を求めて）：母親が働くのが当たり前になってきています。
3. **A growing need for a work-life balance**（仕事と生活のバランスの必要性の高まり），**A change in work ethic among workers**（労働者間の労働倫理の変化）：hard work を美徳とする work ethic に変化が起こっており，ワークライフバランスを重視する傾向が高まっています。

▼第6章

また，このジェンダートピックは，ビジネスやリーダーシップの問題とも関連しており，次のようなトピックが出題されます。

## ジェンダー③ Managerial positions and gender
(ビジネスリーダーとジェンダー)

***In many companies around the world, high-level positions like executives or managers are occupied by men.***

***Why is this the case?***
***Do you think companies should appoint more women into such positions?***

(世界中の多くの企業では，幹部やマネージャーなどの上位の役職は男性によって占められているが，その原因は何か。企業はもっと多くの女性をそのようなポジションにつけるべきだと思うか)

教育における**gender gaps**が是正されても，ビジネスの世界や職場では，**gender stereotypes**（**男女をめぐる固定観念**），**gender discrimination**（**性差別**），**gender favouritism**（**性別によるひいき**），つまり**glass ceiling**（**昇進を阻む目に見えない障壁**）がいまだに根強く残っており，それらが**育ち**（**upbringing**）や学校教育で生まれた男女の“**ambition gaps**（**野心ギャップ**）”を助長しています。これら2つのファクターが組み合わさって，いまだに女性の役員の数が少ないのが現状です。事実，大手上場企業の女性役員の比率は，日本7%（女性役員比率の高い企業に，ローソン，資生堂の46%，ソニー，高島屋，アシックスの25%があるが），インド11%，米国16%，イギリス27%，フランス37%となっており，役員のジェンダー比率割当制（the gender quota system）を導入したノルウェーは41%となっています。

こういった中，**gender empowerment**（**女性の積極的な政治経済界，意思決定への参加**）を促すことは，管理職ばかりでなく，role modelを与えることで有能な女性の労働力を高め，**男女平等の推進**（**promotion of gender equality**）によって**女性のキャリアアップ**（**women's career advancement**）を促し，その結果，**労働力不足の軽減や労働力の活性化**（**It alleviates labour shortage and stimulates the labor force through promotion of gender equality in the workplace.**）となります。また，タイム誌にあるように，女性の社会的成功はan increase in women's purchasing power（女性の購買力UP）につながり，女性のニーズに合った商品・サービスのマーケティングの成功につながり，**世界経済を活性化**（**It contributes**

**greatly to global economic growth through an increase in women' s purchasing power.**）につながります。

## ジェンダー④ Gender and job suitability
（ジェンダーと職業の適正）

***Since men and women have different qualities and characteristics, certain jobs are suitable for men and some jobs are suitable for women.***

***To what extent do you agree or disagree with this statement?***

（男性と女性は資質や特徴が異なるため，男性に適した仕事もあれば，女性に適した仕事もある，という意見にどの程度賛成か反対か）

このトピックの背景知識として，職業の分類とそれに対する適性を比率的に見てみると，次のことがよく言われています。

- □ **clerical work**（事務職）**— generally female work**（**supporting, accommodating**〔従順で親切な〕**, and meticulous**〔几帳面〕）**— AI** にとって代われる度合いが高い部類
- □ **engineering work**（技術職）**— generally male work**《理系に男が多いため》
- □ **research work**（研究職）**— generally male work**《その道一筋〔**one-track mind**〕が多いため》
- □ **sales promotion work**（営業職）**— generally male work or gender-free**
- □ **managerial work**（管理職）**— generally male work**《**leadership qualities** が重要なため》
- □ **teaching and consulting jobs**（教職・指導職）**— depends on the level of educational institutions**《幼稚園，小中高校大学と上に上がるにつれて女性の比率が減っていきます》
- □ **artistic work**（芸術的職業）**— gender-free**《大家には男が多い》
- □ **physical labour**（肉体労働）**— generally male work**

となっていて，男性の方が，適性が多くなっています。特に研究者総数に占める女性の割合も，アイスランド46%，イギリス37%，米国34%，ドイツ28%，フランス26%，韓国19%と比べて，日本は約16%と低くなっています。

エッセイの構成ですが，第１パラグラフ（イントロ）で，**Because of perceived gender differences in personal qualities and characteristics, many people argue that men are suitable for certain work and women**

▼第6章

**are suitable for some occupations. However, I partially disagree with this popular notion of gender and job suitability.**（**個人の資質や特徴に性差があると認識されているため，多くの人が男性は特定の仕事に適しており，女性は特定の職業に適していると主張しているが，私はこの一般的な性別と仕事の適性の概念に同意できない部分がある**）と自分のスタンスを述べます。

第２パラグラフで，上で述べた項目，つまり，技術職，管理職，肉体労働などで男性が多く，事務職や幼稚園や小学校の先生には女性が多いなどと，かいつまんで書いていきます。

第３パラグラフでは，今や**paradigm shift**（**価値観の変化**）が起こっており，**gender equality**の波の中，社会のニーズに応えるべく，**営業職も管理職も研究職・指導職も女性の社会進出がどんどん高まっている現状を述べます**。**Women are becoming increasingly more suitable for sales promotion work, doctors and lawyers, and researchers and managers.**（**営業職，医師や弁護士，研究職やマネージャーなどで，女性はますます適性を見せつつある**）として，第２パラグラフで述べた内容は，古い**stereotype**となっている，と続けます。

第４パラグラフ（結論部）では，**Though women still have a long way to go before they achieve genuine equality with men in the workplace, gaps between men and women in career are narrowing year by year with gender stereotypes and discrimination eliminated in the business world.**（**女性が職場で男性と真の平等を達成するまでにはまだ長い道のりがありますが，ビジネスの世界ではジェンダーのステレオタイプと差別が解消され，キャリアにおける男性と女性のギャップは年々縮小しています**）のように締めくくるとよいでしょう。

## ジェンダー⑤ Gender and fields of major
（ジェンダーと専攻分野）

***In many schools and universities today, women tend to study the humanities (e.g. art, languages) while men more often major in science-related subjects.***

***Why is this the case?***
***Do you think this is a positive or negative tendency?***

（今日の多くの学校や大学では，女性は人文科学（芸術，言語など）を選択する傾向があり，男性は科学関連の科目を専攻することが多いが，その原因は何か？　これはポジティブな傾向か，ネガティブな傾向か）

理系女子の比率が少ないのは，**周囲の女子の進学動向の影響（peer pressure）**，**女性の職業としてエンジニアや研究者に対してわずかに否定的な親の態度（parents' slightly negative attitudes towards engineers and researchers as female professions）**，**ふさわしい女性科学者のロールモデルが身近にいないこと（lack of good scientist role models for female students）**などが挙げられます。そして，それは，gender inequality in careerやgender stereotypesを助長し，AIの進歩によってclerical workの大部分がAIに取って代わられようとしている時代に，**多くの女性の仕事に脅威を与え（threaten their career prospects）**，**優秀なエンジニアや研究者の不足（a shortage of skilled engineers and researchers）**になるのでネガティブな傾向と言えます。

そしてここでも，**genetic factors**（遺伝的要因）よりも前述の男女の**ambition gaps**（野心ギャップ）が働いています。その問題解決のためには，**家庭での教育（upbringing）**，**学校教育（school education）**ともに**female empowerment**の**意識を高める努力**が必要です。

## ジェンダー⑥ Political leaders and gender
（政治リーダーとジェンダー）

***Throughout history, male leaders have led us into violence and conflict. If a society is governed by female leaders it will be more peaceful.***

***To what extent do you agree or disagree with this opinion?***

（歴史を通して，男性の指導者たちは人類を暴力と紛争へと導いてきた。もし，社会が女性の指導者によって統治されれば，より平和になる，という意見にどの程度賛成か反対か）

これは面白いトピックで，このトピックに対しては“**strongly agree**”として次のように述べていきます。まず第1に，**the nuclear age**（**核時代**）にあって，**diplomacy**（**外交**）の重要性が叫ばれる中，**hegemony[domination]-seeking**（**主導権の模索**）で攻撃的な男のリーダーは，すぐに**confrontation**を引き起こし危険です（**Hegemony-seeking aggressive male leadership and politics are more likely to cause international political conflicts.**）。

そして，第2に，**male-dominated society**（**男性優位社会**）から**androgynous society**（**中性化社会**）へと**a paradigm shift**（**価値観の変化**）が起こる中，**feminine qualities**を持つリーダーの重要性を次のように述べるとよいでしょう。**“More empathetic, diplomatic female leadership and politics contribute greatly to a transition from domination and confrontation to partnership and harmony in the global community.”**（**より共感的で外交的な女性によるリーダーシップと政治は，グローバル社会において，支配と対立からパートナーシップと調和への移行に大きく貢献します。**）

## C. ビジネス

ビジネスのトピックでは，仕事の動機や働き方，そしてCSRに対する考え方の問題が出題されます。それらについてはすぐに答えられるように自分の意見をまとめておきましょう。まずは**仕事のやりがい**（**reasons for work**）に関するトピックです。

### ビジネス① Reasons for work（働く理由）

***Most people work hard in order to earn money, and there are no other reasons to do so.***

***To what extent do you agree or disagree?***

（ほとんどの人はお金を稼ぐために一生懸命働くが，懸命に働く理由はそれ以外にない，という意見にどの程度賛成か反対か）

このトピックは，「お金以外にはない」という前に述べた**categorical statement**（**断定的主張**）なので，**strongly disagree**で論を進めるとよいでしょう。その時に他の理由を多く挙げられればargumentが強くなります。

まずは，**job satisfaction**（**仕事の満足感**）は，言い換えとして，**a job that gives workers a sense of accomplishment**（**達成感のある仕事**），**rewarding work**（**給料が低くてもやりがいのある仕事**），**challenging work**（**難易度が高くてやり甲斐のある仕事**），**self-fulfilling [self-actualizing] work**（**自己実現につながる仕事**），**soul-enriching work**（**心が豊かになる仕事**）などがあります。

次に，職場や仕事を通じての人間関係・ネットワーキング（**networking**：interacting with others to exchange information and develop professional and social contacts）も人間が仕事をすることの大きな理由になっています。ゆえに，**職場での有益な人間関係**（**beneficial and successful human relationships in the workplace**）や**社内外での人脈作り**（**building up a network of acquaintances in and outside the company**）は非常に重要です。

次に，仕事を通じて**ステータス**（**social status**）が上がり承認願望が満たされるというのも働く理由のひとつです。職業は単にお金儲けの手段ではなく，その人の

**社会的地位・立場（social standing）**を表すものです。故に多くの人は尊敬される仕事に就こうとします。

最後に，仕事を通じての **skill development** があります。career は長く携わることによってスキルや地位が上がっていく仕事のことで，skill development はひとつの**仕事の充実感（self-actualisation through work）**につながります。これらをまとめると，最低でも **job satisfaction** と **social interactions** については書く必要があります。

## ビジネス② Job satisfaction vs. job security
（仕事はやりがいか，安定か）

***Some people say that job satisfaction is more important than job security. To what extent do you agree or disagree with this statement?***

（仕事の安定よりも仕事の満足度の方が重要だという人がいるが，どの程度賛成か反対か）

これは前のトピックとも関連していますが，より難易度が高いトピックです。これについて述べるための知識として**マズローの欲求段階説（the Maslow's hierarchy of needs theory）**というものを念頭に入れておくと有益です。それによると，最も強い欲求の順番では，

1. **physiological needs**（生理的欲求，つまり衣食住〔food, clothing, shelter〕へのニーズ），
2. **safety needs**（安全性欲求，つまり身体の安全と仕事［survival をもたらすもの］の確保（personal security and job security），
3. **relational needs**（人間関係の欲求，つまり love, friendship, a sense of connection [belonging] — 家族や集団とのつながり），
4. **esteem needs**（承認願望。つまり自信やステータスを得ること〔self-esteem, status, recognition〕），
5. **self-actualisation**（自己実現。つまり，自分の潜在的可能性を実現させることで満足感を得ること〔achieving *one's* full potential including creative activities〕）

となっており，さらにマズロー自身は死ぬ前に５番のレベルでは真に幸せになれないことを悟り，最後のレベルとして，

**6. a sense of contribution to society**（社会貢献による満足感）

を述べています。

これから判断すると，例題のトピックに対する答えとしては，明日の食いぶちがどうなるかわからない不安定な仕事についている人の場合は，**job security** の方が重要ですが，安定した仕事についている人の場合は **job satisfaction** の方を重視することがわかります。よって社会全般的には **It depends on the individual.** と言えますが，例題は主観を述べよと言っているので，おそらく安定したいい仕事についている人は **job satisfaction** を選ぶでしょう。その場合は，前のトピック（Reasons for work）で述べたキーワードをバシバシ使って論を進め，**job security** を選ぶ人は，マズローの 1．と 2．の欲求の大きさを述べると同時に，**仕事の不安定や喪失が家族の扶養や家族との関係を損ない，自信の喪失になったりする可能性（Job insecurity and job loss will undermine family support and even family relationships, lowering his or her self-image.）**を述べればいいでしょう。

欲求段階説によると，1．を満たしてはじめて 2．に上がることができので，恋愛中に仲がよかったカップルでも **abuse**（**虐待**）によって **security** が脅かされると別れようとします。普通の人間はまずは 1．2．3．を満たそうとするのでそれがなければ，承認願望や自己実現願望や社会貢献願望が起こりにくくなります。

## ビジネス③ Attitudes towards work

（仕事に対する考え方）

▼第6章

***Being self-employed is better than being employed by a company or an organisation.***

***To what extent do you agree or disagree with this statement?***

（企業や組織に雇用されるより，自営業の方がよいという意見に，どの程度賛成か反対か）

この「自営がいいか，会社勤めがいいか」のトピックも，前のトピックに関連しています。まず自営の一長一短を考えてみましょう。

**The advantages of self-employment**（自営のメリット）

1. more freedom and individual initiative
   （自由があり自分で采配を振れる）
2. purely performance-based income
   （成果に応じて完全に収入が増える）

**The disadvantages of self-employment**（自営のデメリット）

1. higher risks, less financial security
   （リスクが高い，経済的に不安定）
2. less social interaction (networking)
   （交友関係が狭くなる）

この裏返しが，**company employment** の一長一短で，これらを総合判断します。**企業生存率**（**company survival rate**）は，日本では5年で約8割であるのに対して，欧米ではその半分の4割ぐらいしかありません。これを考慮して，自営の方がよいという意見の場合は，「自由，采配，成果報酬」などを強調し，企業勤務の方がよいという意見の場合は，「自営のハイリスク」を強調したり，「ネットワークの狭さ」，または「自営に必要な **general skills** を持つことの難しさ」を挙げることができます。

## ビジネス④ Business leaders and age
（ビジネスリーダーと年齢）

***Some people believe that elderly people make better leaders than young people in business.***

***To what extent do you agree or disagree with this opinion?***

（高齢者はビジネスにおいて若者よりも優れたリーダーになると信じている人がいるが，この意見にどの程度賛成か反対か）

このトピックは比較的簡単で，簡単に言えば60代の方が20代よりもビジネスリーダーに向いているかを考えればわかりやすいでしょう。すると前者の方が，

**Generally agree: Elderly people make better leaders than young people.**
（概して賛成：若者より年長者のほうが優れたリーダーになる）

1. **being more knowledgeable and more experienced / having more wisdom**：知識と経験・見識が豊富で better decision-making をする可能性が高い。
2. **being a better judge of people and skilful in building interpersonal relationships**：人を見る目や対人関係処理能力が高くて，リーダーシップを取りやすく，**適材適所**（**a right person in the right place**）もしやすい。
3. **having a broad network of friends, associates, and acquaintances in and outside the company**：社内外で豊富な人脈を持っている。
4. **having a broad perspective**：物事の大局を見ることができる。
5. **having a more influence on others than young leaders because of their experience and age advantage**：従業員，特に中高年の従業員にとって，20 代のリーダーの命令より，経験を積んだ年長者の命令の方が聞きやすく影響力がある。

などのメリットがあります。しかし，弱点としては，**having low physical strength**（**体力の低さや体の弱さ**），**having less mental flexibility and learning ability**（**融通性と学習能力の低さ**），**being less tech-savvy**（**ネットを含めたハイテク機器の扱いの弱さ**）などが考えられます。よって，これらを総合判断すると，やはり **generally agree** のスタンスで書くのがベターでしょう。

第6章

## ビジネス⑤ Corporate Social Responsibilities
（企業の社会的責任 CSR）

***As well as making money, businesses also have social responsibilities.***

***To what extent do you agree or disagree with this statement?***

（企業はお金を稼ぐだけでなく，社会的責任も負っているという意見に，どの程度賛成か反対か）

このトピックについてエッセイを書くには，**企業の社会的責任**（**corporate**

**social responsibility[CSR]**）に関する基礎知識を身につける必要があります。CSRとは，企業は利益追求だけではなく，社会貢献の責任を果たすべきであるという考えで，大きく2つに分類されます。ひとつは，企業倫理を守って**不祥事**（**misconduct**）を起こさず，**環境負荷**（**environmental impact**）を抑え社会にマイナスの影響を与えないという考え方です。もうひとつは，事業を通じた**社会貢献活動**（**social contributions**）や**慈善活動**（**charity**）などによって積極的に社会を改善していこうとする考え方です。

日本のCSRは，欧米に比べて消極的で，**環境保全**（**environmental protection**）や**法令遵守**（**コンプライアンス**：**compliance with laws and ordinances**）が主です。その背景には，1960年代の公害病の多発と，2000年代初頭のさまざまな不祥事に対する消費者の非難によって，企業は法令遵守と共にCSRに関心が高まったことがあります。またグローバル化が進む現代社会で，**従業員の人権への配慮**（**consideration for workers' human rights**）が重要になってきています。

イギリスのCSRは，**産業革命**（**the Industrial Revolution**）による経済の急速な発展に伴い，低賃金で長時間働く**労働環境**（**work conditions**）に対する労働者の**人権**（**human rights**）を重視しています。アメリカのCSRは，企業が積極的に**慈善活動**（**philanthropic activities**）や投資的社会貢献を行うという特徴があります。例えば，ビル・ゲイツ氏とその妻メリンダ氏は**Bill & Melinda Gates Foundation**という慈善基金を設立し，世界の貧困対策や教育機会の善に取り組んでいます。

グローバル経済が浸透し，ますます競争が激しくなる国際社会では，積極的な社会貢献が，企業にとっての重要な**経営戦略**（**business strategy**）となるでしょう。日本企業にとっても，CSR活動は，**世界に存在を示す**（**showcase their presence to the world**）ために，今後ますます重要な活動となっていくはずです。

このように，CSR活動に注力すべきだと主張したほうが，当然ながらいいエッセイになります。**The importance of CSR cannot be overemphasised.**（CSRの重要性はいくら強調してもしすぎることはない）の立場で，キーポイントを整理してみると次のようになります。

**Strongly agree**（強く賛成）

1. Environmental protection efforts by companies are very important for the preservation of the global environment.
   ☞「地球環境保全のため，企業は環境保護に努めるべきである」という強い主張です。
2. Manufacturers must ensure product safety to protect consumers from harm caused by defective products.
   ☞「欠陥商品が原因の損害から消費者を守るために，製品の安全性を確保するべきである」という主張です。
3. Companies should address the growing problem of worker exploitation.
   ☞利益重視になりがちな企業は，従業員からの搾取という問題に当然取り組むべきです。従業員の権利を守るための重要な意見です。

この他，CSR 活動は，企業が消費者の注目を集めることができ，優れた人材の獲得，ひいては業績向上につながるという企業のメリットにもなります。事実 CSR は，就職または転職先，投資先を探している人々にとって，必須の情報となっています。

ではビジネス最後のトピックです。IELTS でよく問われるトピックは「**人間関係・教育・結婚・ジェンダー・ビジネス・アート・成功哲学**」などですが，それぞれについて自分の意見を述べるために「核」となる“**principle**（**人生哲学・ポリシー**）”を確立するための **intellectual maturity** を養うと，エッセイやスピーキングを楽にこなすことができます。

次のトピックはビジネスに少し関連しているので補足しておきます。

▼第6章

## ビジネス⑥ Life plan
（人生の計画）

***Some people think that planning for the future is more important than focusing on the present.***

***To what extent do you agree or disagree?***

（現在に焦点を合わせるよりも，将来の計画が重要であると考える人がいるが，どの程度賛成または反対か）

このトピックは，第1に **career choice**，**career decision** を含んだ **career plans** とその一環である **school life plans**，第2に **marriage partner choice** や **childbirth** を含んだ **marriage life plans** と **family life plans**，第3に **business success** のために **business strategies** を含んだ **business plans** などの事例を挙げて，**planning for the future** の重要性を述べることができます。そして何をやるにしても，成功するためにはまず将来を見通して計画してから一歩を踏み出すべきであり，今だけにフォーカスした運任せの **shortsighted**（**向こう見ず**）なアプローチで行くと失敗ばかりしてしまうという論法で書けます。

# D. テクノロジー

## テクノロジー① AI and robotics
（AIとロボット工学）

> ***The use of robots and artificial intelligence is becoming common in our everyday lives.***
>
> ***Do the advantages of this trend outweigh the disadvantages?***
>
> （ロボットや人工知能の使用は，私たちの日常生活で一般的になりつつある。この傾向の利点は欠点にまさるか）

IELTS頻出トピックのひとつである，ロボットやAIについて基礎知識をインプットしましょう。**AI**（**artificial intelligence**：**人工知能**）とは，人間のように「考える」コンピュータシステムのことです。歴史を概観すると，1960年代に，推論・探索によってチェスなど特定の問題を解くAIが誕生，1980年代には，**エキスパートシステム**（**expert system**）という，コンピュータに知識を取り込んだAIが登場しました。そして2000年代には，コンピュータが自ら学習する**ディープラーニング**（**deep learning**）が取り入れられ，段階的に賢く（smart）なっています。AIは以下のように大別されます。

**1.** 特定の作業しかできない「**特化型AI**（**narrow AI**）」：将棋ロボットや，自動運転車（autonomous cars），センサー機能付きエアコン，ロボット掃除機，ウェブ検索，飲食店の接客ロボットなど。

2. 自ら考え，問題解決ができる「**汎用 AI**（**artificial general intelligence**）」：人間の能力を超えるといわれるが，開発途上。

大量のデータを短時間で正確に処理できる AI は，**交通**，**医療**，**自然観測**など，さまざまな分野で人類に貢献すると予測されていますが，一方で，

**1. AI 導入による失業率の上昇**
**2. AI に提供されるビッグデータによるプライバシーの侵害**
**3. AI への過度の依存が人間の能力開発の妨げになる可能性**

が懸念されています。

次に，ロボットは以下のように大別されます。

**1.**「**産業用ロボット**（**industrial robots**）」：
**組み立てロボット**（**assembly robots**），**ロボット手術**（**robot surgery**）などをつかさどる**医療ロボット**（**medical robots**）など。
**2.**「**パーソナルロボット**（**personal robots**）」：
近年特にニーズが高まっている日常生活で活躍するロボット。

「日常生活での使用」に特化した本問では，特化型 AI やパーソナルロボット使用のメリット，デメリットを比較検討することになります。現在活躍する 3 種類の AI 搭載パーソナルロボットには，以下のタイプがあります。

**1.**「**家事・介護を行う家庭用ロボット**（**domestic robots such as housekeeping and nursing-care robots**）」：ルンバなどのお掃除ロボット，寝たきりの高齢者を介護する介護ロボット。
**2.**「**コンパニオン・ロボット**（**companion robots**）」：Aibo に代表される**ペットロボット**（**pet robots**），**話し相手**（**conversation partners**）になる**チャットロボット**（**chat robots**）など。
**3.**「**エンタメロボット**（**entertainment robots**）」：RoboSapien などの Toy robots。

そしてさらに今後開発が進んでいくでしょう。こういった基礎知識を踏まえて，AI ロボットのメリットを整理してみましょう。

**The advantages of robots and artificial intelligence**

1. Domestic robots such as cleaning or nursing-care robots will reduce the burden of housework and care for bed-ridden elderly people.
   （掃除ロボットや介護ロボットなどの家庭用ロボットは，寝たきりの高齢者の家事や介護の負担を軽減する）
2. Companion and entertainment robots can relieve people's loneliness and enhance the quality of their lives.
   （コンパニオン・ロボットは，人々の孤独を和らげることができる）
3. Entertainment robots can enhance the quality of people's lives.
   （エンターテインメントロボットは，人々の生活の質を高めることができる）

一方で，AI・ロボット導入のデメリットは「**失業率を上げる**（**increase the unemployment rate**）」です。**工場のオートメ化**（**automation of factories**）により，**製造業の仕事はなくなり**（**declining job opportunities in traditional manufacturing**），AI導入により，**電話による勧誘販売員**（**telemarketers**），**会計士・会計検察官**（**accountants and auditors**），**小売販売員**（**retail sales representatives**），**テクニカルライター**，**不動産販売代理店**（**real estate sales agents**），**工作機械オペレーター**（**machinists**）などさまざまな職種の仕事が脅威にさらされています。最終的には，人間が携わるのは，**創造性・芸術性や組織力が必要な仕事**（**creative, artistic and organisational work**）や，**複雑な人間の感情を扱う仕事**（**work dealing with complex human emotions**）だけという時代がやってくるでしょう。また，AIが我々に代わって考えるので，「**人間のスキル向上を妨げる**（**undermine the development of human skills**）」というデメリットもあります。

**The disadvantages**

1. AI and robots will increase the unemployment rate. They will deprive humans of most low-wage, low-skilled jobs and some white-collar and service sector jobs.
   （AIとロボットは失業率を高める。低賃金，低スキルの仕事の大部分に加え，ホワイトカラーやサービス部門の仕事も奪うだろう）

2. AI can hamper the development of human skills. AI is capable of thinking and performing tasks for humans based on their critical thinking ability, which may undermine our cognitive development.

（AIは私たちのスキル開発を妨げる可能性がある。AIの批判的思考に基づいて人間の代わりに考え，仕事を実行できるため，人間の認知発達を損なうかもしれない）

上記のように，メリットとデメリットを比較すると，「メリットが勝る」というスタンスの方が，サポートも書きやすく，強いアーギュメントとなるでしょう。

## テクノロジー② Space exploration
（宇宙探索）

***In some countries, governments spend a huge amount of money on space exploration. Some people think that this is a wise investment, while others believe that it is a waste of money which should be used for other purposes.***

***Discuss both these views and give your own opinion.***

（一部の国では，政府は宇宙探査に莫大な金額を費やしている。これは賢明な投資だと考える人もいれば，これはお金の無駄づかいで，他の目的に使うべきと考える人もいる。両者の見解について論じ，あなた自身の意見を述べなさい）



宇宙関連トピックでは，宇宙開発への財政支出の是非がトップに上がります。このトピックは，**スピンオフ効果**，**経済への貢献度**，**事の緊急性と危険性**，**平和への貢献度**などの面から，多面的に見る必要があります。そのうえでどちらの方をサポートするか考えてみましょう。

まず，第1のメリットは，宇宙開発により**宇宙産業や関連産業が伸び**（**lead to the growth of space-related industries**），**経済が活性化する**（**boost the economy**）という点です。**宇宙産業**（**the space industry**）**は世界で最も儲かる産業のひとつ**（**one of the most lucrative industries globally**）といわれており，大きく分けて，①静止衛星（通信放送），②低中軌道衛星（リモートセンシング），③ロケット打上げサービスの3つの市場があります。これらを合わせると，米国では2018年の3600億米ドル市場（2018年）から，2026年には5580億米ドル市場にまで成長するといわれています。

第2のメリットは，**宇宙開発の結果，さまざまな新しいテクノロジーが開発されたこと**（**spin-off technologies of space exploration**）です。**衛星通信**（**satellite communications**），**GPS**，**新素材開発**（**development of new materials**），**天候監視システム**（**climate monitoring systems**），**水浄化装置システム**（**water treatment systems**）など，日々我々が利用しているテクノロジーが多々あります。

第3のメリットは，**平和への貢献**（**contribution to global peace and stability**）で，**ISS**（**国際宇宙ステーション**）のような**巨大プロジェクト**（**large-scale joint venture**）は，**多国間協力**（**international cooperation**）の上に成り立ち，**世界の相互理解を促し**（**a catalyst for mutual understanding among many countries**），世界平和への礎となっています。

第4に，**テラフォーミングへの投資**（**investment in terraforming**）があります。すでに**人口過密状態で，天然資源が枯渇しつつある地球**（**the already overpopulated earth with dwindling natural resources**）から，将来の移住先を探索することは，将来を見据えた有益な投資であるという点です。では，key ideas を見てみましょう。

**Government's spending on space exploration is a wise investment.**
（宇宙探査への財政支出は賢明な投資である）

1. Space exploration can develop the space-related industries, thus boosting the economy.
（宇宙探索は宇宙関連産業を発展させ，経済を活性化する）
2. Space exploration leads to the advancement of science and technology.
（宇宙探索はサイエンスやテクノロジーの発展につながる）
3. Space exploration contributes to world peace through international cooperation.
（宇宙開発は，国際協力による世界平和の一助となる）
4. Space exploration is a necessary investment for terraforming, as the earth is already overpopulated and exhausting its natural resources.
（地球はすでに人口過密であり，天然資源は枯渇しつつあるため，宇宙探査はテラフォーミングのために必要な投資である）

一方，デメリットですが，第1に，巨額の予算が必要だが，**貧困**，**環境悪化**，**健**

**康問題など他にもっと優先すべき緊急重要課題に政府はお金を回すべき（allocate more money to tackle more serious and urgent issues such as poverty, environmental degradation, and health problems）**という点です。第2は，有人宇宙飛行の危険性で，過去のミッションの悲惨な事故の例が示すように，**宇宙飛行士の貴重な命を危険にさらす（pose great dangers to the lives of astronauts）**点です。第3は，**宇宙の覇権を狙い，軍事計画を発展させる可能性（the possibility of developing military projects to gain dominance in outer space）**で，メリットで述べた，世界の平和への貢献とは全く逆の論理展開です。

では次に，宇宙開発への政府の財政支出のデメリットの key ideas です。

**Government's spending on space exploration is a waste of money.**
（宇宙探査への財政支出はお金の浪費である）

1. The national wealth should be diverted to solving serious problems on earth, such as poverty and environmental degradation.
（国家の富は，貧困や環境劣化などの地球上の深刻な問題解決に向けられるべきである）
2. Manned space flights pose great dangers to the lives of astronauts, as shown by past missions.
（過去のミッションが示すように，有人宇宙飛行は宇宙飛行士の命を多大な危険にさらす）
3. Space exploration can lead to the development of military projects to gain dominance in outer space.
（宇宙開発は，宇宙の覇権を得るため，軍事計画を発展させる可能性がある）

いかがですか？　メリットとデメリットを比べると，宇宙開発のメリットがデメリットに勝るの方が強いことがわかるでしょう。

では，その他の科学技術の関連トピックの key ideas を考えてみましょう。

## テクノロジー③ Investment on terraforming
（テラフォーミングへの投資）

***In the future, people may have to live on other planets. Some think that it is therefore important to spend money researching other planets such as Mars.***

***To what extent do you agree or disagree?***

（将来，人々は他の惑星に住まなければならないかもしれない。したがって，火星などの他の惑星の研究にお金を使うことが重要だと考える人もいる。どの程度賛成，または反対か）

宇宙開発の中でも，テラフォーミングは，実現可能性が遠い分野で，反対意見の方が現時点では強くなります。

**Strongly disagree**（強く反対）

1. Terraforming, which requires super-advanced technologies to produce atmosphere, water, and proper temperature, is far beyond the scope of existing technologies.
   （大気，水，適切な温度を生成するために，超高度な技術を必要とするテラフォーミングは，既存のテクノロジーの範囲をはるかに超えている）
2. Terraforming will entail immeasurable costs, which would be far from affordable to the government.
   （テラフォーミングには計り知れないコストがかかり，政府には到底支払うことができないだろう）
3. Terraforming may jeopardize the lives of human beings in the totally unpredictable space environment. (For example, they may face dangers such as space radiation exposure and solar flare hits.)
   （テラフォーミングは，まったく予測不可能な宇宙環境の中で，人間の生命を危険にさらすかもしれない〔例えば，宇宙放射線被曝や太陽フレアの衝突などの危険に直面する可能性がある〕）

## E. エコロジー

エコロジー分野では，最大の関心事（the greatest concern）である「地球環境」の行く末に関して，特に**温暖化や気候変動（global warming and climate change）**，**さまざまな資源の枯渇と無数の生物種の絶滅（resource depletion and extinction of countless species）**などについて，その原因や影響，対策（cause and effect and countermeasures for those problems）がよく問われています。

現在，この問題に対して，国連を筆頭に，国家やさまざまな**機関・企業や国民が何らかの取り組みを示していますが，それは十分なものでしょうか（viability of organisational and individual attempts to remedy the environmental degradation）**？　もしそれが全く不十分であるとすれば，「**環境時限爆弾を止めるために加速的努力をしなければいけないのか（need to accelerate the efforts to defuse ecological time bombs）**」など，IELTS のエッセイを書くうえでも，意識しておきたいテーマです。

生物学者・生理学者・生態学者で，ピューリッツアー賞を受賞した UCLA の地理学の教授であるジャレード・ダイヤモンド氏の最新刊『危機と人類（*Upheaval*）』では，「現在，**世界は持続不可能な経済で回っており（the unsustainable economy-based world）**，欲望のままに，森林・海産物・水資源などを，回復を待たずに今のペースで消費していくと，今後 30 年で必要な資源が枯渇する可能性がある（voracious consumption of natural resources will cause irreparable damage to the global environment）」と述べられています。これは彼の見識と時代予測は，**資本主義社会において激化している自由競争のしっぺ返し（the comeuppance of relentless economic growth under unbridled capitalism）**を示唆しています。

では，「**代替エネルギー**」問題から見ていきましょう。

## エコロジー① Renewable energy
（代替エネルギー）

***Nowadays, the use of alternative renewable sources of energy (e.g. wind, water, solar) is becoming popular in many parts of the world.***

***Why is this happening?***

***Do you think this is a positive or negative development?***

（今日，代替再生可能エネルギー源〔風力，水力，太陽光など〕の使用は，世界の多くの地域で普及しつつあるが，その理由は何か。これは有益なことか否か）

地球環境と言えば，さまざまな問題が指摘されていますが，その中でも特に論議されているのが，地球温暖化の原因とみなされる $CO_2$ 排出量でしょう。世界の二酸化炭素排出量は，2019年は前年より0.5%増加の約342億トン（内訳は中国100：米国50：インド25：ロシア15：日本11と覚えればわかりやすい）。つまり，3大排出国である中・米・印で世界の約半分となっており，近年世界の増加率は鈍化傾向にあるものの，中国やインドでは大幅な増加の一途をたどっています。この問題の最も有力なcountermeasureが，本問のrenewable energyの開発です。ではkey ideasを考えてみましょう。

**Reasons for the popularisation of alternative energy sources**
（代替エネルギー源の普及の理由）

1. The earth is running out of unsustainable fossil fuels.
（地球は持続不可能な化石燃料を使い果たしつつある）
2. With the growing threat of global warming, it is becoming increasingly urgent to reduce greenhouse gas emissions.
（地球温暖化の脅威が高まる中，温室効果ガス排出量の削減がますます急務になっている）
3. The development of cost-effective renewable power generation technologies is gradually decreasing the use of fossil fuels.
（費用効果の高い再生可能エネルギー発電技術の開発により，化石燃料の使用が徐々に減少しつつある）

以上の代替エネルギー源普及の理由を念頭に置くと，次のようにpositiveのスタンスでアーギュメントを進めることになります。

**Positive**（有益である）

1. **The use of renewable energy sources is indispensable for human survival on this planet as fossil fuels such as oil and natural gas will be exhausted in the foreseeable future.**
（石油や天然ガスなどの化石燃料は近い将来に枯渇するため，再生可能エネルギー源の使用は，この地球上で私たちが生き残るために不可欠である）

2. **The use of renewable energy sources can mitigate the impact of global warming because they produce no greenhouse gas emissions.**
（再生可能エネルギー源の使用は，温室効果ガスを排出しないため地球温暖化の影響を軽減することができる）

次は「**絶滅危惧種**」の問題をみてみましょう。

## エコロジー② Loss of species
（絶滅危惧種）

***An increasing number of plants and animals are disappearing around the world every year.***

***Why is this happening?***
***What effect does this have on humans?***

（毎年，世界中でますます多くの動植物が姿を消しているが，その原因，および人間への影響を述べなさい）



**IUCN**（**国際自然保護連合／the International Union for Conservation of Nature and Natural Resources**）が定める「**絶滅の恐れのある生物**（**a species threatened with extinction**）リスト」（通称 **Red List**）によると，現在，地球上に生息する93,577種の生物のうち3割近い26,197種が**絶滅危惧種に分類され**（**categorised as an endangered [threatened] species**），その数は年々増加しています。

絶滅の主な原因は，**生息地の消失**（**a habitat loss**），**水や土壌の汚染**（**pollution of water or soil**），**野生生物の違法な狩猟や採集**（**illegal hunting and gathering of wildlife**），**外来種の持ち込み**（**importing a non-native species**）など，人間が引き起こす**環境悪化**（**environmental degradation**）が原因です。

このトピックの「人への影響」は，**生物多様性の重要性**（**the importance of biodiversity**）を考えれば，おのずと答えがでてきます。生物多様性には，**遺伝子**，**種**，**生態系の多様性**（**genetic diversity, species diversity, and ecological diversity**）があります。これらによって**自然のバランスが良好に保たれ**（**maintain a healthy ecological balance**），人間に食物という自然の恵み（providing humans with blessings of nature）をもたらし，**医学研究にも貢献**（**contribution to medical science**）します。上記のようなメリットがなくなってしまうというのが，本問の人への影響に対する答えとなります。

では増加の要因の key ideas をまとめてみましょう。

**Reasons for the increasing numbers of endangered species**
（絶滅危惧種増加の要因）

1. **Climate changes and global warming seriously affect the survival of some plant and animal species.**
（地球温暖化による気候変動が，動植物のある種の生き残りに深刻な影響を与えている）

2. **Increasing human invasion into the natural habitats of plants and animals leads to the extinction of some plant and animal species.**
（動植物の生息環境への人間の侵入増加が，動植物の絶滅を引き起こす）
☞ 人間による森林開発や大気汚染，水質汚染が原因で動植物の生息地が失われ，動植物の生存が危ぶまれています。

3. **Importing exotic species into the natural habitats of native species can lead to the demise of some plants and animals.**
（外来種を在来種の自然生息地に持ち込むと，ある動植物が死滅してしまう）

次に人間への影響の key ideas をみてみましょう。

**Effects on humans**（人間への影響）

1. Biodiversity loss leads to food insecurity among humans.
（生物多様性がなくなると，食物の確保が難しくなる）

2. Biodiversity loss does not allow humans to maintain traditional and complementary medicine, which is essential in health care worldwide.
（生物多様性の喪失は，世界の医療に不可欠な，伝統的な補完医療の維持を難しくする）

3. Biodiversity loss deprives humans of energy sources.
（生物多様性の喪失は，エネルギー源を人から奪う）

次はエコロジー分野でよく議論される「**動物実験**」についての出題をみてみましょう。

## エコロジー③ Animal testing
（動物実験）

***Some people say that it is necessary to use animals for testing medicines intended for human use. Others claim it is cruel and unnecessary, and therefore should be banned.***

***Discuss both these views and give your own opinion.***

（人間が使うことを目的とした薬をテストするために，動物を使う必要があると言う人もいれば，それが残酷で不必要であり，したがって禁止されるべきであると主張する人もいる。両方の見解について論じ，あなた自身の意見を述べなさい）

動物実験は一般的には**薬品**，**化粧品**，**化学物質その他の安全性や有効性を評価するために行われる実験**（**experiments to evaluate the safety and effectiveness of medicine, cosmetics and other substances**）を指します。医学的な研究では，動物に対して**病原菌やウィルスを感染させて病気を誘発**（**trigger disease by being infected with pathogens and viruses**）させたり，**毒性試験**（**toxicity test**）では実験動物全体の半分が死ぬまで物質が投与されたり，化粧品の実験では**拘束状態で**（**under the constrained condition**）物質を点眼されるなど，かなり残酷なことが行われているケースもあります。人間の命を守り，生活の質を高めるために，こういった動物の犠牲は必要なのかを問う問題は，IELTSでも繰り返し出題されています。では，両者のkey ideasを考えてみましょう。

▼第6章

**Animal testing is necessary.**（動物実験は必要である）

1. **Animal testing has greatly contributed to the development of medicine, saving people from deadly diseases.**

   （動物実験は医学を大きく発展させ，人々を死亡率の高い病気から救ってきた）

   ☞ 何百万人もの命を救ってきたポリオや天然痘のワクチン（vaccines for polio and smallpox）は，猿や牛の実験の結果生まれたものである，などの例をあげてサポートしましょう。

2. **Animal experiments will boost the economy by developing the medical industry, including the pharmaceutical industry.**

   （動物実験は製薬業などの医療産業を発展させ，経済活性化に繋がる）

3. **There is no other effective alternative to animal testing because of the genetic similarity between humans and animals.**

   （人間と動物の遺伝的類似性のため，動物実験の他に有効な代替法がない）

   ☞ チンパンジーは 98%，ネズミでさえ 92%も人間と同じ遺伝子を持っており，コンピューターシュミレーション（computer simulation）のような代替法ではこれほど有効な結果を出すことはできない，などとサポートしていきましょう。

では，反対派の key ideas を見てみましょう。

**Animal testing should be banned.**（動物実験は禁止されるべきである）

1. **Animals should have the rights to life and freedom, and thus they should not be sacrificed for human well-being.**

   （動物には生きる権利と自由の権利があり，人間の健康のために犠牲にされるべきではない）

2. **Animal testing is unreliable because animals are entirely different from human beings in biological functions and behaviour patterns.**

   （生態学上の機能や行動パターンが，動物は人間とまったく異なるため，動物実験は信頼できない）

   ☞ 妊娠中に服用すると先天性異常の原因となるサリドマイド（a congenital disorder-causing sedative, Thalidomide) のように，動物実験では予測できず，多くの奇形児が生まれた（its use resulted in many deformed human babies）ケースがあります。このため，人間とは身体構造・遺伝・代謝上異なった動物（anatomically, genetically and metabolically different animals）を使う実験の信頼性が疑問視されています。

両者の意見を比べると，動物実験は必要の意見の方が少し強いのですが，**動物の権利**（**animal right**）も意識する必要があるため，立論では，**Conditionally yes**（**条**

**件付き賛成**）で考えます。つまり，**動物の苦痛は最小限に抑えることを条件に動物実験に賛成**（**I mostly agree, on the condition that the animal testing is conducted with minimum suffering of tested animals**）の立場で進めましょう。

## エコロジー④ Throwaway society
（使い捨て社会）

***These days many of us throw damaged things away, whereas people in the past repaired damaged items and continued using them for a long time.***

***Why has this change occurred?***
***What effects have this change had on society?***

（最近は破損したものを捨てる人が多いのに対し，昔は破損しても修理して長期間使い続けていた。この変化の要因は何か。また，この変化は社会にどのような影響を及ぼしてきたか）

「使い捨て社会」もエコロジー関連トピックとして，頻繁に出題されています。その要因と影響を考えてみましょう。使い捨て社会に至る要因は主に次の２つです。

1. **planned obsolescence**（**計画的旧式化**）：メーカーが商品寿命を計画的に短く設定して製造・販売し，ある期間が過ぎると，改良版を発売して消費者に商品買い換えを促し，**利益を得る企業のビジネス戦略**（**money-mongering business strategy**）です。
2. **faster pace of improvement in quality and performance through technological innovation**（**技術革新による品質とパフォーマンス改善の加速化**）：
１は企業が故意に計画している戦略ですが，２は純粋な技術開発の結果です。, 先進国の affluent society（豊かな社会）では，よりよい製品へ乗り換える消費者が後を絶たず，廃棄物が増えています。

**Throwaway society** の社会への影響は,

1. **ゴミの増加による環境破壊**（**environmental degradation due to an increasing amount of waste**）
2. **天然資源の枯渇の加速**（**faster pace of the depletion of natural resources**）

が挙げられます。

▼第6章

# F. メディア

## メディア① Pros and cons of the internet
（インターネットの賛否）

***In the modern world, more people shop, work and communicate via the internet and without any contact with others.***

***Do the advantages of this trend outweigh the disadvantages?***

（現代の世界では，他の人と接触することなく，インターネットを介して買い物，仕事，コミュニケーションを行う人が増えている。この傾向の利点は欠点にまさるか）

メディア関連では，インターネットの影響が最も頻繁に出題されています。インターネットのメリット・デメリットを述べる際には，ポイントがオーバーラップしないように，ビジネスの影響，ショッピングの影響，教育の影響のように，分野を明確に区別して書き進めましょう。ではまずメリットの key ideas です。

**The advantages of the internet**（インターネットのメリット）

1. **The internet streamlines business operations.**
   （インターネットは事業運営を合理化する）
   ☞ E-mail や SNS により，ビジネス関連通信や販促活動を円滑に進める（facilitate business communication and sales promotion）ことができる，とサポートしましょう。

2. **The internet greatly facilitates consumer activities and boosts global business.**（インターネットは消費者活動を大いに促進し，グローバルビジネスを後押しする）
   ☞ オンライン・ショッピング，オンライン予約，オンライン・バンキング（online shopping, reservations and banking）により，時間・お金・エネルギーを節約しつつ，買い物やサービスを受けたり（save time, money, and energy to obtain necessary products and services），国内外のビジネス取引を促進する（promote domestic and international business transactions）などとサポートしていきましょう。

3. **The internet facilitates education and research.**
   （インターネットは教育と研究を促進する）
   ☞ ネットのおかげで，時と場所を選ばずに教育を受けることができる（The internet provides educational opportunities for people around the world regardless of time and location），瞬時に必要なさまざまな情報をユーザーに提供できる（The internet allows users to find various kinds of information they need in a matter of seconds.）とサポートしていきます。

一方，インターネット利用の最大のデメリットは，**ネット犯罪**（**cybercrimes**）です。政府機関や企業向けは，**サイバーテロ攻撃**（**cyber-terrorism**），個人向けは，**SNS**（**social networking service**）での**個人情報流出**（**leakage of personal information**），**匿名性**（**anonymity**）を悪用した**誹謗中傷**（**defamation**），**ネットいじめ**（**cyber-bullying**）がその代表例です。さらには**音楽・動画の不正ダウンロードによる著作権侵害**（**copyright infringement due to the illegal downloading of music and videos**），**学術論文の盗用による知的財産侵害**（**violation of intellectual property by plagiarising academic papers**）なども深刻な問題となっています。その他にも，ネット上で流れる情報が，**セックスや暴力**（**sex and violence**）を助長したり，人種・宗教・性差別に基づく**攻撃スピーチ**（**hate speech**）など有害な内容である点もデメリットとなっています。

**The disadvantages of the internet**（インターネットのデメリット）

1. **The internet can increase cybercrimes such as phishing, online fraud, identity theft, email spoofing, and cyber bullying and stalking.**
（インターネットは，フィッシング，オンライン詐欺，身元詐欺，電子メールのなりすまし，ネット上のいじめやストーキングなどのサイバー犯罪を増加させる可能性がある）
☞ インターネットの普及により，クリックするだけで料金を請求されたり，他人へのなりすましやクレジットカード情報を盗まれるような犯罪が後を絶たないとサポートします。

2. **The internet exposes its users to harmful content such as sex and violence as well as hate speech.**
（インターネットは，利用者をセックスと暴力，ヘイトスピーチなど有害な情報にさらす）
☞ 特に人生経験に乏しい若者は，情報の善し悪しをうまく選別できない場合が多く，有害サイトの影響を受けるものが多くいます。また，ネットの匿名性（anonymity）のせいで，マイノリティへの hate speech なども横行している，とサポートします。

両者を比較すると，インターネットに関しては，圧倒的にメリットが勝るため，The benefits are (far) greater than the drawbacks. とイントロで自分の立ち位置を述べ，Body の前半にデメリットのうち強いもの，ここでは cybercrimes について述べ，Body 後半で３つのメリットを述べるとよいでしょう。

インターネット関連では，次のような，他の情報源との比較もよく出題されます。

## メディア② Sources of information: The internet vs. books and TV
(情報源：インターネットか，本・テレビか)

***Research shows that many people today spend more time using the internet than reading and watching TV.***

***Do the advantages of this change outweigh the disadvantages?***

(調査によると，今日，多くの人が読書やテレビよりもインターネットの使用に多くの時間を費やしている。この変化の利点は欠点に勝るか)

この問題では，インターネットのメリットとデメリットを他のメディアとの比較の中で述べていきます。ネットの強みは，即時性，双方向性，グローカリゼーションです。それぞれを他のメディアと比較してみましょう。

**1.** 目の前で起こっているニュースを即レポートしたり，見たりできる「**即時性 (instantaneity)**」は，本やTVにはありません。テレビ番組の中には，生中継もありますが，比率で言うとほんの一部で，刻々と情報がupdateされるインターネットとは比べ物になりません。

**2.** 情報の発信側と受信側がコミュニケーションを取り合える「**双方向性 (interactivity)**」もインターネットの強みです。例えば，SNSで個人や企業がこんなニュースがあったと情報を発信すれば，読み手もすぐに自分の意見をリスポンスしたり，質問を投げたりすることができるという点が，**一方通行 (one-way communication)** の本やテレビと大きく異なる点です。

**3.** 世界とローカルの双方の情報に同時に対応できる「**グローカリゼーション (glocalisation)**」もインターネットの長所です。本やテレビは，世界的に重要な情報にフォーカスする比率が圧倒的に高いですが，インターネットの場合，ローカル情報からグローバルまで扱う情報はさまざまで，かつローカルなニュースを世界に向けて発信できるという強みがあります。

インターネットのメリットをそれぞれ，以下のように述べた後で，他のメディアはそうでないとサポートしていきます。

**The advantages of the internet（メリット）**

1. The internet allows users to send and receive information instantaneously whenever and wherever they are.
（インターネットにより，ユーザーはいつでもどこでも情報を即座に送受信できる）
2. The internet makes communication interactive and effective.
（インターネットはコミュニケーションをインタラクティブかつ効果的にする）
3. The internet makes communication both globalised and localised.
（インターネットは，情報発信を世界とローカル両方同時に行う）

一方，インターネットのデメリットは次の項目が代表例です。

1. **情報の信憑（しんぴょう）性のなさ（unreliability of information）**：誰でもが情報の発信者となれるため，十分なリサーチもせずに情報を発信するリスクが，本やテレビと比べて高くなっています。
2. **情報選択の難しさ（difficulty in selecting information）**：インターネットの提供する星の数ほどある情報から，正しい情報を探すのは非常に困難です。
3. **ネット犯罪に巻き込まれる可能性（risk of becoming victims of cybercrime）**：オンライン詐欺，オレオレ詐欺，コンピューターウイルスなど，インターネットを利用した犯罪にあうリスクは常にあります。

**The disadvantages of the change（デメリット）**

1. Since every user can be a sender of information on the internet, the quality and reliability of information is questionable.
（すべてのユーザーがインターネット上の情報の送信者になることができるため，情報の品質と信頼性が疑問視される）
2. It is extremely difficult to select correct information from numerous sources on the internet.
（インターネット上のあまりにも多くの情報源から，正しい情報を選択することは非常に困難である）
3. There are always risks of being involved in cybercrime such as online fraud, identity theft, and cyberterrorism.
（オンライン詐欺，身元情報の盗難，サイバーテロなどのサイバー犯罪に巻き込まれるリスクは常にある）

両者を比較して，**The advantages far outweigh the disadvantages** で書く方が強いエッセイになることがわかるでしょう。

## G. グローバル化と格差社会

| グローバル化と格差社会① | **The problems of globalisation**<br>（グローバル化の弊害） |
|---|---|

***The world has become globalised over the past few decades. Unfortunately, rather than increasing understanding of people from different cultures in many parts of the world, this development has created a number of problems.***

***Why have such problems occurred?***
***What could be done to create a better globalised society?***

（世界は過去数十年でグローバル化した。残念ながら，世界の多くの地域で異なる文化の人々の理解を深めるのではなく，多くの問題を引き起こしてきたが，その理由は何か。グローバル化したよりよい社会を作るために何をすることができるか）

グローバリゼーションとは，ヒト・モノ・金・情報・技術などが国境を超えて移動し，地球規模で政治・経済・文化が混じりあっていく現象です。第一次グローバリゼーションは，19 世紀末，**産業革命**（**the Industrial Revolution**）によって**覇権国家**（**hegemony**）となったイギリスが自由貿易（free trade）を唱えて起こりました。第 2 次グローバリゼーションは，21 世紀，**交通手段**と，**情報通信技術**（**the dramatic development of transportation and IT technology**）の目覚ましい進化により，**ヒト・モノ・カネ・情報をさらに流動的にした**（**increased flows of people, products, investment, and information**）現象をいいます。

グローバル化のメリットは，**先進国と発展途上国，双方に大きな経済的恩恵をもたらし**（**bring great economic benefits to both developed and developing countries**），**人々の生活の質を高め**（**enhance the quality of people's life**），**グローバル化は，国同士の経済的相互依存関係を深め，各国間の良好な外交関係の維持，ひいては世界全体の平和と安定につながる**（**Global economic interdependence through globalisation contributes to global peace and stability.**）です。一方，デメリッ

トは，**工業大国や多国籍企業**（**industrial powers and multinational corporations**）が大きな利益を得るのとは対照的に，貧困から抜け出せない途上国も多数あり，**経済格差が一層広がる**（**exacerbate economic disparity**）点です。また，途上国，先進国に関わらず，多国籍企業の進出により，**国内産業が空洞化**（**hollowing-out of domestic industries**）する現象も見られます。そして雇用機会を奪われた人々が貧困化するなど，**持つものと持たざるものとの格差の拡大**（**deeper polarisation of haves and have-nots**）が問題となっているのです。

本問では，まずグローバル化の問題について述べ，それが起こる理由と対策を論じる必要があります。問題点は，上述の

**1. 経済格差（widening income gaps between the haves and have-nots）**
**2. 国内産業の空洞化（industrial hollowing-out）**

です。その原因は，

1. 今までは地域内限定だった競争が，**グローバル化により，世界レベルのより熾烈な競争が展開されることで，勝ち組と負け組の差がさらに大きくなる**（**keener competition due to globalisation further increases the income gap between the haves and have-nots**）
2. **安い労働力**（**cheap labour**）を求めたメーカーによる**生産拠点の外国移転**（**transfer of factories to foreign countries**）

で，国内の工場が閉鎖され，産業の空洞化が起こってしまいます。そして解決策としては，

**1. 先進国の途上国への技術援助（technological transfer from developed countries to developing countries）**
**2. 途上国への経済支援（provision of financial aid to developing countries）**

が挙げられます。

関連トピックとして，以下のような問題にはどのように答えますか。

## グローバル化と格差社会②　Widening income gap
（拡大する収入格差）

***Around the world, the rich are becoming richer and the poor are becoming poorer.***

***What are the causes of this phenomenon?***

***What could be done to improve this situation?***

（世界中で，金持ちはますます豊かになり，貧しい人々はますます貧しくなっている。この現象の原因は何か？　この状況を改善するために何ができるか）

格差社会についての出題ですが，貧富の差を生み出す原因としては，以下の３つが挙げられます。

1. **globalisation**：グローバル化により，収入格差が広がる
2. **digital divide**：IT 技術の有無により収入格差が広がる
3. **educational divide**（**教育格差**）：よい教育はよい仕事への基本的な条件と言えます。

そして対策としては，上述と同じく，

1. **先進国の途上国への技術援助**（**technological transfer from developed countries to developing countries**）によって，**デジタル格差を緩和する**（**alleviate digital divide**）
2. **途上国への経済支援**（**provision of financial aid to developing [needy] countries**）によって**教育格差を緩和する**（**alleviate an educational divide**）

などが挙げられます。

## グローバル化と格差社会③ Elimination of hunger and poverty
(飢餓と貧困の撲滅)

***Some people claim that economic growth is the best way to end hunger and poverty.***

***To what extent do you agree or disagree with this statement?***

(経済成長が，飢餓と貧困を終わらせるための最良の方法であると主張する人がいるが，どの程度賛成か反対か)

**飢餓・貧困を根絶することと経済成長とは必ずしも関係ありません（Economic growth does not necessarily eradicate hunger and poverty.）**。**経済成長の裏には，勝ち組と負け組が生まれ，貧富の差が拡大します（Economic growth will widen the income disparity）**。よって適切な応答は，**mostly [generally] disagree** です。そして経済成長よりも**経済格差を緩和する（reduce income disparity）**ために，**発展途上国への経済援助を増やしたり（increase financial aid to developing countries）**，**途上国への技術移転を進める（promote technological transfer from developed to developing countries）**の２つを挙げるとよいでしょう。

# H. アート

## アート① Arts funding
(芸術への資金援助)

***In many countries, governments spend large amounts of money on the arts. Some people consider this a wise investment. Others think this is a waste of money and that money should be used in a more meaningful way.***

***Discuss both these views and give your own opinion.***

(多くの国で，政府は芸術に多額のお金を費やしている。これを賢明な投資だと考える人もいれば，お金の無駄であり，お金はもっと意味のある方法で使われるべきだと考える人もいる。これらの両方の見解について論じ，あなた自身の意見を述べなさい)

芸術関連トピックも IELTS では頻繁に出題されています。「芸術投資は賢明である」を選んだ場合は，社会にとっての芸術のメリットを述べていきます。一方で，waste of moneyとした場合は，社会にとって他にもっと有意義なお金の使い道があるとして書き進めることになります。ではキーアイデアをみてみましょう。

**A wise investment**（芸術への投資は賢明である）

1. **Art contributes to economic growth through increased tax revenues from tourism and art dealing.**
   ☞ 芸術は，観光業（tourism）を発展させ，芸術作品の取引（art dealing）により税収をアップさせ，経済を活性化するという強い理由です。
2. **Art contributes to cultural and educational enrichment.**
   ☞ さまざまな芸術イベントや絵画，文学，建築を含む芸術作品を通して，自国や他国の文化や歴史を学ぶことができます。こうしたアートの持つ教育的，文化的役割も強いポイントです。
3. **Art contributes to world peace by uniting people around the world.**
   ☞ 万国共通の言語として，世界中の人々に共感の念を引き起こし，みんなを結びつけるというのも強いポイントです。

次に，芸術への投資は**お金の無駄である**（**a waste of money**）の理由を考えてみましょう。

**A waste of money**（芸術投資はお金の無駄である）

1. **The government should invest in the development of healthcare rather than the arts.**
   （政府はアートよりも，医療の発展に投資すべきである）
2. **The government should invest in the development of infrastructure rather than the arts.**
   （政府はアートよりも，インフラ開発のために投資すべきである）
3. **The government should invest in reducing crime and enhancing public safety rather than in the arts.**
   （政府はアートよりも，犯罪件数減少や治安向上のために投資すべきである）

以上のように，アートと比べてより緊急の課題に投資すべきである分野をいくつか述べていくとよいでしょう。

両者の意見を比べて，自分でどちらにウェイトを置いて書くか，スタンスを決めましょう。

## アート② Control on architectural design
(建築デザイン規制)

***Some people argue that major cities should have more control over the design and construction of buildings and homes to prevent people from building in whatever style they like.***

***To what extent do you agree or disagree with this statement?***

(人々が好きなスタイルで建てることができないように，主要都市は建物や家のデザインや建設をもっと規制すべきであるという意見に，どの程度賛成か)

街並み規制のメリットとデメリットを比較してみましょう。まず，advantages of governmental controls on architectural design です。

1. 建築デザインを規制することで街並みが美しくなる（**A uniform design can beautify the landscape of the cities**）
2. 観光産業を活性化し，地元の経済が潤う（**Municipal control boosts the tourism industry, and thus stimulates the local economy**）
3. 統一感ある街並みは，文化保存に貢献し，町の文化的アイデンティティが高まる（**Municipal control contributes to the preservation of cultural identity**）

一方，デメリットは，以下のアイデアが挙げられます。

1. 特徴のない建物群により，街の多様性がなくなる（**Less individualistic buildings can undermine the diversity of the cities**）
2. 特徴のない建物では観光客や地元の客を魅了しない（**Less individualistic buildings attract fewer tourists and local customers**）：個性的で多様な建物がないので，魅力に乏しく，地元の経済は活性化しない。
3. 近代化が遅れる（**Municipal design control can undermine the modernisation of the cities**）：新しい建物を勝手に建築できないので，近代化が遅れる。

以上を比較すると，メリットの方が強く，generally agree といえるでしょう。

# I. 医学

## 医学① Prevention or treatment
（予防か治療か）

***Despite significant scientific progress made over the last few decades, there are still a number of health problems around the world today.***

***What are these major health problems?***
***Should governments spend more money on prevention or on treatment?***

（過去数十年にわたって科学が大きく進歩したにもかかわらず，今日でも世界中で多くの健康上の問題がある。主な健康上の問題は何か。政府は予防か治療のどちらにより多くのお金を使うべきか）

科学技術が進歩した裏で起こっている問題としては，

**1. 先進国での生活習慣病の増加（an increase of lifestyle-related diseases in developed countries）,**
**2. 伝染病の脅威（threat of infectious diseases）**

などが挙げられます。それに対して，政府は予防か治療かどちらに予算を使うべきかですが，時代の流れから，**Government should spend more money on prevention.** と**予防重視**の立場で書き，以下の理由が考えられます。

**Government should spend more money on prevention.**
（政府は予防にもっとお金をかけるべきである）

1. The government should allocate more money for regular check-ups and screening in order to diagnose diseases in the early stages.
（政府は，病気を早期に診断するため，定期健診により多くの資金を当てる必要がある）

2. Local councils should teach both adults and children the importance of healthy eating and regular exercise through public campaigns or seminars.
（地方議会は，公のキャンペーンやセミナーを通じて，健康的な食事と定期的な運動の重要性を大人と子供の両方に教える必要がある）

3. Schools should hold workshops for teenagers in which they can learn about the dangers of underage smoking and drinking and unprotected sex.
（学校は，未成年者の喫煙と飲酒，無防備なセックスの危険性について学ぶことができる，ティーンエイジャー向けのワークショップを開催する必要がある）

## 医学②　Health management: an individual responsibility vs. government responsibility
（健康管理は個人の責任か，政府の責任か）

***Some people believe that having a healthy life is an individual responsibility. Others argue that governments should take responsibility for ensuring public health.***

***Discuss both these views and give your own opinion.***

（健康的な生活を送ることは個人の責任であると考える人もいれば，政府が公衆の健康を確保する責任を負うべきであると主張する人もいる。両方の見解を論じ，あなた自身の意見を述べなさい）

このトピックは一方を選ぶことは難しく，「**健康的な生活を送るためには，個人レベルでは日々の生活で健康に注意を払うべきで，同時に政府も市民の健康レベルを維持するための方策を取る必要がある**」（**Individuals should take care of their health on a daily basis, while the government also must take action for its citizens to maintain their fitness levels.**）という立場でエッセイを書く必要があります。

まず，**個人の責任**（**the individuals' responsibility**）から見ていきましょう。

第6章

1. 身体の健康維持のための，**予防医学を実践**（**practise preventive medicine**）する必要があります。具体的には，**健康的な食習慣と定期的な運動の実践**（**practise healthy eating habits and take regular exercise**）などが挙げられます。
2. 心の健康維持のための，**ストレス管理**（**stress management**）も重要です。ストレスをため込まないために，日ごろから趣味を持ったり，気の合う仲間との交流で発散したり，プロのカウンセラーに定期的に相談するなどのストレス対策が必要です。

**政府の責任**（**the government's responsibility**）としては，

1. **全国規模で国民の健康診断を実施する**（**nationwide physical examinations**）：学校や職場単位では，定期健診を実施されていますが，国民すべてに対して，病気の早期発見をめざして健診を実施することは非常に重要です。
2. **感染症に対するワクチン接種**（**vaccination against infectious diseases**）：新型コロナのような大規模な感染症対策として，政府がリーダーシップをとってワクチン接種を呼びかける必要があります。
3. **よりよい国民健康保険制度の提供**（**provide better national health insurance**）
4. **食品や化粧品などに含まれる有害物質の規制の強化**（**tighten the regulations against harmful substances in food or cosmetics**）

など，公衆衛生のための制度面から政府の責任を述べていくとよいでしょう。

以上ですべてのレクチャーと問題演習は終了です。初めて見る単語や内容が多く，ボリュームもあったので非常にチャレンジングだったでしょう。でも最初から100%完璧にマスターしようとせずに，**一回り目は70%ほど理解できれば合格**，くらいの気楽な感覚で進めてください。ただし，「私にはこんなの無理だ」と途中で投げ出さず，留学中の過酷な勉強の準備ととらえてください。**最後のもうひと踏ん張りが可能性を開花させる第一歩**です。みなさんのライティング力UP，目標スコア達成，そして留学実現を心より願っております。それでは明日に向かって，

***Let's enjoy the process!***（陽は必ず昇る）

## 【参考文献リスト】（References）


Bailey, S, (2014). Academic writing: A handbook for international students. Routledge.

BALEAP, (2008). BALEAP Competency Framework for Teachers of English for Academic Purposes. BALEAP. Available at: <www.baleap.org.uk>

Butterworth, J. and Thwaites, G, (2013). Thinking skills: Critical thinking and problem solving. Cambridge University Press.

Charles, M. and Pecorari, D, (2015). Introducing English for academic purposes. Routledge.

Crossley, S.A. and McNamara, D.S, (2012). Predicting second language writing proficiency: The roles of cohesion and linguistic sophistication. Journal of Research in Reading, 35(2), pp.115-135.

De Chazal, E. and McCarter, S, (2012). Oxford EAP.: Upper-intermediate/B2: a Course in English for Academic Purposes. Oxford University Press.

De Chazal, E, (2014). English for Academic Purposes-Oxford Handbooks for Language Teachers. Oxford University Press.

Durrant, P, (2016). To what extent is the Academic Vocabulary List relevant to university student writing?. English for Specific Purposes, 43, pp.49-61.

Fisher, A, (2011). Critical thinking: An introduction. Cambridge University Press.

Gardner, D. and Davies, M, (2013). A new academic vocabulary list. Applied Linguistics, 35(3), pp.305-327.

Gray, B. (2010). On the use of demonstrative pronouns and determiners as cohesive devices: A focus on sentence-initial this/these in academic prose. Journal of English for Academic Purposes, 9(3), 167-183.

Hyland, K. and Tse, P, (2007). Is there an "academic vocabulary"?. *TESOL Quarterly*, *41*(2), pp.235-253.

Işık-Taş, E. E. (2018). Nominal stance construction in IELTS tests. Journal of English for Academic Purposes, 34, 1-11.

Jones, T. and Dewing, C, (2016）. Future Agenda: Six Challenges for the Next Decade. Profile Books.

MacAulay, M. (2014). Oxford grammar for EAP [Book Review]. English Australia Journal, 29(2), 78.

Paterson, K., & Wedge, R. (2018). Oxford Grammar for EAP: English grammar and practice for Academic Purposes. Oxford University Press.

Yang, Y. and Badger, R, (2015). How IELTS preparation courses support students: IELTS and academic socialisation. Journal of further and Higher Education, 39(4), pp.438-465.

小倉弘（2020).『冠詞のトリセツ　非ネイティブがぶつかる冠詞の壁を越える！』（かんき出版）

小泉件賢吉朗（2020).『英語の複数と冠詞 ネイティブの感覚を読む』（ジャパンタイムズ）

マーク・ピーターセン（2018).『ピーターセンの英文ライティング特別講義 40』（旺文社）

【編著】**植田 一三**（Ichy Ueda）

年齢・性別・国籍を超える英悟の超人（ATEP [Amortal "Transagenderace" Educational Philosophartist]），最高峰資格8冠突破＆ライター養成校「アスパイア」学長。自己実現と社会貢献を目指す「英悟道」精神，"Let's enjoy the process!（陽は必ず昇る）"を教育理念に，指導歴40年で英検1級合格者を約2,700名以上輩出。出版歴35年で著書は120冊を超え，多くはアジア5か国で翻訳。ノースウェスタン大学院・テキサス大学博士課程留学，同大学で異文化間コミュニケーションを指導。教育哲学者（educational philosopher），世界情勢アナリスト，比較言語哲学者（comparative linguistic philosopher），社会起業家（social entrepreneur）。

【著者】**小谷 延良**（こたに・のぶよし）

マッコーリー大学翻訳学・通訳学・応用言語学修士課程（TESOL専攻）修了。ケンブリッジ大学認定教員資格CELTA，レスター大学でアカデミック英語指導者学位PGCert in TEAPを取得。大阪府立高校教諭，東京都市大学専任講師を経て，現在，横浜市立大学実用英語講師。JSAF-IELTS認定アカデミック・スーパーバイザー（公認トレーナー）。明治大学，テンプル大学など多くの機関でIELTS指導を行い，5か国で70回以上の受験経験を有するMr. IELTS。ライティングは8.0以上を14回，スピーキングは8.0以上を24回取得。主な著書に『はじめてのIELTS全パート総合対策』（アスク出版），『新セルフスタディIELTSスピーキング完全攻略』（ジャパンタイムズ出版）などがある。X（旧Twitter）で日々最新情報を発信し，フォロワー数は1万7,000人を越える。

【著者】**上田 敏子**（うえだ・としこ）

アスパイア英検1級・国連英検特A級・IELTS講座講師。バーミンガム大学院（翻訳学）修了後，ケンブリッジ大学で国際関係論コース修了。国連英検特A級，工業英検1級，英検1級，TOEIC満点，通訳案内士取得。鋭い異文化洞察と芸術的鑑識眼を活かして，教育界をリードするワンダーウーマン。主な著書に，『IELTS必須単語2000』『英検® 1級完全攻略必須単語1750』（語研），『IELTSスピーキング・ライティング完全攻略』『英検® ライティング大特訓シリーズ』（アスク出版），『TOEFL iBT® スピーキング＋ライティング完全攻略』（明日香出版社），『英検® 面接大特訓シリーズ』（Jリサーチ出版），『英語で経済・政治・社会を討論する技術と表現』（ベレ出版），『英検® 1級最短合格！リーディング問題完全制覇』（ジャパンタイムズ出版）がある。



**IELTSライティング徹底攻略**

2021年4月30日　初版第1刷発行
2024年5月31日　第4刷発行

編　著　植田 一三
著　者　小谷 延良
　　　　上田 敏子
制　作　ツディブックス株式会社
発行者　田中 稔
発行所　株式会社 語研
　　　　〒101-0064
　　　　東京都千代田区神田猿楽町2-7-17
　　　　電　話 03-3291-3986
　　　　ファクス 03-3291-6749
組　版　ツディブックス株式会社
印刷・製本　シナノ書籍印刷株式会社

ISBN978-4-87615-367-1 C0082

書名　アイエルツ ライティング テッテイコウリャク
編者　ウエダ イチゾウ
著者　コタニ ノブヨシ
　　　ウエダ トシコ

株式会社語研

語研ホームページ https://www.goken-net.co.jp/

本書の感想は
スマホから↓